Christa Wolfs Medea

Christa Wolfs Medea

Voraussetzungen zu einem Text

Mythos und Bild

Herausgegeben von

Marianne Hochgeschurz

Gerhard Wolf **Janus press**

Diese Publikation erscheint in Korrespondenz zu dem »Medea«-Ausstellungs-und Lesungs-Projekt vom 23. Februar bis 27. April 1997 im FrauenMuseum in Bonn, das vom Ministerium für Stadtentwicklung, Kultur und Sport des Landes Nordrhein-Westfalen und anderen gefördert wurde.

ISBN 3-928942-53-0

Erste Auflage 1998

Umschlag nach einer Grafik von Martin Hoffmann

Fotos Christine Behrendt, Bonn: S. 136-144, 159, 161, 164 u., 168-171;
Ulli Steinmetz: S. 147-158; Andrea Simon: S. 172-174;
Arwed Messmer, Berlin: S. 176-177; Jürgen Nogai, Bremen: S. 178-181;
sonst Archiv des Verlages
Schrift rotis antiqua, rotis semigrotesk
Layout Martin Hoffmann
Repro Druckhaus Galrev, Berlin
Gesamtherstellung Offizin Andersen Nexö Leipzig

Inhalt

Marianne Hochgeschurz

Erwünschte Begegnung

Vorwort

„Wohin mit mir. Ist eine Welt zu denken, eine Zeit, in die ich passen würde. Niemand da, den ich fragen könnte." Diese Schlußsätze von Christa Wolfs *Medea*, Fragesätze, die doch keine Fragezeichen tragen, für mich sind es Schlüsselsätze der ›anderen Medea‹. Sind sie – wie es auf den ersten Blick scheinen mag – Ausdruck eines resignativen Am-Ende-Seins der ›wilden Frau‹? Oder deuten sie nicht vielmehr in Richtung auf einen radikalen Neu-Anfang! Ist eine Welt zu denken, eine Zeit, in die Frauen wie Medea, „Frauen, die diese produktive Wildheit in sich haben" (Christa Wolf) passen würden? Christa Wolfs Medea-Dichtung macht eine solche Welt vorstellbar. Ihre Figuren sind aufklärend und geben Anlaß zu Bewegung. In Christa Wolfs ›anderer Medea‹ begegnen sich Geschichte und Zukunft.

In der männlich dominierten *Medea*-Rezeption, die in den Medien verbreitet wurde, wird diese ›andere Medea‹ entweder gar nicht wahrgenommen oder aber sie wird wahrgenommen und voll Schrecken zurückgewiesen. Mit den aktuellen Reaktionen von Literaturkritikern und Journalisten auf Christa Wolf und ihre *Medea* befaßt sich Anna Chiarloni am Ende ihres Beitrages *Medea und ihre Interpreten.*

Die ›andere Medea‹ ist dagegen fast immer Inhalt im Frauen-Diskurs zu Christa Wolfs *Medea.* Im FrauenMuseum in Bonn wurde er von bildenden Künstlerinnen und Künstlern eröffnet, die Christa Wolfs Medea-Gestalt ins Bild und in neue Bewegungen gebracht haben.

Christa Wolf eröffnete die Ausstellung »Medea altera«; und ihre Lesung im FrauenMuseum und die anschließenden Gespräche und Debatten waren ein Anstoß für diesen Band, der uns daran teilnehmen läßt, wie die Autorin sich die Voraussetzungen zu ihrem Text durch Briefwechsel und Lektüre schafft.

Die Dokumentation der Begegnung von Wort und Bild, von Text und Gespräch wird erweitert durch Beiträge von Schriftstellerinnen, Wissenschaftlerinnen und Politikerinnen, die ebenfalls Christa Wolfs Medea-Faden aufgenommen und ihn reflektierend weitergesponnen haben. „Ihre Geschichte handelt von Medea, ja, aber sie handelt auch von uns", schreibt Magaret Atwood in ihrem Vorwort zur amerikanischen Ausgabe von *Medea Stimmen.* Für die bildende Künstlerin Gerda Lepke wurde „die Begegnung mit Christa Wolfs Medea eine Begegnung mit mir, mit meiner Gegenwart."

Selbstverständlich habe es etwas mit ihren realen Erfahrungen zu tun, sagt Christa Wolf im FrauenMuseum in Bonn, wenn eine Autorin von einem bestimmten Motiv derart bedrängt werde, daß sie es schreiben müsse, wie sie „von dem Problem, daß eine Frau zum Sündenbock gemacht wird", bedrängt worden sei. Doch Christa Wolf wäre nicht Christa Wolf, bliebe sie in der Oberfläche der aktuellen deutsch-deutschen Vereinigungs-Probleme gefangen. Fragend bewegt sie sich tiefer und immer tiefer hinein in die kulturgeschichtlichen Hintergründe der aktuellen Probleme. Dabei folgt sie einer Frau, die von der Antike bis in unsere Tage als Projektionsfigur für männliche Ängste diente: Medea.

Die „lange Reise" dieser in der patriarchalen Kultur besonders wirksam ab-gestempelten Frau bis in die deutsche Gegenwartskultur hinein zeichnet Rita Calabrese noch einmal nach. Auf eine Medea-Interpretin, die – in einer Zeit, in der in Europa die ersten Hexenprozesse stattfinden – aus dem patriarchalen Deutungsrahmen heraustritt, macht Annette Kuhn aufmerksam. In ihrem Beitrag wird Christine de Pizans Medea als literarische Ahnin der Medea-Figur bei Christa Wolf erkennbar.

Christa Wolf bringt – schon vor Jahren in ihrem Nachwort zu Kleists *Penthesilea* – das Ritual des Menschenopfers mit dem abergläubischen Bedürfnis nach einem Sündenbock zusammen. Ihre Medea, die selbst zum Sündenbock gemacht wird, lehnt konsequent jede Form des Opfers ab. Für sie gibt es keine rituelle, keine gläubige Rechtfertigung für Ausgrenzung, Mord und Menschenopfer mehr. „Während Kassandra eine Person ist, die ihre Autonomie noch erringen muß, ist Medea von der Anlage her eine selbständige Person", schreibt Anita Raja zu Christa Wolfs Medea.

Christa Wolf folgt dieser Frau, so wie ihre Medea im Roman dann der Königin Merope folgen wird. Dabei findet Medea das geheimste der Geheimnisse, das sie ganz und gar nicht hätte finden dürfen: Sie findet heraus, daß die patriarchale Herrschaft auf einem Verbrechen gründet. Das ist ihr Vergehen.

An Christa Wolfs Medea wird deutlich, was tatsächlich gemeint ist, wenn – in der patriarchalen Mythentradition – von der „geheimnisvollen, dunklen Seite der Frau" die Rede ist: Ihre Fähigkeit, die Machenschaften der Herrschenden zu durchschauen, und ihr unbestechliches Wissen sollen Medea zum Verhängnis werden. Sehende und wissende, eigen-sinnige und eigen-willige Frauen werden zu allen patriarchalen Zeiten dämonisiert und vor allem in Krisenzeiten als ›Sündenböcke‹ ab-gestempelt.

Medea entgeht der Vernichtung, indem sie aus dem Vernichtungssystem heraustritt. „Ich muß aufwachen. Ich muß die Augen öffnen", fordert sie anfangs von sich, stärkt sich im fiktiven Gespräch mit der Mutter. Am Ende ist Medea frei, unabhängig von herrschenden ›Göttern‹ – unabhängig aber auch von deren ›Göttinnen‹. Christa Wolfs Medea deckt nicht nur die mythologische Basis und gesellschaftspolitische Funktionsmechanismen männlicher Gewalt auf. Sie deckt auch die unselige Tradition weiblicher Komplizinnenschaft mit den patriarchalen Herrschaften auf. Aus meiner Sicht als Frauengeschichtsforscherin markiert dieser Schritt den eigentlichen, den notwendigen Fort-Schritt. „Ich weiß nicht, ob Frauen heute überhaupt schon bereit sind, das anzunehmen. ... Es geht nicht mehr darum, ob diese Frau nun Opfer ist oder nicht." Es gehe nicht mehr (nur) um unsere Opferrolle als Frauen, sondern es gehe nun darum, herauszutreten aus dem System, das immer wieder Menschenopfer fordere, sagt Christa Wolf.

In ihrem Briefwechsel mit Heide Göttner-Abendroth überlegen die beiden Frauen noch gemeinsam, ob es sich bei der Geschichte vom Mord an Apsyrtos, Medeas jüngerem Bruder, möglicherweise um einen Ritualmord im Rahmen des Ritus der ›Heiligen Hochzeit‹, also um eine von der ›Göttin‹ legitimierte Handlung handeln könne. – Für Medea haben solche Fragen „unterwegs ihren Sinn verloren". Sie macht nicht mehr mit, in keinem System und bei keinem Ritual, das Menschen ausgrenzt, verletzt, opfert.

„Den habe ich auf dem Gewissen", weiß Medea, als sie mit dem Hinweis auf ein ›altes‹ Opfer-Ritual zwar einen Massenmord verhindert, den Ritualmord an einem Mann aber zugleich legitimiert hatte. Selbst von ihren geliebten Kolcherinnen wendet Medea sich entsetzt ab, als diese den Mann Turon im Namen der Göttin verstümmeln. Ekel empfindet Medea beim Anblick der mit den abgeschnittenen Hoden geopferter Stiere behängten Göttin. Die Stierhoden am Leib der Göttin sollen immerwährende Fruchtbarkeit bringen, so heißt es. Medea spuckt darauf. Ist der Leib der Frau nicht selbst Quelle der ›Fruchtbarkeit‹? In der ursprünglichen matri-zentrischen Welt-Anschauung galten Stiere ihrer ›Mondhörner‹ wegen als Sinn-Bilder der kosmisch-weiblichen Lebensspendekraft. Stiertötungsszenen erscheinen erst in patriarchalen Kontexten. In manchen patriarchalen Schöpfungsmythen erscheint die Tötung des Stiers sogar als Symbol für die Erschaffung der (patriarchalen) Welt. Die bis heute tradierten Legenden von Heroen, die mit Stieren kämpfen und Stiere töten, erinnern an die Unterdrückungs- und Vernichtungskämpfe patriarchaler Herrschaften gegen matri-zentrische Kulturen und die ›wilden‹ Frauen dieser Kulturen.

Christa Wolfs Medea scheint den Schmerz dieses Vernichtungsvorgangs noch einmal zu spüren, als sie den rituellen Stieremord zu Ehren der korinthischen Artemis erlebt. „Ich habe viel Ungeheures gehört, niemals zuvor Ungeheuerlicheres als dieses Brüllen der geopferten Kreaturen, es war als schrieen sie unser aller Not und Schmerz und unsere Anklage in den Himmel".

„Wäre eine Rückkehr ins Matriarchat Ihrer Meinung nach sinnvoll," wird Christa Wolf gefragt. „Um Gottes willen – nein", ist ihre Antwort. Nicht zu Rück-Schritt regt ihre Medea-Figur an, sondern zu Fort-Schritt. Behutsam hat Christa Wolf sich den alten Geschichten mit neuen Fragen genähert. „Falsche Fragen verunsichern die Gestalt, die sich aus dem Dunkel der Verkennung lösen will." Sie vertraut ihren Wahrnehmungen, ihrem Wissen, auch ihrem „geheimen Wissen". Erkenntnisse und Gefühle fließen so zusammen, ermöglichen ›richtige‹ Fragen. So wird ein anderes (Frauen-) Bild sichtbar: Die ›wilde Frau‹ – ein Menschen-Bild.

Medea „geht. Uns voran?" Wird sie uns in Bewegung bringen? Wir könnten „einfach gehen, miteinander, hintereinander, das Geräusch der einstürzenden Wände im Ohr" ...

Christa Wolf

Tagebuchaufzeichnungen
Briefwechsel
Notate
Gespräche

Christa Wolf

Mai 1997

Von Kassandra zu Medea

Impulse und Motive für die Arbeit an zwei mythologischen Gestalten

Häufig – oft im Zusammenhang mit meinem letzten Buch *Medea* – werden mir Selbstinterpretationen abverlangt, besonders von Literaturwissenschaftlerinnen und Literaturwissenschaftlern, denen man kaum eine größere Freude machen kann, als wenn man ihnen derartiges Material liefert, auf das sie sich begeistert stürzen, um es nach einem schwer durchschaubaren Verarbeitungsprozeß nun ihrerseits wieder zu interpretieren. Dies ist ein Spiel, ein Gesellschaftsspiel, und, soweit ich sehe, eines der harmloseren, unschädlicheren, das allerdings viel häufiger lustvoll sein könnte, wenn wir, seine Mitspieler, nicht immer wieder vergessen würden, daß wir spielen – was allerdings in Deutschland leicht für ehrenrührig gilt. „Ernst sei das Leben, heiter sei die Kunst“ – der Wahlspruch ist uns entglitten, die Bedeutungen scheinen sich verkehrt zu haben, das ›weite Feld‹ der Kunst, des Erzählens zumal, des Fabulierens, ist zum Kampffeld geworden, Hauen und Stechen ist angesagt, als werde auf diesem Feld die für den einzelnen und für ganze Gruppen allerdings entscheidende Frage ausgetragen, was er, was sie wert sind. Und wenn es gelänge, so scheint es weiter, der einen Gruppe ihren Wert in der Vergangenheit abzusprechen, dann würde sich, merkwürdigerweise, der Wert der anderen um genau soviel erhöhen, wie der der einen gesunken ist. ›Vergangenheitsbewältigung‹ – ein deutsches Wort. Ich weiß nicht, ob es überhaupt in eine andere Sprache zu übersetzen ist.

Manchmal hilft es ja, hunderte von Kilometern weit wegzufahren, oder hunderte von Jahren zurückzugehen, in eine Vergangenheit, die wir nur durch Sagen und Mythen kennen, um zu sehen, was man da findet – ohne sich darüber zu täuschen, daß man sein Reisegepäck immer bei sich haben, nie loswerden wird: Sich selbst. Wohin man auch greifen wird auf dem scheinbar so ›freien‹ Markt der Stoffe und Motive – es bleibt einem nur etwas im Kopf, in der Hand hängen, was diesen Kopf betrifft, wofür diese Hand gebildet ist. Als ich das erstemal auf den Mythos stieß – das war Anfang der achtziger Jahre, der Mythos hieß ›Kassandra‹ – erfuhr ich die Vorzüge dieses Fundes: Eine Gestalt ist da, die sich in einem Rahmen bewegt, an den man sich zu halten hat, in dem aber, wenn man sich nur tief genug darauf einläßt, ungeahnte Freiräume sich eröffnen: zu entdecken, heraufzuholen, zu deuten, zu erfinden. Den heutigen Blick auf die uralte Geschichte zu richten. Sich aus der Tiefe der Zeit von uralten Figuren anblicken, anrühren zu lassen.

Goethe meinte, niemand könne seiner Zeit wirklich gerecht werden, der nicht den Zeitraum von 2 000 Jahren gegenwärtig habe. Er hat zum Teil andere Fragen an die Antike gestellt, als wir Heutigen sie an die Vor-Zeit stellen: denn sowohl die Kassandra als auch die Medea sind Frauengestalten aus einer Zeit, die die Schrift noch nicht kannte, überliefert in später aufgeschriebenen Sagenkreisen, aufgenommen, vielfach umgedeutet und verändert in der großen Literatur der griechischen und römischen Klassik. Mich faszinierte der Versuch, all diesen Überlieferungen auf den Grund zu kommen, soweit dies überhaupt möglich ist – nicht in der Art der Wissenschaft, sondern als Literatin, mit Imagination und Phantasie, die allerdings gespeist wurden durch weitestmögliche Kenntnis der Lebensumstände dieser Figuren. Denn es ist ja nicht wahr, was dennoch viele glauben, daß man umso ›freier‹ erfinden kann, je weniger man weiß. Erst die Vielzahl der Quellen, die ich in diesem vorgeschichtlichen Gelände als besonders anregend, ja: aufregend, aufschlußreich und beglückend empfinde, trägt einem die Vielzahl der möglichen Varianten einer Geschichte zu – die Quellen selbst spielen ja, wenn auch nicht willkürlich, mit diesen Varianten –, stellen einen dann allerdings vor die Qual der Wahl, die begrenzt und eingeschränkt wird durch den Vorsatz, ich würde sagen: die Notwendigkeit, selbst auch nicht willkürlich zu sein. Zu finden, was niemals war, vielleicht auch niemals so gewünscht oder vorgestellt wurde, was aber, wenn man das Glück hat, richtige, produktive Fragen zu stellen, aus der Tiefe der Zeit wie von selbst erscheint, ein Kunstgebilde natürlich – ja, manchmal gehen die zwei scheinbar entgegengesetzten Wörter zusammen –, das sich in einer durchschaubaren Struktur um die zentrale Frage ordnet, wie Eisenspäne um einen Magneten.

Die Frage, die ich mir stellte, als ich mich dem Kassandra-Stoff näherte – das war zu Beginn der achtziger Jahre, zu beiden Seiten der deutsch-deutschen Grenze wurden Mittelstreckenraketen aufgestellt, ein Atomkrieg in Mitteleuropa war strategisch vorkalkuliert und wurde allen Ernstes als mögliche ›Lösung‹ der Spannungen zwischen den beiden Blöcken gedacht – die Frage war: Wann und wodurch ist dieser selbstzerstörerische Zug in das abendländische Denken, in die abendländische Praxis gekommen. Es wird einleuchten, daß diese Frage mich immer weiter zurückführte, ins klassische Altertum, das ja eine Fülle von Spiegelungen der alten Mythen bietet, und dann, in einem entschlossenen Sprung über die Schrift- und Geschichtsgrenze hinweg, in die Vor-Geschichte, dorthin, wo nichts aufgeschrieben werden konnte, wo aber gehandelt, gedacht, erlebt und erzählt wurde, in einer Weise, die uns zugleich fremd, also fragwürdig, und vertraut erscheint: die besten Voraussetzungen für einen erstaunten Autor, noch bessere vielleicht für eine von dem Reichtum, der Schönheit und der Fülle des Materials bezauberte Autorin, die nicht umhin konnte und kann, jeden Gang in die Tiefe der Zeit als einen Gang zu den Müttern zu unternehmen, belehrt, daß das, was wir durch die männliche Überlieferung erfahren haben, nicht zwingend ›die Wahrheit‹ sein muß. Denn wir sehen nur, was wir wissen und wissen wollen, und, meist tief im Unbewußten, was wir gebrauchen können, was uns nützt.

Die griechischen vorklassischen und klassischen Autoren und Denker hatten zu dem bewundernswerten Phänomen beizutragen, das wir heute »klassisches Altertum« nennen, ein unerschöpflicher Brunnen, aus dem das Abendland seitdem sich speist: mit Ideen, Kunstmaximen, Staatstheorien, mit Philosophie und der großen Utopie von Demokratie. Ein Menschenbild wurde da geschaffen, das seinen Reiz und seine Ausstrahlung über die Jahrtausende nicht verlor, vielleicht auch deshalb, weil man nicht wußte oder nicht wahrnehmen wollte, wieviel man ausgrenzen, auf wievieles man verzichten, von wievielem man sich abstoßen mußte, um sich dem Ideal des Polis-Bürgers von Athen zu nähern: die Frauen sowieso, die Dienstboten, die Sklaven selbstverständlich, aber auch alle Fremden, die ›Barbaren‹, und in einem sehr langen, schwierigen und gewaltreichen vorgeschichtlichem Prozeß die Urbevölkerung jener Gebiete um das Mittelmeer, die schon jahrhundertelang dort gelebt, das Land bebaut, Viehzucht getrieben, Gesellschaftsstrukturen gefunden, Staaten gegründet hatten, ehe, zum Beispiel, die Achaer mit ihrer überlegenen Flotte die Troer besiegten, und, wie Homer es rühmt, ihre Männer erschlugen, ihre Frauen in Besitz nahmen und, nicht zuletzt, würden wir heute sagen, das Monopol über ihre Geschichte, über ihre Sagen und Mythen errangen: Sie hatten es nun in der Hand, ob und wie diese Geschichten weitererzählt, umgeformt, umgedeutet und in die Geschichte der immer stärker sich herausbildenden gesellschaftlichen Hierarchie, der immer mehr sich verfestigenden Eigentumsverhältnisse und der dazu zwingend notwendigen Denk- und Wertekategorien, des nicht zuletzt dadurch immer unangefochtener herrschenden Patriarchats eingebaut und aufgehoben wurden. Als man nicht voraussehen konnte, wohin diese Anfänge in unserer Zeit führen würden, da sich diese tief in uns verwurzelten Werte mit dem rasenden technischen Fortschritt der Neuzeit verbunden haben: in eine Art von Wahndenken, das manchen von uns, auch mir, in den achtziger Jahren die Kehle zuschnürte. Waren wir so gemacht, daß kein Weg an der drohenden Selbstzerstörung vorbeiführte?

Kassandra also. Sie erhielt die Sehergabe vom Gott Apollon, so hören wir, er will sich aber ihrer bemächtigen, sie wehrt sich, der Gott spuckt ihr in den Mund: Das heißt: Sie wird sehen, was geschehen soll, aber keiner wird ihr glauben. Nun kann man und frau zu fragen beginnen. Wieso gibt ein männlicher Gott die Sehergabe an eine Frau, wo doch in den frühesten Zeiten nur Frauen Göttinnen, nur Frauen Priesterinnen und Seherinnen waren? Eine tiefgreifende Umwälzung der Produktions-, Lebens-, Verwandtschaftsverhältnisse hatte stattgefunden, über hunderte, vielleicht tausende von Jahren, die Frauen, einst gleichgestellt, waren in eine untergeordnete Stellung geraten, ihre Sexualität war verdinglicht worden, was alles es erst möglich machte, daß ein Mann versucht, eine Frau zu vergewaltigen – und sei es ein männlicher Gott. Und daß die Frau die Sehergabe mit dem entscheidenden Vorbehalt bekommt: Niemand wird ihr glauben. Mich berührte, als ich sie verstand, diese tiefe Metapher über das Schicksal von Frauen in den letzten Jahrtausenden. Der oder die liest den Mythos anders, der oder die in ihm eine komplizierte, doch aufschlüsselbare geistige Verarbeitung ungeheurer gesellschaftlicher Prozesse in der Vorzeit sieht, eine grandiose Form, die Verwandlung von Jäger- und Sammler-Horden über ackerbautreibende Stämme hin zu den hierarchisch strukturierten archaischen Stadtstaaten mit ihren je anderen magischen Weltbildern zu spiegeln.

Eine Jahrtausendzeit, in der die ehrfurchtgebietenden Erd- und Fruchtbarkeitsgöttinnen von männlichen Göttern, schließlich vom Götterhimmel des griechischen Olymp abgelöst wurden; aber diese oft gewaltsame Ablösung geistert in und hinter den Geschichten des Mythos weiter, wenn man den Schleier der Rationalisierungen wegzieht, blickt man tief in die wirklichen Verhältnisse. Frauenraub, eine frühe Praxis, um den eigenen Stamm lebensfähig zu erhalten, steckt noch hinter den Heldenepen des Homer, auch hinter denen des Trojanischen Krieges. Die ersten Sklaven waren lange Zeit Frauen, Kassandra und ihre trojanischen Schwestern, die nach Mykene, in die Burg des siegreichen Agamemnon, verschleppt werden, fügen sich in dieses Muster ein. Die Motive der archaischen Kämpfer, die Troja belagern, schienen mir nicht grundsätzlich verschieden zu sein von denen unserer Raketenvergötterer. Ich konnte, so dachte ich, von diesen Motiven der Machterhaltung etwas aufdecken, wenn ich mich in die Strukturen einer Stadt wie Troja versenkte und – meine eigene Erfahrung nutzend – den Weg der Erkenntnis nachzeichnete, den eine Frau wie Kassandra gehen muß, die allmählich das destruktive Wesen ihrer eigenen Stadt durchschaut.

Die Aufnahme des Buches in Ost- und Westdeutschland hat gezeigt, daß die jeweiligen Leserinnen und Leser ihre eigene Gesellschaft scharf kritisiert fanden – was nicht erstaunlich ist, weil die ost- wie die westdeutsche Gesellschaft bei all ihren Unterschieden doch eine grundlegende Gemeinsamkeit hatten: Ihr Ziel war es, soviel wie möglich und auf immer schnellere und perfektere Weise zu produzieren. Die Leere, die dieses rein äußerliche Ziel in der Mitte erzeugen muß, die Aushöhlung der ehemals mit Sinn erfüllten Ideale, die nur noch als Schemen in verkrusteten Institutionen ein Pseudo-Dasein fristeten, haben kritische Menschen in ihrer eigenen Gemeinschaft sehr wohl wahrgenommen. Und es war nicht schwer zu erkennen, daß diese Leere Aggressivität erzeugen muß.

In diesem Sinne, als Modell, das offen genug ist, um eigene Erfahrung aus der Gegenwart aufzunehmen, das einen Abstand ermöglicht, den sonst oft nur die Zeit bringt, dessen Erzählungen fast märchenhaft, sehr reizvoll und doch so wirklichkeitsgesättigt sind, daß wir Heutige uns in den Verhaltensweisen seiner handelnden Personen erkennen können – in diesem Sinne scheint mir der Mythos brauchbar zu sein für den heutigen Erzähler, die heutige Erzählerin. Er kann uns helfen, uns in unserer Zeit neu zu sehen, er hebt Züge hervor, die wir nicht bemerken wollen und enthebt uns der Alltagstrivialität. Er erzwingt auf besondere Weise die Frage nach dem Humanum, um die es ja, glaube ich, bei allem Erzählen geht.

Zum Beispiel die Frage: Warum brauchen wir Menschenopfer. Warum brauchen wir immer noch und immer wieder Sündenböcke. In den letzten Jahren, nach der so genannten »Wende« in Deutschland, die dazu führte, daß die DDR von der Bühne der Geschichte verschwand, sah ich Grund, über diese Fragen nachzudenken. Seit dem Juni 1991 finde ich bei mir Notizen über die Figur der Medea, eine Gestalt, die aus dem aktuellen, für mich sehr aufwühlenden, von widerstreitenden, entgegengesetzten Gefühlen und Überlegungen besetzten Zusammenhang wie von selbst hervortrat und sich allmählich vor andere, ältere Schreibpläne schob. Ich kannte, wie alle, die ich fragte, die *Medea* des Euripides, die Barbarin aus dem Osten, die, in Liebe entbrannt zu dem Argonauten Jason, diesem hilft, das Goldene Vlies zu stehlen, dessentwegen er in ihre Heimat Kolchis am Schwarzen Meer gekommen ist, dem östlichen Rand der den alten Mittelmeervölkern bekannten Welt, und mit ihm flieht, nach Irrfahrten in Korinth landet, dem westlichsten Punkt des Mittelmeeres. Dort wendet sich Jason der Tochter des Königs Kreon zu, will sie heiraten, Medea wird aus der Stadt verbannt. Sie aber, so erzählt Euripides, rasend vor Eifersucht und gekränktem Stolz, bringt die Königstochter um, dann ihre eigenen Kinder.

Das konnte ich nicht glauben. Eine Heilerin, Zauberkundige, die aus sehr alten Schichten des Mythos hervorgegangen sein mußte, aus Zeiten, da Kinder das höchste Gut eines Stammes waren und Mütter, eben wegen ihrer Fähigkeit, den Stamm fortzupflanzen, hoch geachtet – die sollte ihre Kinder umbringen? – Wie immer, wenn man konzentriert mit einer Frage beschäftigt ist, hilft einem der Zufall; mir verhalf er zu der Verbindung mit einer Altertumswissenschaftlerin in Basel, die unter anderem den Medea-Sarkophag des dortigen Museums betreut und mir den von ihr geschriebenen Medea-Artikel aus dem *Lexicon Iconigraphicum Mythologiae Classicae* (LIMC) zuschickte, aus dem hervorgeht, daß erst Euripides der Medea den Kindermord zuschreibt, während andere, frühere Quellen Rettungsversuche der Medea für die Kinder schildern, unter anderem, indem sie die Kinder ins Heiligtum der Hera bringt, „wo sie sie geschützt glaubt, doch die Korinther töten sie". – Sie können sich meine Erleichterung vorstellen, daß ich diese Veränderung der über die Jahrtausende als Kindsmörderin ins abendländische Bewußtsein eingegrabenen Gestalt nicht zu erfinden brauchte – obwohl natürlich eine Reihe von Kritikern voraussetzt, ich hätte das getan.

Medea, deren Namen bedeutet ›die guten Rat Wissende‹, von der manche Quellen glauben, daß sie göttlichen Ursprungs war und im Verlauf der Degradierung der Göttinnen auf die Erde versetzt wurde, als Heilerin, Magierin – Medea erscheint mir als besonders eindrucksvolles Beispiel für die Umwertung der Werte bei der Herausbildung unserer Zivilisation aus vorzivilisierten Gesellschaften, die dahin geführt hat, daß nicht das Leben, also Entfaltung menschlicher Möglichkeiten, in ihr Zentrum gerückt ist, sondern die Faszination durch den Tod und durch tote Dinge, selbstverständlich verbunden mit dem Ziel der Fortpflanzung ohne den Umweg über den Mutterleib. Dies war früh schon eine Männerphantasie. Euripides läßt den Jason sagen: „Gäb es andre Geburt, ganz ohne die Frau, / Wie glücklich wäre das Leben!"

Diese durch männliche Bedürfnisse und Werte immer stärker definierte Kultur, die übrigens eine Angst vor dem Weiblichen, vor der Frau entwickelte, brauchte das Bild der wilden, bösen, von ungezähmten Trieben beherrschten Frau, der schwarzen Zauberin, der Hexe. Wir kennen ganz gegenwärtige Beispiele von außerordentlichem Medien-Interesse immer dann, wenn eine Frau verdächtigt wird, ihre Kinder umgebracht zu haben – ein Delikt, das immer noch als das Widernatürlichste gilt, was ein Mensch tun kann und, mehr als jedes andere, Abscheu weckt, ohne zugleich Abscheu zu wecken vor den Verhältnissen, die heutzutage Frauen zu dieser widernatürlichsten Tat treiben können. Medea stand mir von Anfang an als eine Frau auf der Grenze zwischen zwei Wertesystemen vor Augen, verkörpert durch ihre Heimat Kolchis und ihren Fluchtort Korinth – eine Grenze, die leicht zum Abgrund werden kann, wenn die Betroffene nicht bereit oder nicht fähig ist, sich den neuen Verhältnissen anzupassen, die sich als die überlegenen, fortgeschritteneren verstehen, was nicht heißen muß, daß sie die humaneren seien. Die Frage nach dem Maß dieses Humanen wurde mir immer mehr zum Leitfaden für meine Figur und meine Erzählung. Das reiche, goldene Korinth erträgt die hochgemute, selbstbewußte, fähige Heilerin nicht, die dem Verbrechen nachspürt, auf das auch diese Stadt gegründet ist. Menschen werden dem Götzen Macht und dem Goldenen Kalb geopfert. Die Frau muß verleumdet, gedemütigt, demontiert, gejagt, vernichtet werden. In die Zukunft hinein muß ihr Ruf als Kindsmörderin befestigt werden. Die Mörder der Kinder gedenken ihrer Opfer in einem heuchlerischen Kult. Ein Versuch, den mörderischen Verhältnissen durch Einsicht, Aufklärung, Verhaltensänderung beizukommen, ist abgewehrt. Die Geschichte nimmt ihren Lauf.

Die Literatur darf ihre verschiedenen Möglichkeiten durchspielen. Den Mitspielern bleibt es überlassen, welche ihnen einleuchtet. Soll, in der leeren Mitte des Labyrinths, unangefochten der Minotauros herrschen? Wird da immer eine Ariadne sein, die dem männlichen Menschen, der das Ungeheuer besiegt – nicht zuletzt in sich selbst – jenen Lebensfaden in die Hand gibt, an dem er sich aus der Finsternis heraustasten kann? Finden wir nicht diese Konstellation am Grund vieler zeitgenössischer Geschichten – trivialer und nicht trivialer? Das glückliche Ende ist zum ›happy end‹ verkommen, doch mir scheint, im Mythos und in der Literatur, die von ihm herkommt, ist die nicht triviale Sehnsucht von uns allen gut aufgehoben, gemeinsam einen Ausweg aus dem Labyrinth zu suchen und ihn, vielleicht, zu finden, auch wenn der Zeitgeist heute etwas anderes sagt.

Christa Wolf

Tagebuchnotizen

Berlin, Juli 1991

In den Hintergrund einer Gegenwartsgeschichte hat sich der Medea-Stoff eingeschlichen. Ich nutze die Lust an der neuen Maschine, fast ein Computer, die ich zu handhaben lerne, indem ich mir aus dem Brockhaus über Medea herausschreibe, lerne dabei die komplizierten mythologischen Genealogien [...]

Das Dauergefühl, daß die moralisierenden Fragestellungen, so sehr sie den einzelnen betreffen mögen, im ganzen nicht weiter bringen, besonders nicht bei derartigen gewaltigen und gewalttätigen historischen Prozessen, die hinter uns und vor uns liegen. (Mickel: "die eurasischen Wirren") ... Die Antriebe der westlichen Industriegesellschaft, die in der Arbeitswelt restriktiver, rigider sind, als sie es bei uns waren, haben gesiegt (und können uns zu Tode siegen) ... Dies führt dann wieder auf die Gemeinsamkeit der beiden Systeme: daß sie Industriegesellschaften waren oder sind. Darauf zu pochen, hat mir das frühere Establishment verübelt, jetzt das drübige [...]

Ich denke darüber nach, ob man den Medea-Stoff als Stoff erzählen müßte, mit verschiedenen Varianten [...]

Medea-Projekt. Die Barbarin, die kolonisiert, benutzt, weggeworfen wird von Jason [...]

Berlin, 11. November 1991

Ein Triumph – auf dem Gebiet, auf dem Triumphe mir noch etwas bedeuten: In Wolfsberg hat ein Museumsdirektor mich an eine Medea-Spezialistin in Basel vermittelt – durch die habe ich nun erfahren, was ich vermutet hatte: Medea hat in den älteren Überlieferungen ihre Kinder nicht umgebracht, dies hat erst Euripides ihr erfunden; sie hat die Kinder in den Tempel der Hera gebracht, dort wurden sie dann von den Korinthern getötet.

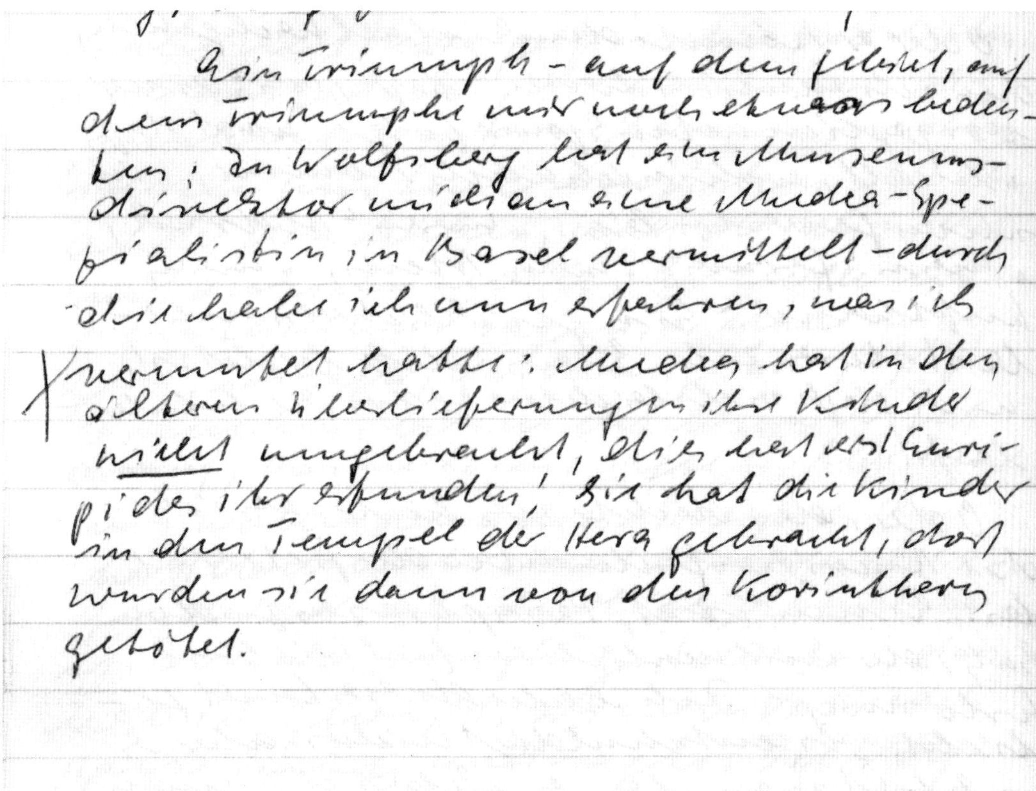
Ein Triumph – auf dem Gebiet, auf dem Triumphe mir noch etwas bedeuten: In Wolfsberg hat ein Museumsdirektor mich an eine Medea-Spezialistin in Basel vermittelt – durch die habe ich nun erfahren, was ich vermutet hatte: Medea hat in den älteren Überlieferungen ihre Kinder nicht umgebracht, dies hat erst Euripides ihr erfunden; sie hat die Kinder in den Tempel der Hera gebracht, dort wurden sie dann von den Korinthern getötet.

Margot Schmidt

Basel, 30. Oktober 1991

Verehrte, liebe Frau Christa Wolf,

mein lieber Kollege Gérard Seiterle rief mich heute an, um mir zu sagen, ich möchte Ihnen mein nicht mehr ganz junges Buch über den wunderbaren römischen »Medea-Sarkophag« im Basler Antikenmuseum schicken. Noch lieber hätte ich Ihnen den Reliefzyklus selbst gezeigt, übrigens in dem schönen Gewölbekeller des Hauses, in dem der merkwürdige Johann Jakob Bachofen das *Mutterrecht* schrieb. Mein *Basler Medeasarkophag* (ohne Jahr) ist 1968 erschienen. Seitdem hat Medea mich verfolgt – und ich sie. Nicht nur, weil ich die Gestalt liebe, sondern auch, weil sie mir im Lauf der Jahre in immer neuen Bildern begegnet ist, in denen sie unerwartete neue Seiten offenbarte. (Ich meine die neuen Bilder ganz wörtlich: sie tauchten als Neufunde aus der Erde – beziehungsweise im Kunsthandel auf.)

Nun bin ich in den letzten Wochen besonders „voll von Medea", da ich vor kurzem den Medea-Artikel für das sogenannte »LIMC« in den Druck geben musste, das heisst, für den 6. Band des *Lexicon Iconographicum Mythologiae Classicae*. Vielleicht sind die Angaben zu den antiken Schriftquellen und auch der ikonographische Kommentar für Sie brauchbar, deshalb schicke ich Ihnen diese Seiten als Xerokopie, erspare Ihnen aber den Katalog bis auf die Hinweise auf ein paar besonders merkwürdige Bilder. Die Nr. 1, eine etruskische Kanne, die erst kürzlich in Cerveteri gefunden wurde (noch unveröffentlicht), habe ich vor wenigen Tagen in der Villa Giulia selbst in die Hand nehmen und im Licht drehen dürfen: Begegnung mit der bis jetzt ältesten Medea (um 630 v. Chr.), aus einem Grab, das schon in der Antike zum grossen Teil geplündert war. Aber Medea hat sich den Räubern zu entziehen gewusst.

Zu der erstaunlichen Medea in Eleusis schicke ich Ihnen einen Aufsatz (Vase in Princeton), und schliesslich noch eine Rezension zu einem problematischen Buch *Medea und die Peliaden*. Sicher werden Sie sich nicht durch meinen ganzen Text hindurchlesen wollen, aber beim Blättern mögen Sie doch auf geheimnisvolle Motive rings um das Goldene Vlies stossen. „Die Seele des Phrixos heimholen", das ist zum Beispiel so ein Wort, das mich immer wieder beschäftigt.

Ich freue mich, dass Sie gerade jetzt nach Medea fragen, da ich wieder so intensiv mit ihr umgegangen bin, dass sie mich selbst im Traum nicht freigibt. Es wird schön sein – nein, ›schön‹ vielleicht nicht, aber Augen-öffnend – später einmal zu lesen, wie Sie Medea sehen.

Ihre Margot Schmidt

Christa Wolf den 19. 11. 91

Liebe Margot Schmidt,

da hat der Zufall ja wieder einmal glänzend gespielt: Nie hätte ich mir erwarten können, daß ich ausgerechnet auf dem Wolfsberg auf jemanden treffe, der mein Stichwort ›Medea‹ aufnimmt und an jemand anderen weiterreicht, und daß ich auf diese Weise an eine so kompetente Quelle wie Sie geraten würde! Ich bin hoch beglückt über die Materialien, die Sie mir geschickt haben und die ich erst überfliegen konnte, aber bald will ich mich ernstlich daransetzen. Sie ersparen mir viel Sucharbeit, und schon auf Anhieb erlebte ich einen Triumph: Ich hatte nicht glauben können, daß das Kindermord-Motiv wirklich zu den ältesten Motiven dieses Mythos gehören soll, und nun erfahre ich also, daß es wirklich erst durch Euripides eingeführt wurde. Wie ganz anders ist das Opfermotiv im Tempel der Hera, das ja vieldeutig auslegbar ist! Für mich ist Medea, wenn ich sie auf ein Schlagwort bringen soll – aber dabei wird es natürlich nicht bleiben! – die Barbarin aus dem Osten.

Ich möchte Sie einfach fragen: Was wissen Sie noch über Medea? Was sollte ich unbedingt lesen, wo nachgraben?
Wenn nötig, käme ich auch mal nach Basel. – Ich bitte Sie, mein Interesse an diesem Stoff noch für sich zu behalten, ich rede nie über Pläne, weil sie einem dabei zerstört werden können. Bei Ihnen befürchte ich das nicht, ich denke, wir sollten in Verbindung bleiben.

Grüßen Sie doch Herrn Seiterle von mir, und seine Frau: Schön, daß dieser Kontakt zustande kam.

Ich danke Ihnen also und grüße Sie,

Ihre

Christa Wolf

Santa Monica, d. 13. 10. 92

Liebe Heide Göttner-Abendroth,

ich schrieb Ihnen wohl, daß ich jetzt für neun Monate in Californien bin, wo ich, wie sich herausstellt, mitten in einer Fülle von Material für mein Thema sitze – aber schrieb ich Ihnen auch, welches mein Thema ist? Seit mehr als einem Jahr kreisen meine Gedanken um die Figur der Medea, obwohl ich, nachdem ich das Kassandra-Motiv bearbeitet hatte, ganz sicher war, daß ich nie mehr in diese frühe Zeit vor unserer Zeit zurückgehen würde, so sehr mich alles weiterhin faszinierte, was ich über sie an Zeugnissen – Mythen, Skulpturen – zu hören und zu sehen bekam. Ich konnte nicht voraussehen, daß eine weitere sehr tief gehende Erfahrung – wie damals die Einsicht in die Destruktivität unserer Zivilisation – mich zu dem Versuch antreiben würde, sie wieder mit Hilfe einer modellhaften frühen Figur zu formulieren. Es war zunächst das Thema ›Kolonisierung‹, Abwehr gegen Fremdes, das mir in der Medea-Figur zu stecken schien: Sie war für mich die ›Barbarin aus dem Osten‹. Da kannte ich allerdings nur die gängige Überlieferung, die sich an den Euripides hält. Allerdings war ich schon so weit geschult im Auffinden von Hintergründen hinter den schriftlich fixierten Überlieferungen aus einer relativ späten Zeit und ›wußte‹ doch soviel über das Profil der Frau in mythischer Zeit, daß ich es für unmöglich hielt, daß Medea ihre Kinder umgebracht haben konnte: Aber dies ist es ja, was ›jedermann‹ von ihr heute weiß. Ich habe es ausprobiert: Sie ist die „schreckliche Frau", das Monster, die Unnatur in Person. Dies alles hat Herr Euripides erreicht (man bezweifle also doch nicht die Wirksamkeit von Literatur!), auch wenn ich nicht glauben will, was manche Forscher behaupten, er sei von den Korinthern dafür bestochen worden, daß er nicht sie – wie in ›Wirklichkeit‹, das heißt, in der alten Sage – als Kindermörder darstellte, sondern die Frau, die Mutter, die ja, als sie Korinth verlassen mußte, ihre Kinder dem Altar der Hera anvertraute, wo sie sie für absolut sicher hielt. Die Korinther aber, wahnsinnig vor Angst vor den Zauberkünsten der Medea, außerdem einem Rachebedürfnis nachgebend, gingen hin und erschlugen sie: Wie sonst hätte sich übrigens die Einrichtung des Sühneopfers für die Medea-Kinder in Korinth erklären lassen?

Nachdem ich diese Bestätigung meiner Ahnung erhalten hatte, weitete und vertiefte sich mein Thema in mehrfacher Hinsicht: Ich begann mich für die Motive zu interessieren, die erstens Euripides dazu trieben, die Überlieferung, die ja auch ihm vorlag, derart drastisch zu verändern, und für die Motive der frühen Griechen und ihrer Nachfolger in der abendländischen Kultur, diese Änderung derart unkritisch, ja, begeistert aufzunehmen, um nicht zu sagen, einzuschlürfen. Ich denke, es sind immer die gleichen Gründe, die Gruppen von Menschen dazu bringen, andere zu entwerten und zu dämonisieren: Unkenntnis, Angst, Abwehr, Schuldgefühle, Entlastungsbedürfnis. Das ist ja nun auch unsere jüngste Erfahrung.

Aber – und damit komme ich zum Kern meines Briefes und meiner Fragen an Sie: Was steckt denn nun wirklich in der Geschichte der Medea, Königstochter aus Kolchis, und dem Argonauten Jason? Welche verschieden alten Schichten von Überlieferung sind in ihr zusammengekommen? Und vor allem: Welche grundlegend verschiedenen Wertesysteme stoßen aufeinander, und inwiefern legt die Medea-Geschichte Zeugnis davon ab, daß die Vertreter der ›höheren‹, will heißen: siegreichen Werte niemals bereit und in der Lage sind, die Lebensweise, die Ziele und Ideale, die Glaubensvorstellungen der unterlegenen Gruppe, sozialen Schicht, der besiegten Bevölkerung zu begreifen, ja: auch nur zu sehen, geschweige sie als Werte anzuerkennen? Sie sehen, alles höchst aktuelle Fragen ...

Ihre drei Bücher – *Die Göttin und ihr Heros* und die beiden über das Matriarchat haben mir natürlich in vieler Hinsicht auf die Sprünge geholfen. Es gibt ja eine Überlieferung, nach der Medea als Herrscherin nach Korinth gerufen worden sein soll, sie habe dort zusammen mit Jason geherrscht, was ja das matriarchale Grundmuster der Priesterkönigin, die ihre Macht an den sakralen König weitergibt, bestens bedienen würde. Es gibt auch eine Überlieferung, nach der Medea von den Argonauten aus Kolchis geraubt wurde, als sie mitsamt dem Goldenen Vlies fluchtartig das Land verlassen mußten: Gar nicht unwahrscheinlich, denn die griechische Mythologie ist voll von Frauenraub durch den neuen Heldentypus, aber das ist eine andere Geschichte und würde andere Verhaltensweisen der Medea provozieren. Es steht mir ja frei, eine Konstellation zu erfinden, die sie halb oder ganz freiweillig mit Jason gehen läßt.

Aber sie kommt offensichtlich aus einer Kultur, in der die matriarchalen Züge noch, wenn nicht evident, so doch dicht unter der Oberfläche für jedermann und vor allem für jede Frau selbstverständliche, verhaltensformende Erfahrung sind. Das würde heißen: Zwar ist der Zusammenhang zwischen Zeugung durch den Mann und der Geburt eines Kindes seit sehr langer Zeit bekannt (mir leuchtete Ihre Bemerkung ein, daß die Erkenntnis dieses Zusammenhangs in der Ur-Zeit das Selbstbewußtsein der Männer gestärkt haben muß und natürlich erst die Grundlage für ihr wachsendes Bedürfnis sein konnte, eine männliche Erbfolge einzuführen); doch hat das – in dem Kolchis, von dem ich spreche – noch nicht zur Vorherrschaft der Männer geführt. Zwar mag ein männlicher König an der Spitze des Landes stehen, der Helios-Sohn Aietes, doch schon allein der Name der Mutter, Idya, die Wissende, deutet darauf hin, daß sie kein unbedeutendes Schattendasein geführt hat. Und Medea selbst, die ›Zauberin‹, vereinigt in sich alle Züge der frühen matriarchalen Göttinnen beziehungsweise der Priesterinnen, die an ihre Stelle treten und, im ›Normalfall‹, nach der »Heiligen Hochzeit«, den Jahreskönig einsetzen, der am Ende des Jahreskreises ›stirbt‹ – zuerst wirklich, wahrscheinlich sogar durch Selbstentleibung, dann, indem er sich entmannt, später nur noch rituell, indem ein Tier für ihn geopfert wird und er den Winter über in der Unterwelt, einer Höhle, die den Mutterschoß symbolisiert, verschwindet und auf seine Auferstehung im Frühjahr vorbereitet wird. Oft ist der ›Partner‹ der Göttin – oder Priesterin – ihr Bruder. Nun wird aber von Medeas Bruder Apsyrtos mit Abscheu behauptet, sie, die Schwester, habe ihn auf der Flucht mit Jason ›zerstückelt‹ und die einzelnen Teile dem sie verfolgenden Vater hingeworfen, damit er sie wieder zusammensetze und so kostbare Zeit zur Ergreifung der Flüchtenden verliere.

Diese Geschichte nun erscheint mit mindestens ebenso absurd wie die Kindermordgeschichte. Ich bitte Sie also, doch einmal mit mir zu überlegen – ähnlich wie Sie es bei der Deutung anderer Märchen und Sagen getan haben –, ob nicht auch hier eine Umdeutung der alten, gewiß bruchstückhaft überlieferten Sachverhalte durch die patriarchalen frühen Griechen vorliegt, die eine andere als ihre Gedanken- und Gefühlswelt einfach nicht begreifen konnten und als ›wild‹ abqualifizieren mußten. Da beginnt ja dann wohl das Bedürfnis, ein Bild der ›schrecklichen Mutter‹, der ›schrecklichen Schwester‹ herzustellen. – Also war Apsyrtos nicht vielleicht der Jahreskönig der Medea (in einer früheren Schicht des Mythos), ihr Bruder, und war nicht seine ›Zerstückelung‹ – genau wie die des Dionysos durch die Bacchen – eben ein Teil des Wiedergeburtsrituals, auf das ja der ganze Jahreszyklus hinauslief? Und ist eben dieser Glaube, die Grundlage der matriarchalen Gesellschaften, die unüberwindliche Barriere für das Verständnis ihrer Riten durch die patriarchalen Indogermanen und dann durch die Achaer, denen der Tod ein unwiderruflicher Schrecken ist?

Ferner: Warum kommt überhaupt Jason nach Kolchis? Also gut: Pelias, Herrscher von Jolkos, erkennt in Jason, dem »Einschuhigen«, den ihm durch einen Orakelspruch gesandten Verderber und schickt ihn schnellstens wieder weg, in Kolchis das Goldene Vlies zu holen. Ein Raubzug also, und zwar an die äußerste östliche Grenze der bekannten Welt. Was aber bedeutet das Goldene Vlies? Das Fell eines Widders. Manche sagen, das sei ein Synonym für Gold und Reichtum überhaupt. Andere, der Handel mit der östlichen Schwarzmeerküste sei gemeint. Wieder andere, z.B. Ranke-Graves, glauben, die Argonautenfahrt habe eine Bedeutung im Jahreszeitenlauf der Tierkreiszeichen. Vielleicht vereinfache ich, aber angesichts der Bedeutung des Widders als Fruchtbarkeitssymbol und Opfertier halte ich es für möglich, daß der Widder für Fruchtbarkeit, Zeugungsfähigkeit des Mannes steht: Nicht von ungefähr wird ja immer wieder von einer ›Verjüngung‹ Jasons durch Medea gesprochen. Und die drei Aufgaben, die der König Aietes dem Jason dann stellt, ehe er ihn mit dem Goldenen Vlies ziehen lassen will, sind ja eigentlich ›Heiratsaufgaben‹, die in vielen Märchen und Sagen dem Bewerber um die Hand einer Königstochter gestellt werden ... Besonders auffallend, daß der ›Drache‹, das uralte Symbol für die Fruchtbarkeit der Frau, das Goldene Vlies bewacht.

Was ich sagen will, ist: Besonders in der Medea-Sage scheinen verschiedene und verschieden alte Überlieferungen sich zu überlagern und ein schwer zu entwirrendes Gewebe eingegangen zu sein. Ich denke, sie zeugt von der Domestizierung und ›Entzauberung‹ der Frau nach der Eroberung einst matriarchal strukturierter Gebiete. Die Griechen dann haben diese anscheinend auch sie sehr faszinierende Figur nach ihrem Verständnis umgemodelt: Natürlich muß sie für den Helden in Liebe entbrennen, ihm also, ihre Sippe verratend, folgen, ihren Zauber in seinem Sinne einsetzen; muß dann, wie jedes Weibchen im Patriarchat, eifersüchtig werden auf die Nebenbuhlerin, Kreusa (oder Glauke) und sie hinterlistig vernichten – sie, die ja als matriarchale Frau weder die Monogamie noch natürlich die Eifersucht kennt! Und sie muß als gott- und götterlos, das heißt, als unmenschlich, als ein Monster hingestellt und mit entsetzlicher Schuld beladen werden, wogegen Jason, der Räuber, zum Beispiel bei Ovid von Medea in ihrem Selbstgespräch ent-schuldigt wird: „Denn wessen ist schuldig Jason? / Wer, der Gefühl noch hegt, nimmt Anteil nicht an Jasons / Alter Geschlecht und Kraft?“ Undsoweiter.

Aus all diesen Zeugnissen springt einen die Unfähigkeit der Protagonisten dieser Kultur an, sich Verhältnisse auch nur vorzustellen, die nicht auf der Unterdrückung zum Beispiel des einen Geschlechts durch das andere gegründet sind.

Ich könnte noch ausführlicher werden, muß mich aber schon für die Länge dieses Briefes entschuldigen, der mir auch zur Selbstverständigung dient. Was sagen Sie zu meinen Deutungsansätzen (die mir übrigens einigermaßen plausible Erfindungen, die ja noch gebraucht werden, nicht leichter, eher schwerer machen)? Glauben Sie, daß ich auf der richtigen Fährte bin? Können Sie mir vielleicht in diesem oder jenem Punkt weiterhelfen?

Übrigens: Ich habe in Ihren Literaturangaben einige Titel vermißt, zum Beispiel George Thomson: *Das frühe Griechenland und die Ägeis*, und von Hans Peter Duerr: *Sedna oder die Liebe zum Leben.* – Hilfreich war mir Ihr Hinweis auf Marija Gimbutas: *The Goddesses and Gods of Old Europe* – ein sehr schönes Buch!

Ich danke Ihnen also für vielerlei Anregungen und Kenntnisse und bitte Sie, mir etwas von Ihrer Zeit zu schenken, um diese Fragen mit mir zu diskutieren.

Antwortbrief siehe Seite 30

Herzlich

Margot Schmidt Basel, 8. November 1992

Verehrte, liebe Christa Wolf,

gerne nehme ich Ihren Medea-Faden wieder auf – es ist ungewohnt und bis zu einem gewissen Grade erfrischend, sich Medea vor californischem Hintergrund vorzustellen. Ihr Brief rief mir eine Impression aus Pasadena wieder ins Gedächtnis: Als ich vor einigen Jahren mit einem Freund von Santa Monica dorthin fuhr, suchten und fanden wir ein uns beschriebenes Restaurant – die üblichen stumpfsinnig-gleichförmigen fünf Blocks nördlich und drei Blocks westlich – am Ziel ein Gebilde in californischem Schwarzwaldstil, über dem Haupteingang die befremdende Aufschrift: For Elks only! – Nun weiss ich zwar (leider), dass die USA-Elche einer Art Rotary-Club angehören, – aber die bizarre Vorstellung, dass urplötzlich veritable Elche in die californische Bürgerlichkeit einbrechen könnten, fasziniert mich immer noch. Und nun im Gefolge der Elche vielleicht auch die kolchische Zauberin?

Sie fragen in Ihrem Brief an Heide Göttner-Abendroth – (vielen Dank, dass Sie mich ihn lesen liessen!) – ob Sie „auf der richtigen Fährte“ seien. Darf ich dagegen fragen: Ist diese Frage überhaupt zu stellen? Ich bin ganz mit Ihnen einig, wenn Sie finden: „Besonders in der Medea-Sage scheinen verschiedene und verschieden alte Überlieferungen sich zu überlagern und ein schwer zun entwirrendes Gewebe eingegangen zu sein.“ Gibt es aber tatsächlich eine ›Urform‹ des Medea-Mythos, zu der wir uns zurückgraben könnten? Ich halte es da mit der von mir sehr geschätzten Ada Neschke (früher in Lille, jetzt Professorin in Lausanne), die in ihrer Rezension zu Hans Blumenbergs *Arbeit am Mythos* so formulierte: „Hält man nämlich fest, dass wir die Arbeit des Mythos nur durch die Arbeit am Mythos finden könnten und dass diese Arbeit zunächst Erzählung ist, dann zeigen sich die Erzählungen je nach ihrem pragmatischen und kulturellen Kontext verschieden. Jeweilig geht ihnen der je individuelle gesamte Kulturzusammenhang in allen seinen Bereichen voraus. Das aber heisst: Nicht die Arbeit des Mythos, die intellektuell und ästhetisch interpretierte Be-Gabung schrecklicher Wirklichkeit mit Bedeutsamkeit, sondern die verschiedensten Weisen wirklicher Arbeit, angefangen bei der Wirtschaft bis zur Einrichtung der Heiligtümer, sind die Voraussetzungen dieser Erzählungen, die dann auch nicht als Arbeit am Mythos sondern an der kulturellen Wirklichkeit als Ganzer zu deuten sind.“ (Ztschr. f. philosoph. Forschung 37, 1983, 452) Ich zitiere dies, weil ich damit die Legitimität der jeweiligen Arbeit am Mythos unterstreichen möchte. Gewiss, es braucht nicht Ihr Problem zu sein, ob Euripides, so gesehen, nicht doch sehr ehrenwerte Gründe dafür hatte, die Medea-Geschichte so zu formen, wie er es tat. Und niemand hindert uns, Euripides gewissermassen ungeschehen zu machen, da sich ja heute für niemanden mehr die Aufgabe stellt, eine griechische Tragödie des 5. Jahrhunderts (mit allen Bedingtheiten dieser literarischen Form) über den Medea-Stoff schreiben zu müssen. (Ich nehme an, dass Euripides die vorgefundene korinthische Tradition des Kindertodes als ungeeignet für eine Tragödie ansah, was man ihm vielleicht nicht verdenken sollte.)

Übrigens, es sind meines Wissens nicht „manche Forscher" (Ihr Brief an H.G.-A. S. 1 Mitte) die behaupten, Euripides sei von den Korinthern durch Bestechung zu seiner Version bewogen worden, sondern das steht in einem antiken Scholion zur Medea und wird von der Forschung einhellig für sowohl böswillig wie unsinnig gehalten. Auch dass Euripides Medea schlechthin zum Monster gemacht habe, kann ich nicht voll unterschreiben. Denken Sie an die Passage zu Anfang in Medeas Gespräch mit dem Chor, in der sie – wohl recht realistisch – das Los einer griechischen Ehefrau schildert. Ich möchte auch ihre Handlungen nicht aus blosser Eifersucht „des Weibchens im Patriarchat" deuten, sondern ein wenig umfassender als Rache für den totalen Verrat, der an ihr begangen wurde.

Aber lassen wir Euripides und seine Nachfolger und Folgen – nur noch als Nach-Bemerkung, dass Kreousa oder Glauke nicht von ungefähr bei Euripides namenlos und entsprechend schattenhaft ist, eigentlich also kein Gegenstand für eine auf eine Person bezogene Eifersucht. Sie hat wohl niemand gefragt, ob sie sich von Jason heiraten lassen will.

Also zurück hinter Euripides (bzw. vor), und da ist alles offen. Mit der Apsyrtos-Geschichte komme ich nicht über meine ursprüngliche Überlegung hinaus, dass sie sich in das allgemeine Muster der Medea als Zerstücklerin fügt, das – im positiven Aspekt der Medea als Heilerin bzw. Verjüngerin, der vermutlich der ursprüngliche war – auf ein komplementäres Wieder-Zusammenfügen angelegt ist. Vielleicht bringt der Konflikt mit der ›Männerwelt‹ dieses Gefüge in Unordnung; die Heilung, zu der Medea fähig wäre, ›entfällt‹. So ist ja auch das unzeitige Dazwischentreten Jasons (in einer der korinthischen Versionen) schuld daran, dass Medea die Handlung, mit der sie die Kinder unsterblich machen will (und könnte!) nicht vollendet.

Zur Frage, warum Jason überhaupt nach Kolchis kommt: Ich finde die Überlegung einiger Forscher doch erwägenswert, dass Jasons Fahrt ursprünglich unabhängig von der Medea-Geschichte verlaufen (bzw. erfunden worden) sein kann. Dann wären auch die Erklärungsmuster unabhängig vom Medeamythos zu suchen. Zum Goldenen Vlies bemerken Sie: „Angesichts der Bedeutung des Widders als Fruchtbarkeitssymbol und Opfertier halte ich es für möglich, dass der Widder für Fruchtbarkeit, Zeugungsfähigkeit des Mannes steht. Nicht von ungefähr wird ja immer wieder von einer ›Verjüngung‹ Medeas durch J. gesprochen." Ja, Teil 1 der Überlegung mag zutreffen, dazu gleich mehr. Teil 2 sehe ich anders: Ich glaube, dass Medea ›von Hause aus‹ nicht direkt mit dem Widder zu tun hatte; ihre weitreichende Fähigkeit zu verjüngen ist wohl ›von jeher‹ Bestandteil dieser Mythenfigur – des Widders, symbolisch oder real, bedarf sie nicht.* Ich verstehe den Widder als männliches Macht- und Herrschaftssymbol (darunter lässt sich Ihre Auslegung auch subsumieren). Deshalb hat ja Aietes so furchtbare Angst, diesen Garanten zu verlieren, und wohl auch Pelias hat, neben dem Ziel, Jason zu vernichten, das Neben-Ziel (im Falle einer erfolgreichen Argonautenfahrt), das machtträchtige Widderfell selbst in die Hand zu bekommen. Es ist auffällig, dass in der antiken Dichtung immer wieder gesagt wird, dass der Besitz der Herrschaft (des Aietes) an den Besitz des Vlieses gekoppelt ist.

* abgesehen natürlich von dem ›Böcklein‹, das sie für die Demonstration ihrer Zauberfähigkeit in der Peliasgeschichte benutzt. Aber das ist wohl auch historisch jünger als der Widder des goldenen Vlieses.

Sehr interessant fand ich – ich habe das zum Schluss meiner Gnomon-Rezension zu Meyers Medea / Peliaden-Buch kurz zitiert – dass eine polnische Wissenschaftlerin, Maciej Popko, Tierfelle, Vliese, als Kultobjekte in althethitischen Quellen nachgewiesen hat. Es gibt übrigens auch eine Stelle bei Herodot – ich finde sie gerade nicht, erinnere mich aber hoffentlich richtig –, wo von einem Tierbalg oder dergleichen in anscheinend ähnlicher Verwendung die Rede ist.

Übrigens – der ›Drache‹ als Bewacher des Vlieses ist in der Antike wohl nie ein solcher wie z.B. beim Sankt Georg, sondern eine Schlange (›draco‹ heisst, glaube ich, auch in erster Linie ›Schlange‹, und jedenfalls zeigen die antiken bildlichen Darstellungen beim Goldenen Vlies immer eine Schlange.) Schlangen passen natürlich überaus gut zu Medea. Ich glaube deshalb auch, dass die eine – unbenannte – etruskische Darstellung der Frau mit vielköpfigen Schlangen (um die Mitte des 7. Jhs.v.Chr.) tatsächlich Medea meint. Ich lege Ihnen von dieser Darstellung und von einem Detail der etwa gleichzeitigen, erst kürzlich gefundenen etruskischen Vase aus Cerveteri, der bis jetzt ältesten gesicherten Medea-Darstellung, Xerokopien bei, um Sie zu erfreuen.

Medeas Mutter Idyia: Ja, natürlich können Sie aus ihrem schönen Namen etwas machen. Dem steht auch nicht entgegen, dass ich glaube, Medea selbst sei vor Idyia dagewesen. Man hat ihre Familie gleichsam zusätzlich mit Zauberkräften angereichert, hat ihr deshalb auch Kirke zur Tante gegeben. Eine Medea konnte jedenfalls keine Mutter mit hausbackenem Namen haben.

Zum Widder als Herrschaftszeichen vergass ich noch zu sagen, dass die Parallele zum goldenen Lamm, an dem die Herrschaft des Atreus oder des Thyestes hängt, doch sehr zu denken gibt: Wer das Lamm besitzt, darf herrschen.

Mehr als die »Muttergöttin«, für die ich mir nicht so recht ein ›Schicksal‹ vorstellen kann, interessiert mich, ehrlich gesagt, immer wieder die Kolcherin unter den Griechen (wohl möglich hätten die diese Barbarin herablassend mit einer reduzierten Sprache aus Infinitiven angeredet, nicht ahnend, wieviel Kultur Medea mit sich trägt). Natürlich ist uns diese Seite des Medea-Problems jetzt hautnah gerückt. Heute morgen, da ich diesen angefangenen Brief zuende schreibe, steht in den Zeitungen Schlimmes über die gewalttätigen Krawalle anlässlich der grossen Kundgebung gegen die Fremdenfeindlichkeit, gestern in Berlin. Sie werden das wohl auch in Santa Monica hören. Und hier in Basel hat man kürzlich den kolossalen Missgriff begangen, für eine gross angelegte militärische „Katastrophenübung" ein Szenario zu entwickeln, das den Überfall „militanter Ausländer", angeblich aus Basler „Asylantenunterkünften" stammend, auf städtische Institutionen vorsah. Wenigstens war der Protest erheblich.

Nun werden Sie es also wie Medea machen, die im Stande war, die Richtung der Flüsse umzukehren, das Wasser zu seinem Ursprung zurückzubefehlen, und das heisst in diesem Falle: Sie können hinter Euripides zurück gehen. Da finden sich viele einzelne Wasserläufe, und es ist mir eine schöne Vorstellung, dass Sie in dieser quellenreichen Landschaft frei umherwandern, unverpflichtet durch das Viele, das Sie wissen. Entweder werden Sie da die ›Ur-Medea‹ treffen oder eine ganz neue, erneuerte. Beides wäre gut, wird gut sein.

Ich wünsche Ihnen eine gute Wanderschaft

Ihre

Heide Göttner-
Abendroth

Weghof, d. 11. 3. 93

Liebe, verehrte Christa Wolf,

damit meine Antwort auf Ihren Brief vom Oktober letzten Jahres nicht noch länger auf sich warten läßt, schreibe ich Ihnen, obwohl ich kurz vor dem Aufbruch zu einer Matriarchatsreise nach China stehe. Aber ob China, Griechenland, Mexiko (worüber ich jetzt gerade schreibe) – das Thema ist weltweit.

Ich hoffe, daß meine Antwort, die – wegen gehäufter Belastung – etwas lang auf sich warten ließ, nicht schon längst durch Ihre weiteren Überlegungen überholt ist, denn Ihre Arbeit ist ja unterdessen nicht stehen geblieben. Dennoch wage ich es noch nach einem halben Jahr.

Ich denke, das Wesentliche zum Thema ›Medea‹ und dem Aufeinanderprall ihrer (matr.) Kultur mit der der (frühpatr.) Eroberer und Räuber, die zu Land und zur See kommen, die Argonauten, haben Sie mit Ihren Überlegungen gesagt. Insbesondere die Produktion patr. Ideologie, die sich an der Gestalt Medeas anlagert, vom Anfang bis jetzt, haben Sie am Schluß Ihres Briefes auf den Punkt gebracht. Dies würde ich genauso sehen in den Grundzügen, die Sie bereits formulierten: Medea wird bewußt und durchsichtig zur ›schrecklichen Mutter / Schwester‹, zur Dämonin und ›Hexe‹ gemacht. Denn wo immer sie ihren Fuß hinsetzt, ereignen sich Morde, Vergiftungen, Zerstückelungen, ein Pest- und Schwefelhauch scheint sie zu umgeben, der zuletzt noch in Feuer aufgeht. Gegenüber der schöne, mutige Jason. Das ist sehr durchsichtig!

Über das Thema ›Medea als schreckliche Mutter‹ schrieben Sie ja bereits die entlarvenden Punkte, die dagegen sprechen: Sie versucht ihre Kinder im Hera-Tempel zu schützen, die Korinther töten sie dort, leisten später Sühneopfer. Das wäre in der Tat widersinnig, wenn Medea ihre Kinder selbst getötet hätte.

Zum Thema ›Medea als schreckliche Schwester‹ (Mord an Apsyrtos) denke ich analog wie Sie: Die angeblich grausame Zerstückelung des Bruders ist ein Ritual des Todes des Hlg. Königs und erinnert an den Tod des Orpheus / Dionysos / Kret. Zeus / Osiris durch Zerreißen. Orpheus wird durch die Mänaden zerrissen, und auch Medea mit ihren Frauen tanzt durch die Straßen von Jolkos (Pelias-Geschichte) und versetzt die Stadt dadurch in religiöse Raserei. Orpheus als singendes Haupt taucht sogar nebenbei auf, als die Argo an den Inseln der Sirenen vorbeifährt. Diese Art ekstatischer ›Zerstückelung‹ ist als Brauch des Herostodes in der ganzen Gegend Nordgriechenlands / Thessaliens / Schwarzes Meer. Es geht dabei um Medeas ureigenstes Ritual als Erdgöttin, die töten und wiederbeleben kann.

Ihre Erdgöttin-Attribute: Schlangenwagen, Drache, mit dem sie singend umgehen kann, ›Zauberkraft‹, d.h. Kraft zum Heilen und Wiedererwecken. Sie ist zugleich Göttin der Zerstörung und Neuschöpfung (wie die indische Kali), denn ihre Symbole sind jeweils von doppelter Bedeutung: mit dem Schlangengift kann sie töten und heilen (wie die prä-hellenische Athene), ihr Kessel ist zugleich das unerschöpfliche Füllhorn (Erde, Wachstumskraft) wie der Kessel des Todes und der Neugeburt. Er ist ein Synonym für den Schoß der Frau / Göttin / Erde. Als Symbol in diesem Sinne ist er in ganz Europa verbreitet, vom äußersten Osten (Medea) bis zum äußersten Westen (Ceridwen, Brigid mit dem Kessel der Inspiration und der Wiedergeburt).

Wie Sie richtig gesehen haben, ist Medeas Mutter daher für sie viel wichtiger als der Vater (der so in den Vordergrund gespielt wird), denn die Mutter heißt die ›Wissende‹, weil sie eine Priesterin der Hekate ist, und die ›Zauberin‹ Kirke ist Medeas Tante. Der Vater regiert nur von Gnaden dieses weiblichen Clans. Hekate verweist dabei auf den chthonischen Charakter des Kultes, auf Tod und Wiedergeburt und die Kraft, Unrecht zu rächen (später). Besonders rächt Hekate das Unrecht, das Frauen widerfährt, und sie ist die Göttin der thessalischen ›Hexen‹, sprich Priesterinnen. Klarerweise wird Medea in der gesamten verzerrten Argonauten-Sage schrittweise zur dämonischen Hexe gemacht, welche die Korinther – wäre sie nicht so mächtig gewesen – vermutlich am liebsten selbst statt Kreusa ins Feuer geworfen hätten. Jedenfalls ist Medea als Frau eine Hekate-Priesterin bzw. Verkörperung dieser Göttin. Die sanftere Variante heißt ›Demeter‹, ist aber dieselbe, wie Sie sicher längst wissen.

Die Bedeutung des Goldenen Vlieses (Widderfell) ist denn auch nicht allzu weit. Die Art der ›Zerstückelung‹ des Hlg. Königs weist darauf hin, denn diese Zerstückelung ist analog zu der des Dionysos (Demeter-Kult) oder des Osiris (Isis-Kult, Isis ist das mytholog. Vorbild für Demeter). Wesentlich dabei ist das Abreißen des Phallus, was den Tod der Fruchtbarkeitskraft des Hlg. Königs meint. In ganz Kleinasien, woran ja Kolchis am Schwarzen Meer liegt, war dies der klassische Tod des Heroskönigs (vgl. Kybele und Attis, der sich selbst ›entmannt‹).

Das Gegenstück zu diesem Herostod ist seine Inthronisation als junger, ›goldener‹ Widder. (Das Vlies verweist auf einen Widderkult, wobei der Widder die männliche Fruchtbarkeit, die Wachstumskraft des Frühlings verkörpert.) Sie geschieht im Frühling und bedeutet nichts geringeres, als daß die Erdgöttin nun den im Herbst getöteten Heros als jungen Widder wiedergebiert und im Frühling einsetzt. Wenn Jason daher Medea heiraten will, muß er klarerweise das Widderfell, magisches Zeichen, erwerben, denn nur als ›Widder‹ kann er mit ihr die Hlg. Hochzeit angemessen feiern. Kein Wunder also, daß Aietes (Aries = Widder), der amtierende König von Kolchis, wütend wird, als Jason das Fell verlangt: es heißt, daß er als Vorgängerkönig jetzt abzutreten hat, weil Jason sein Nachfolger werden will. Er stellt dem potentiellen Nachfolger deshalb die klassische Heiratsaufgabe (diesen Zusammenhang versteht Jason aber nicht). Mit dem Verlangen des Felles hätte Jason eigentlich gleichzeitig sein Liebeswerben um die Göttin / Priesterin Medea ausgedrückt; darum und nicht wegen der lächerlichen Aphrodite-Eros-Geschichte liebt Medea ihn wieder. Aber Jason bemerkt auch diesen Zusammenhang nicht, und das ist fatal. Zwei Kulturen, zwei Sprachen: Medea versteht ihn in den Symbolen ihrer eigenen Kultur, und da muß es für sie bereits demütigend sein, ihn an seine Liebe und die Hochzeit zu erinnern. Das hatte er – in der Sprache ihrer Kultur – ja begehrt! Aber Jason ist unfähig, diese Sprache von Magie und Hlg. Hochzeit wahrzunehmen, denn er hat ›sachfremde‹ Motive – diese kreisen alle um Macht und rationalen Erwerb derselben.

So ist in der Tat zu fragen, was ihn denn, wenn nicht die Liebe zur Göttin / Priesterin Medea (matriarchal), nach Kolchis gebracht hat? Der Anfang der Geschichte verrät es: der alternde König Pelias ist es, und dem geht es wie Jason ebenfalls nur um Macht. Er ist alternd und (wahrscheinlich) unfruchtbar, und das wäre in einem Matriarchat ein Unding, denn dort gibt es keine alternden Könige. Aber Pelias klammert sich an die Macht, und um sie zu behalten, muß er schleunigst wieder jung werden. Darum braucht er die verjüngende Kraft des magischen Widdervlieses, das so wirkt wie die goldenen Äpfel aus der Anderswelt (Heras Garten, Morganes Paradies): es verleiht ewige Jugend. Da Medea dies weiß, kann sie Pelias genau über dieses falsche Begehren zu Tode bringen. Denn in ihrer Kultur ist es höchste Zeit für einen alten König zu sterben: nur so kann er durch Wiedergeburt wieder jung werden. Aber das geht nur mit der wiedergebärenden Göttin, nicht gegen sie. Die Kessel-Szene in Jolkos ist daher keine Horrorgeschichte, sondern göttliche Parodie auf den König, der nicht altern und nicht sterben, sondern immerfort allein regieren wollte. Er verstößt damit gegen die Naturgesetze.

Noch einen letzten Gedanken zu Medea als Herrin von Korinth. Dorthin wurde sie als legitime Nachfolgerin gerufen und erwählt Jason aus ihrer Macht zum Heroskönig. Sie haben 7 Mädchen und 7 Knaben als Kinder, das ist die magische Zahl der Planeten des Altertums, die je mit einem Götterpaar (weiblich + männlich) versehen wurden. Kosmische Symbolik spielt also durchaus mit. Nach bestimmter Regierungszeit des Jason wäre es nun an Medea, ihn in die Unterwelt zu schicken und sich einen jungen König zu erwählen. Statt dessen wird dieser klassisch-matr. Vorgang umgedreht. Jason erwählt sich eine Jüngere. Und das ist ja nun stehendes patr. Muster bis heute! Für Medea bleiben bei solcher Pervertierung nur die patr. Weibchengefühle von Eifersucht und Vernichtung der Konkurrentin übrig, hier wird sie genauso lächerlich gemacht wie die ›ewig eifersüchtige‹ Hera. -

Ich hoffe, ich konnte Ihre Gedanken, die alle diese wesentlichen Züge der Uminterpretation schon enthielten, noch ein wenig ergänzen und Ihnen dadurch dienen. Es geht darum, diese scheinbar so verworrene, aber doch bewußt verzerrte Mythe vom ›Kopf auf die Füße‹ zu stellen, d.h. sie von der patr. Kopfgeburt, zu der sie gemacht wurde, wieder auf den matr. kulturhistorischen Boden zu stellen. Die Mythe oder Medea, je nachdem!

Was ich nur nicht gesagt habe und auch nie sagen würde, ist, daß die „Erkenntnis der Zeugungskraft das Selbstbewußtsein der Männer gestärkt habe und deshalb zur männlichen Erbfolge führte." Gerade das würde ich nicht sagen (soweit ich Sie in dieser Bemerkung richtig verstanden habe). Die Entstehung von Patriarchat, was synonym mit der Entstehung von Herrschaft ist, stelle ich mir sehr viel komplexer vor und ist obendrein in verschiedenen Kontinenten durch verschiedene kulturelle Bedingungen verschieden verlaufen. Aber das hier auszuführen, würde zu weit führen. Vielleicht werde ich einmal das Glück haben, mich darüber mit Ihnen persönlich austauschen zu können. Bevor das möglich ist, lege ich Ihnen einen Artikel von mir genau zu diesem Thema bei. -

Wenn meine Überlegungen Ihnen nützlich sein können, wäre es mir eine Freude. Ich wünsche Ihrer Arbeit an ›Medea‹ (Idee, Thema usw.) alles erdenklich Gute und bin sehr gespannt, davon zu erfahren.

In herzlicher, respektvoller Verbundenheit

Ihre Heide Göttner-Abendroth

Margot Schmidt

im *Lexicon Iconographicum Mythologiae Classicae* (LIMC)
Auszüge

MEDEIA

(: Metaia, Metua, Metvia; Medea) Tochter des →Aietes und der Idyia. Die mit Zauberkünsten vertraute Königstochter in Kolchis hilft →Iason bei der Gewinnung des Goldenen Vlieses, flieht dann mit ihm nach Griechenland, wo sie in Iolkos, um das Jason zugeführte Unrecht zu rächen, die →Peliades durch falsche Versprechung anstiftet, ihren Vater →Pelias zu zerstückeln, der angeblich verjüngt werden sollte, aber ohne den Einsatz von M.s Zauber umkommt. Nach der Flucht aus Iolkos lebt M. in Korinth als Gattin des Jason, bis dieser sie verläßt, um →Kreousa (II) zu heiraten. M. benutzt ihre Zaubermittel, um die Rivalin zu ermorden und vollendet ihre Rache an Jason durch die Tötung ihrer eigenen beiden kleinen Söhne. Erneute Flucht bringt sie nach Athen zu →Aigeus, der sie heiratet, doch nach der Entdeckung ihrer Verleumdung des →Theseus muß sie Athen verlassen. Nach einer Version kehrt sie schließlich nach Kolchis zurück, wo sie ihrem Vater Aietes zur Wiedergewinnung seiner Herrschaft verhilft.

LITERARISCHE QUELLEN: Zu M.s Verbindung mit Jason und ihrem Wirken in Kolchis →Iason; zu ihren Verjüngungswundern und deren Verweigerung bei der Tötung des Pelias →Peliades; zu ihrer Rivalin in Korinth →Kreousa II; zu M. in Athen →Aigeus. Vgl. auch →Apsyrtos; →Talos I.

Die göttliche Abkunft M.s wird Hes. *theog.* 956 ff. (vgl. auch 992 ff.) überliefert: Ihr Vater Aietes ist Sohn des →Helios; Schwester des Aietes ist →Kirke. M.s Mutter ist hier wie in mehreren späteren Quellen die Okeanide Idyia. Als unsterblich wird M. nach Musaios in *Schol.* Eur. *Medea* 9 bezeichnet. Tatsächlich scheint der Mythos keinen Tod der M. zu kennen, sofern die Überlieferung bei Ibykos und Simonides, Page *PMG frg.* 291 und 558 von ihrer Vermählung mit Achill im Elysium diesen nicht (in der heroischen Form der Entrückung) voraussetzt. M.s Heimat ist das im Osten gelegene Aia, die Stadt des Aietes, die noch Mimn., West *IEG frg.* 11 unbestimmt am Rande des Okeanos plaziert, obwohl die Identifizierung mit Kolchis am Ostrand des Schwarzen Meeres früh erfolgt sein wird. Die bedeutende korinthische Komponente des Mythenkomplexes um M. wird durch die Tradition untermauert, nach der Aietes durch Helios Herrschaftsanspruch auf Korinth besitzt, den er trotz seiner Abwanderung nach Kolchis für seine Nachkommen aufrecht erhält (Eumelos *Korinthiaka*, Davies *EFG* F2^,3^). Dieser Anspruch hatte zur Folge, daß die Korinther, als der letzte König kinderlos stirbt, M. aus Iolkos herbeirufen und ihr die Herrschaft übertragen, worauf Jason durch sie König wird (a.O. F3^). M. ist damit an den Schauplatz Korinth versetzt und mit dem eigenständigen Überlieferungsstrang verknüpft, der auf älterer Grundlage im Epos *Korinthiaka* des Eumelos literarische Gestalt erhielt. Da M. in Korinth im vorliegenden Artikel im Mittelpunkt steht (zu den übrigen Verbindungen vgl. die oben genannten Stichworte), sind die betreffenden Quellen hier zu besprechen: M. spielt in Korinth vorwiegend die Rolle der Mutter und Gattin, wobei der Umstand ihrer Verstoßung durch Jason nicht zum primären Bestand gehören muß. Große Bedeutung kommt den Kindern der M. zu, die eine eigene kultische Tradition besitzen: die je sieben Knaben und Mädchen im Heiligtum der Hera Akraia in historischer Zeit beziehen sich auf ursprünglich vermutlich selbständige Kultempfänger, auf deren Existenz noch die Schlußpassage von Eur. *Medea* Rücksicht zu nehmen hat. Das Motiv des Kindermordes in der bei Eur. vorliegenden Form wurde mit großer Wahrscheinlichkeit erst in seiner 431 aufgeführten Tragödie mit M. als rächender Täterin verbunden. *Schol.* Pind. O. 13, 74 g berichtet dagegen von M.s Versuch, ihren Kindern durch den rätselhaften Akt des χαταχπυπτειν die von Hera versprochene Unsterblichkeit zu sichern, was durch das unzeitige Einschreiten Jasons vereitelt wird. Nach anderer Version (*Schol.* Eur.

Medea 264) tötet M. zwar nicht ihre Kinder, vergiftet aber – aus nicht überliefertem Grund – Kreon; bei der anschließenden Flucht aus Korinth setzt sie die Kinder im Heiligtum der Hera aus, wo sie diese geschützt glaubt, doch die Korinther töten sie. Wie der wissentlich begangene Kindermord ist auch die Verbindung mit Kreousa, die in der gesamten späteren Überlieferung vorausgesetzt wird, erst in der euripideischen Tragödie faßbar. Hier ist das sich steigernde Rachemotiv – vom Mord an der Rivalin zum Kindermord – gestaltet, und hier flieht M. nach vollendeten Taten nach Athen zu Aigeus, auf dem im Text nicht genannten, aber in der 1. *Hypothesis* beschriebenen und als Gabe des Helios bezeichneten Wagen, den geflügelte Schlangen fortbewegen. Obwohl das Fluchtziel mit der attischen Aigeus-Tradition in Einklang steht, ist seine Einführung in Eur. *Medea* seit der Antike (Aristoteles) kritisiert worden, und so bleibt das Ziel etwa am Schluß von Sen. *Medea* absichtsvoll unbestimmt: *Per alta spatia aetheris* fährt sie dahin. Während Jason ihr in dem lateinischen Text a.O. voll Abscheu aufträgt „*testare nullos esse, qua veheris, deos*", steht die griechische M. in Korinth in Verbindung vor allem mit der Göttin Hera und deren Heiligtum. Mythologisch wird die Sympathie der Göttin im korinthischen Zusammenhang durch M.s Abwehr eines Annäherungsversuchs des Zeus begründet (*Schol.* Pind. O, 13, 74 g). Die in demselben Text – und nur hier – überlieferte Nachricht, M. habe eine Hungersnot in Korinth durch ihr Opfer an Demeter und die lemnischen Nymphen zu beenden vermocht, wirft ein bezeichnendes Licht auf die korinthische M., die nicht nur auf Zauberei angewiesen ist, sondern mit Göttinnen vertrauten Umgang pflegt.

Außer mit den vielfach überlieferten Hauptschauplätzen des M.-Mythos ist sie in vereinzelten Quellen auch mit anderen Orten, wenn auch nur locker, verbunden. Pindar, der M.s Gabe der Weissagung zur Geltung bringt, läßt *P.* 4, 250 ff. den Besuch der Argonauten auf Lemnos erst auf der Rückfahrt von Kolchis stattfinden, ohne auf den dann unausweichlichen Konflikt mit der Hypsipyle-Handlung (→Hypsipyle I, *LIMC* Suppl.) einzugehen: Vgl. dazu Myrsilos von Lesbos in *Schol.* Apoll. Rhod. 1, 609-619e und Antig. 118, mit der Rache der eifersüchtigen M., die mit Jason auf Lemnos anwesend zu denken ist. – In Theben taucht M. in der auf Dionys. Skytobrachion (*FGrH* 32 F 14) zurückgehenden Version Diod. 4, 54, 7 und 55, 4 auf: aus Korinth geflohen, macht sie in Theben bei Herakles Station, den sie von seinem Wahnsinn nach dem Mord an seinen eigenen Kindern heilen kann.

Neben bzw. nach der dramatischen Gestaltung durch Eur. hat es andere griechische M.-Tragödien gegeben, so von dem problematischen Neophron (*TrGF* I 92 ff. und 346) und von Karkinos II (*TrGF* I 212, 1 e). Das hellenistische Epos des Apoll. Rhod. hat die Argonautenhandlung, nicht die Ereignisse in und nach Korinth zum Gegenstand und bringt deshalb nur die junge, liebende M. ins Spiel. Im lateinischen Epos des Valerius Flaccus wird dagegen die zukünftige Rachetragödie vorausweisend mehrfach in die Argonautenhandlung eingeblendet. Auch die römische Bühne gestaltet den M.-Stoff: Die *Medea exul* des Ennius und die M.-Tragödie des Ovid sind verloren; die erhaltene des Seneca läßt zwar, ähnlich wie Ov. *met.* 7, 179 ff., ein gesteigertes Interesse an den auffälligen Zügen der barbarischen Zauberin erkennen, das überhaupt für das Nachleben M.s bezeichnend ist, doch gelingt Seneca zugleich, der Gestalt ihre eindrucksvolle Größe und die Anteilnahme an ihrem Schicksal zu bewahren. Neue stoffliche Einzelheiten scheint die römische Dichtung dem Mythos nicht hinzugefügt zu haben; gegenüber dem Vorbild Euripides werden Details anders gewichtet oder motiviert. Die Eliminierung des attischen Asyls, das unbestimmt gelassene Fluchtziel wie bei Seneca, mag die Verwendung des Mythos im Bereich der römischen Sepulkralkunst begünstigt haben. – Zu weiteren Behandlungen des M.-Stoffes in der römischen Literatur vgl. Croisille 42-43; zu den nicht seltenen Epigrammen mit Nennung von bildlichen Darstellungen der Kindermörderin M. a.O. 45 Anm. 134. ...

Aus dem Kommentar zu den bildlichen Darstellungen der Medea

Medeia, die immer wieder Heimatlose, von Ort zu Ort Umgetriebene, erscheint auch in der Bildkunst als eine ausgegrenzte Gestalt, die nur selten - und in problematischer Weise - mit anderen Menschen kommuniziert (z.B. Überredung der →Peliades). Auch ihre Hilfeleistungen für Jason werden aus einer gewissen Distanz ausgeführt. Selbst in den Szenen mit ihren Kindern bleibt M. isoliert (bes. 8-11). Eine Art Körperkontakt mit ihnen findet sie nur in einigen wenigen provinzialrömischen Darstellungen (19-20), doch ist auch hier nicht sie es, die ihn sucht, sondern die verängstigten Kinder schmiegen sich an die Mutter.

Die voreuripideischen Bildzeugnisse sind mit wenigen Ausnahmen mit dem Peliasmythos (→Peliades) bzw. mit M.s tatsächlich ausgeführten Verjüngungswundern verknüpft. Auch die bisher älteste gesicherte Darstellung der M. aus der Zeit um 630 v. Chr. (1) zeigt M. mit dem Verjüngungskessel. Offenbar läßt sie hier ihre magischen Fähigkeiten ungehindert wirken: der junge Mann, der im Begriff zu sein scheint, aus dem Kessel herauszusteigen, bezeugt, was die (hier mit einem Zauberstab ausgerüstete?) Magierin zu bewirken vermag. Man denkt am ehesten an den durch M. verjüngten Jason, doch ist auffällig, daß der Künstler darauf verzichtet hat, M.s Patienten mit einem Namen zu versehen, obwohl er insgesamt drei Inschriften einritzte. Vielleicht erhält die Darstellung durch die Anonymität einen iterativen Charakter - der namenlose «Jason» kann zugleich alle anderen Zeugen von M.s Kunst vertreten. [...]

Die korinthische M., wie sie die euripideische Tragödie gestaltete, hat in der klassischen mutterländisch-griechischen, im besonderen in der attischen Bildkunst anscheinend kein Echo gefunden, wohl entsprechend dem geringen Erfolg des Stückes in Athen (wo aber bildliche Nachklänge von Tragödien überhaupt recht selten sind). So stammen alle erhaltenen Darstellung der Kindermörderin aus dem italienischen Bereich, mit Schwerpunkten in der unteritalienischen Vasenmalerei, der römischen Sepulkralkunst - besonders Sarkophage - und der pompejanischen hellenistische Vorbilder vorauszusetzen sind.

Gérard Seiterle

Artemis – Die große Göttin von Ephesos

Wer ist die große Artemis ?

Ihr Name ist griechisch: dem Wesen und der Gestalt nach ist die ephesische Göttin jedoch nicht identisch mit der griechischen Göttin der Jagd, sondern sie verkörpert eine urtümliche einheimische Gottheit, die in etwa der ›Ur-Artemis‹ der Griechen entspricht [...] Enger noch als mit der griechischen Artemis ist die ephesische Göttin mit der »Megale Meter« (lat. Magna Mater; auch Kybele genannt) verwandt [...] Wir wissen auch Einzelheiten über die Prozession zum Großem Fest der Artemis, an der die Kultstatue und andere Bildwerke mitgetragen wurden [...]

Die ›vielbrüstige‹ Kultstatue

[...] Wir verbinden mit der Kultstatue vor allem das Bild der ›vielbrüstigen‹ Artemis, wie es uns in zahlreichen römischen Nachbildungen in Marmor und Ton und auch Münzen überliefert ist [...] Die ganze Gestalt der Kultstatue wird vom markanten Gebilde der ›Brüste‹ beherrscht [...] Ihre Deutung als Brüste ist am weitesten verbreitet und zugleich die älteste Interpretation [...] Die besagten Attribute an der antiken Artemis können aber – wie dies von verschiedenen Forschern richtig bemerkt wurde – keinesfalls Brüste darstellen, denn im Gegensatz zu den neuzeitlichen Rezeptionen fehlt an ihnen gerade das wesentliche Element, das Brüste als nährende Organe ausweist, nämlich die Brustwarze, [...] Bei den vermeintlichen Brüsten handelt es sich um die Hodensäcke von Tieren. Aus formalen und aus bestimmten religionsgeschichtlichen Gründen können sie als Beutel von Stieren gedeutet werden. Der Artemis wurden demzufolge die Hoden von Stieren dargebracht und in ihren natürlichen Behältern, in den Stierbeuteln, an das Kultbild geheftet. Diese neue These stellt unsere Anschauung vom Kult der Artemis auf eine völlig veränderte Grundlage. Sie setzt voraus, daß im Kult der Göttin das Stieropfer eine zentrale Rolle spielte [...]

Artemis Ephesia, Marmor, Höhe 70 cm

Das Fest zur Wiedergeburt der Natur

Im Zusammenhang mit der Artemis ist das Weihen der Stierhoden nicht als Ersatz für ein Blutopfer zu deuten, sondern vielmehr als Opfer zur Erlangung der Fruchtbarkeit. Ähnliche Opferrituale, in denen männliche Geschlechtsteile geweiht wurden, gab es nicht nur in Kleinasien, sondern auch im griechischen Mutterland. [...] Der Stier galt als das Symbol für die Fruchtbarkeit. Die Stierhoden waren demzufolge Fruchtbarkeitssymbole [...]

Christa Wolf

Tagebuch

Los Angeles, 28. 10. 1992

Heute früh kam mir vielleicht der Einfall zur Medea (nach einigen Vor-Einfällen in den letzten Tagen): Ich komme auf ein Grundmuster zurück, das ich in den letzten Jahren immer wieder auch für einen möglichen Gegenwartsroman im Kopf hatte: Eine Frau ist verschwunden, Medea. Zwei ihrer Kinder, zwei noch junge Söhne, wurden im Tempel der Hera gräßlich ermordet aufgefunden.

Der Verdacht, der schnell und hastig in Korinth verbreitet wird, fällt auf Medea. Eine junge Frau, Kolcherin, die sie aus enttäuschter Liebe haßt, möchte diesen Verdacht gerne bestätigt sehen und macht sich auf Spurensuche. Sie trifft auf alle möglichen Zeugen: Jason, der sich unter den Verhältnissen verändert hat, eine Tochter der Medea, die radikal geworden ist (Ulrike Meinhof), die Schwester Kirke ›mit dem bösen Blick‹ – wogegen Medea sich immer ihren ›guten Blick‹ hat bewahren wollen und daran gescheitert ist. Eine schnelle Umdeutung ihrer Figur findet statt, eine Erniedrigung und Dämonisierung, die die Berichterstatterin vollständig durchschaut, aber mitmacht, sogar befördert. – Mir scheint, in diese Struktur – Kriminalromanstruktur! – läßt sich sehr viel jüngste Erfahrung hineinbringen, sehr viele Figuren, die ich kenne, sind zwanglos auch hier unterzubringen. Schwierigkeiten noch: Kam Medea wie bei Euripides als Flüchtige nach Korinth, mit Jason? – Hat sie mit ihm, wie in anderer Überlieferung behauptet, auf Bitten der Korinther Korinth regiert, haben die sich dann wegen ihres fremdartigen Zauber-Wesens, weil sie sie und ihr Menschlichsein nicht aushalten konnten, gegen sie aufgelehnt und Jason, der Angst vor dem eigenen Zusammenbruch hat, mit auf ihre Seite gezogen? Was würde in diesem Fall aus der Kreon- und Kreusa-Geschichte? Allerdings würde dieser Fall den Weggang Medeas aus Kolchis erklären, der schon zu ihren Lebzeiten in Korinth umgedeutet wird, besonders wird ihr der Tod ihres Bruders zur Last gelegt, den die Korinther überhaupt nicht verstehen. Medea geht daran zugrunde, daß man ihr ihr ›Strahlen‹, ihre Zauberkraft genommen hat.

Wie ist ihr Verhältnis zu Jason? Liebt sie ihn mit einer bis dahin wenig bekannten individuellen Liebe? Wenn sie regiert, ist er ja nur Neben-Regent. Erträgt er das auf die Dauer nicht? ...

Medea, übrigens, wird wohl daran zugrunde gehen müssen, daß sie auf keiner Seite mehr ganz stehen konnte. Daß sie zwischen die Fronten geriet. Daß sie auch oft selber nicht mehr sicher war. Was sie am häufigsten denkt, manchmal sagt: Ich weiß nicht.

Santa Monica, 7. 11. 1992

Gestern hab ich die erste Seite geschrieben (nachdem ich mich durch Dutzende von Büchern durchgelesen hatte, die der Computer mir hier ausgespuckt hat), und es geht um Medea und spielt im dritten vorchristlichen Jahrtausend im alten Korinth, das damals und also auch bei mir noch anders hieß, und es wird ja nun doch wieder Prosa

Santa Monica 11. 11. 92

Ich überlege jetzt, ob ich in die Medea-Erzählung kurze Einwürfe machen soll – mit einem anderen Stift, in einer anderen Schrift – eine Stimme von sehr weit her, die ihre ganz fremden Beobachtungen von heute wiedergibt. Niemand dürfte fragen, woher sie kommt, auch nicht, wer es sei. Bedenken: Könnte zu didaktisch wirken, da die Beobachtungen auf Selbstzerstörung der heutigen Erdbewohner hinausliefen.

Donnerstag, d. 19. 11. 92

Heute früh einen der seltsamsten Träume: Ich bin mit G. in einem welligen, grasbewachsenen, teils sumpfigen Gelände. Ich trage eine der großen Milchkannen, wie sie die Bauern in den Ställen verwenden. Vor uns grast gemütlich eine dunkle Ziege. Wir gehen auf sie zu, ich glaube, wir wollen sie füttern. Sie ist ganz zahm, läßt sich von mir streicheln, und auf einmal hat sie mit einem Schwupps die riesengroße Milchkanne verschluckt. Ich bin außer mir. Das Tier wird die Kanne niemals wieder rausbringen können. Vorsichtig und ängstlich taste ich den Leib der Ziege ab: Tatsächlich spüre ich die festen metallischen Ränder der Kanne unter dem Fell. Noch scheint die Ziege sich nicht schlecht zu fühlen. Ich bin schuld, sage ich. Ich hätte besser aufpassen müssen. Mit fällt ein, daß die alten Griechen eine heilige Ziege Almatheia hatten, vielleicht ist sie das, durch meine Schuld dem Tode preisgegeben. Die Ziege bewegt sich von uns weg, auf ein sumpfiges Gelände zu, ehe wir sie einholen können, versinkt sie vor unseren Augen langsam und klaglos im Sumpf, heruntergezogen von der schweren Metallkanne in ihrem Innern.

Im Aufwachen überlege ich, daß ich gestern ausführlich von der Artemis von Ephesos gelesen habe. Ihr Standbild war außer mit den Stierhoden, die ihr angehängt wurden, mit einem kostbaren gehämmerten Metallrock bekleidet. Die Stierbeutel wurden nach dem großen Frühlingsfest, bei dem die Stiere geopfert werden, im Sumpf vergraben [...]

Christa Wolf

Notate aus einem Manuskript

ab 1. Februar 1993

1

Band läuft DU MUSST DICH SELBER AUS DIR HERAUSSCHNEIDEN Ende. Cuttern, cuttern, unbrauchbares Material, ins Unreine gedacht oder vielmehr gedacht worden, denn auf dem mehrspurigen Band wird die eine Spur ohne mein Zutun besprochen DU MUSST DIR INS EIGENE FLEISCH SCHNEIDEN während ja auf einer der anderen Spuren weiter ein Bildtongemisch aufgenommen (aufgezeichnet?) wird, Stadtgeräusche, das Tag und Nacht gegenwärtige gemeine Sirenengeheul der Polizeiwagen, die aufheulen wie verwundete Tiere, oder das kurze schrille Anschlagen der Alarmanlage eines der teuren Autos, wenn jemand es berührt hat, ihm zu nahe getreten ist, oder die Feuerwehr, in ihrer ganzen unglaublichen Feuerwehrschönheit rast sie vorbei, direkt auf den Brand und die Kameras zu, die immer schon da sind und mir abends unfehlbar die Leichen der Verbrannten und die Tränen der Hinterbliebenen ins Zimmer bringen, getreulich wie gut erzogene Katzen jede einzige erbeutete Maus, jeden einzigen der vielen täglichen Ermordeten in dieser großen Stadt auf meine Schwelle legen, was ich zuerst, erinnere ich mich, geschehen ließ und wie eine Pflichtübung auf mich nahm, auch kannte ich niemanden hier, was gingen mich diese fremden Toten an, bis ich mich auf einmal damit überraschte, daß ich mitten in einem Verzweiflungsausbruch einer Mutter, deren Sohn durch die jüngsten allerdings ganz ungewöhnlichen Wolkenbrüche von einem sonst harmlosen Bach weggeschwemmt worden war, die rosa Aus-Taste drückte DAS ERTRAGE ICH NICHT MEHR und diese kleine Bewegung mir mehr als alles andere zeigte, daß ich angekommen war und die Hoffnung, mich draußen zu halten, wieder einmal getrogen hatte, während auf der dritten der anscheinend unzähligen Hirnspuren eine Figur allmählich hervortrat, die einen Namen hatte, ehe ich sie kannte, <u>Medea</u>, sie kommt, ich erlebe noch einmal das Wunder einer Erscheinung, unverhofft, unverdient UNVERDIENT DAS ALLES Medea, die ihre Kinder nicht ermordet hat, die Unschuldige, dachte ich freudig und triumphierend, da kannte ich sie noch nicht oder hoffte vielmehr insgeheim, sie benutzen zu können, als Zeugin, Entlastungszeugin, es hätte mich stutzig machen sollen, daß sie sich mir entzog, daß Bücher über Bücher meinen Tisch bedeckten, sich in den Regalen ausbreiteten, daß ich mir nicht zu schade war, Stunden am Kopierer zu stehen und Seiten über Seiten zu kopieren, die ich hin und hertrug in jener buntgewebten Tasche aus dem indischen Laden in der Third Street und daß ich mich zur Expertin entwickelte für die Genealogien vorgeschichtlicher Königshäuser in denen Medea unterging, während das Computersystem ORION mir auf immer neue

Stichwörter, die mir einfielen Argonauten Kolchis Goldenes Vlies immer neue Titel und Namen aufrollte, ausdruckte, auf Querverweise verfiel, auf die ein Mensch nie käme, Circe Cheiron Altkorinth immer immer sagte ORION ich weiß was und überschüttete mich mit seinem Wissen und entwickelte alle Eigenschaften eines Tyrannen, auch über die Große Mutter war er ja orientiert, über Menschen- und Tieropfer aller Art über Mysterien und Rituale, aber erst, als er anfing, mahnend im Traum zu mir zu sprechen, legte ich die Titelliste beiseite, die er mir aufgedrängt hatte und fing, auf einmal sehr schüchtern, an, mit ihr selbst zu sprechen, Medea. Ich sehe, es handelt sich um keine zugängliche Person, ich ahnte, daß sie ein Zeugnis von mir verlangte, das ich nicht erbringen konnte, noch nicht erbringen konnte und auch nicht wollte. Oder ich ahnte es doch wohl nicht, denn ich freute mich unverhohlen an formalen Erfindungen, die ich erst jetzt als Tricks durchschaue und die sich nun schon über drei verschiedenfarbige Schreibblöcke haben ausbreiten dürfen, so daß ich jetzt nicht einmal weiß, ob sie noch auf mich wartet, Medea, ob sie Geduld mit mir haben wird oder sich einfach wieder auflöst, ins Nichts zurückgeht und in die Stücke der verschiedenen Dichter, die sie, angefangen beim großen Euripides, der die Erfindung verantwortet, als Kindsmörderin teils verurteilen, teils bewundern, teils zu verstehen suchen, während ich doch gleich, wenigstens das könnte sie mir zugute halten, gewußt habe, die hat ihre Kinder nicht umgebracht und hoch befriedigt in den früheren Überlieferungen fand, ich hatte richtig gedacht, nicht sie, die Korinther brachten ihre Kinder um, weil sie diese Hexe und Zauberin nicht mehr ertrugen. Aber, merkwürdiger Gedanke, sie hat es nicht mehr erlebt, so hat sie wenigstens in dieser Hinsicht eigentlich Glück gehabt.

2

Medeas Schwäche, mag sein sie war die erste Frau, die einen bestimmten Mann und nur diesen liebte, ausgerechnet Jason, wäre es möglich, oder wie ließe es sich sonst erklären, daß sie ihm hilft gegen ihren Vater Aietes, daß sie ihn mit der Salbe einstreicht, die ihn unverwundbar macht, daß sie ihm das Mittel gibt, die Schlange vor dem Goldenen Vlies in Schlaf zu versetzen, daß sie ihm die List verrät, mit der Drachensaat fertig zu werden. [...]

DRACHENSAAT die Drachenzähne, die, ausgesät, Krieger erstehen lassen, Jason muß den ersten Stein werfen, daß sie anfangen, sich untereinander totzuschlagen, und nicht ihn umbringen, klug, Medea, eine naive Person war sie schon damals nicht.

3

Medea, erinnere ich mich, sah ich zuerst hauptsächlich als die Kolonisierte, als die Barbarin aus dem Osten in der verfeinerten, von frühgriechischer Kultur geprägten Stadt Korinth. Kolchis am Rande des Schwarzen Meeres als der äußerste östliche Punkt, den die Mittelmeervölker erreichen konnten. Medea kommt – wenn man den Mythos und Homer ernst nehmen will, um mindestens eine Generation älter als Kassandra –, aus einer Kultur, in der die matriarchalen Züge noch, wenn nicht evident, so doch dicht unter der Oberfläche für jedermann und vor allem für jede Frau selbstverständliche, verhaltensformende Erfahrung sind. Ich lese, über urlange Zeiträume war den Menschen der Zusammenhang zwischen Zeugung und Geburt nicht bekannt, und es leuchtet mir ein, daß dieses Unwissen die Dominanz der Frauen begünstigte, ebenso wie es einleuchtet, daß das Wissen um diesen Zusammenhang Voraussetzung dafür ist, daß der männliche Kampf um die Erbfolge und also die Inthronisierung des Mannes als Wertmaßstab für den Menschen einsetzen kann – ein sehr frühes Beispiel dafür, fällt mir ein, daß Aufklärung zu ungunsten der Frauen ausschlägt, aber ist das auch wahr? Und wenn ja, spricht das nicht eher gegen die Frauen als gegen die Aufklärung? Insofern mehr Wissen den Anteil des Mythischen, Mystischen, Irrationalen zurückdrängt, der nun mal, von altersher, an den Frauen hängt, in ihren Händen liegt?

4

Man hat Medea in Korinth ihr Strahlen genommen, indem man sie ummontierte, ihr ihren Zauber nahm, vor dem man sich ängstigte, sie vertrieb und sie danach allmählich in das Monster verwandelte, die Unnatur in Person, die schreckliche Frau. Sie muß es erlebt haben, wie es ist, wenn einem das eigene Leben unter den Händen ausgetauscht wird gegen ein todfremdes, Medeia heißt ja die mit gutem Rat Heilende, die frühen Überlieferungen zeigen sie nur in dieser Rolle, in der das Patriarchat sie nicht belassen konnte, auch das leuchtet mir ein, es kann mir kaum gelingen, denke ich, den Schmerz zu beschreiben, den eine Operation am lebendigen Leib verursacht AUSTAUSCH DER GLIEDMASSEN, JEDES EINZELN und das Entsetzen vor dem Bild von sich selbst,das ihr dann auf allen Straßen und Plätzen in den Gesichtern der Leute, der Fremden und der eigenen, die ihr bis hierher gefolgt sind, entgegenkommt. Nichts kann schwerer für sie gewesen sein, denke ich, als sich von diesem Bild zu befreien, das sich, DAS IST DER GRÖSSTE SCHMERZ in sie einzufressen begann DANN BIN ICH VERLOREN und wie muß ihr zumute gewesen sein als ihr aus Jasons Augen zuerst Entfremdung dann Mißtrauen dann Grauen entgegensprang, denke ich und versuche ich mir vorzustellen WAS BIN ICH DOCH FÜR EIN GLÜCKLICHER MENSCH

5

Merkwürdig an Medea ist diese Liebe zu Jason oder sollte auch er einer Verwandlung, einer Manipulation unterworfen worden sein, also wende ich nun ihm mein Interesse zu, ihm, der mir nicht liegt und finde, was mich nicht überraschen dürfte, daß auch er ursprünglich kein Held sondern ein Heiler war, einer der Vorläufer der Christus-Gestalt, nicht einmal tatendurstig, dem ein Unternehmen aufgebürdet war, das für ihn zu groß war, zu gewichtig, auf der ganzen Argonautenfahrt gehört er nicht gerade zu den Aktiven der Mannschaft. Medea hat ihm den Bruch in sich angemerkt, das mag zuerst ein fast mütterliches Gefühl gewesen sein, das sich verwandelt haben kann, als sie schon unterwegs waren, in Leidenschaft, denn nun hatte sie nichts mehr als ihn, in die Leere schießt leicht dieses Übergefühl das wir Leidenschaft nennen und für die wahre Liebe halten und das so nach Rache schreit wenn es enttäuscht wird. So könnte es gewesen sein es würde alles ganz gut zusammenpassen und warum sollte sie nicht maßlos eifersüchtig werden auf die jüngere Frau, Glauke, aber wieso stelle ich mir diese Frage überhaupt, und in diesem zweifelnden Ton?

6

[...] schwer zu lösen bleibt das Problem der Opferung und Zerstückelung männlicher Opfer in den matriarchalen Gesellschaften, die ja die längste Zeit die menschliche Existenz auf der Erde bestimmt haben und fast vollkommen aus dem Gedächtnis der Menschheit gelöscht wurden, wenn man nicht den männlichen Furor gegen das Weibliche, auch in sich, als einen indirekten Beweis für die Bedrohung nehmen will, die einmal von der Frau für sie ausgegangen sein muß, und es wird wichtig sein, genau zu erkunden, in welcher Beziehung Medea zu diesen Opferpraktiken gestanden hat, da ihr doch als ihr zweites uns moderne Menschen entsetzendes Verbrechen der Mord an dem Bruder Apsyrtos zur Last gelegt wird, der ihr, um sie zurückzuholen, auf die Argos, das Fluchtschiff, gefolgt sei, von ihr ermordet, zerstückelt und Glied für Glied dem sie verfolgenden Vater ins Meer vorgeworfen worden sei, der, um seinen Sohn den Sitten entsprechend begraben zu können, viel Zeit damit verloren habe, die einzelnen Glieder einzusammeln, sodaß die Argo mit Medea und Jason inzwischen habe entfliehen können, aber ich sehe etwas Unstimmiges an dieser Erzählung, nur wenn ich mich der Unstimmigkeit nähern will, verschwimmt sie und läßt sich nicht fassen

7

In manchen Überlieferungen wird Kirke, die böse Zauberin, nicht als Schwester des Vaters Aietes, sondern als Schwester von Medea gesehen, das reizt mich, es wäre zu untersuchen, wann die Trennung in gute und böse Frau nötig wird, in helle und dunkle Schwester, in Goldmarie und Pechmarie, warum Kirke als diejenige geschildert wird, die die Gefährten des Odysseus in Schweine verwandelt, warum die Überlieferung Wert darauf legt, daß Medea und Jason zu Kirke gehen, um vom Mord an Medeas Bruder, Apsyrtos, entsühnt zu werden, von einem Mord, der so nicht stattgefunden hat, davon bin ich inzwischen überzeugt, aber auch die Alten hatten Entsühnungsrituale, NUR UNS UNGLÄUBIGE DES WISSENSCHAFTLICHEN ZEITALTERS LÄSST DIE GEMEINSCHAFT MIT SCHULD UND SÜHNE ALLEIN, OHNE DAS ALTMODISCHE GEWISSEN ABGESCHAFFT ZU HABEN, KEINE INSTANZ KANN ENTLASTEN UND VERGEBEN, ALLES IST IN UNSER INNERES VERLEGT, Kirke aber, denke ich mir, ist mit Medea in Korinth, sie ist die böse, das heißt die aufsässige der beiden Schwestern, sie wird Medea unentbehrlich, indem sie sie davor bewahren hilft, die Werte, also auch die Schuldzuweisungen der Korinther in sich hineinzulassen, dann wäre sie verloren, wie Jason, der Schwächere, es alsbald ist, ich denke nicht, ihn als puren Opportunisten zu zeichnen, der halt an der Spitze stehen und deshalb die arme Glauke, Kreons Tochter, heiraten will – nein, er ist unterhöhlt durch die Moral der Korinther und hält deshalb nicht stand [...]

8

Medea, übrigens, wird wohl auch daran zugrunde gehen müssen, daß sie auf keiner von allen möglichen Seiten mehr ganz stehen kann, daß sie zwischen die Fronten gerät, was am allerwenigsten verziehen wird, mit Gegnern weiß man umzugehen, aber was sollen die Korinther, was sollen die Argonauten, was sollen die Kolcher mit einer Frau anfangen, der man ansieht, daß sie den Faden verloren hat, die niemanden loben, aber auch keinen mehr tadeln kann, die einfach herumgeht und guckt, was man sich am liebsten verbitten würde, doch kann man das, ohne sich lächerlich zu machen, die herumgeht und zu warten scheint, aber wohl selbst nicht weiß, worauf, und die, wenn man sie aus alter Gewohnheit um Rat oder Urteil fragt, nichts anderes mehr sagen kann als: Ich weiß nicht. Wie ist sie so geworden, was hat ihr den Boden unter den Füßen weggezogen, da es doch die schlichte banale Untreue des Jason nicht gewesen sein kann, Jason, dem sie die junge naive Glauke gönnt, dem sie eine Erholung gönnt, denn daß der Umgang mit ihr anstrengend sein muß für einen Mann wie Jason, oder für einen Mann, der geworden ist wie Jason jetzt ist, das versteht sie.

9

Mir will es immer wahrscheinlicher vorkommen, daß Medeas Bruder, der unglückliche Apsyrtos, keinesfalls von ihr ermordet und ›zerstückelt‹ wurde – wobei ja übrigens sowieso zu bedenken ist, daß dieses uns so besonders scheußliche Zerstückeln von Opfern in vorgeschichtlicher Zeit eine andere Bedeutung hatte: die einzelnen Gliedmaßen des Opfers, über die Felder verstreut, verhalfen ihnen zur Fruchtbarkeit. Genau das Gegenteil von dem, was die tendenziöse Überlieferung uns glauben machen will, könnte der Fall gewesen sein und die Begründung dafür liefern, daß Medea ihr geliebtes Kolchis verließ: Ihr Vater, Aietes, der schon mindestens zweimal 100 Monate regiert haben kann und eigentlich, nach dem Brauch, von seinem Sohn Apsyrtos abgelöst werden müßte, besinnt sich auf eine Uralt-Sitte aus der Zeit, da eine Priesterin, anstelle der Göttin, dominierte, der ein Sakral-König zur Seite stand, welcher ein Jahr lang aufs beste behandelt wurde, der Königin möglichst ein Kind zu zeugen hatte und am Ende des Jahres geopfert, was heißt: getötet wurde, im festen Glauben, daß die Wiedergeburt ihm sicher war; sein Tod ist ein vorgesehenes Ereignis im Verlauf eines Frauenrituals; er muß sterben, damit die Feldfrüchte am Leben bleiben können. Mit der Minderung des Glaubens an die Wiedergeburt muß die Bereitschaft zu Menschen- was immer hieß: Mannesopfern allmählich gewichen sein, männliche Tiere traten an seine Stelle, Stiere, Böcke, sogar Früchte und Getreide, immer noch unter Gesellschaften mit matriarchalen Zügen. Zwar mag ein männlicher König an der Spitze des Landes stehen, eben der Helios-Sohn Aietes, doch schon der Name der Mutter, Idya, die Wissende, deutet darauf hin, daß sie ursprünglich kein unbedeutendes Schattendasein geführt hat. Und es ist denkbar – alles ist denkbar, wenn kein Tatsachengerüst die Phantasie begrenzt –, daß die Frauen von Kolchis, Idya und Medea vornean, die matriarchalen Züge wiederbeleben wollen; daß Apsyrtos, wie es üblich war, als Bruder der Jahreszeitenkönig der Schwester Medea werden sollte oder vielleicht, als Mann, schon war: Ihr Liebhaber. Der also vom Vater aus Gründen der Machterhaltung aus dem Weg geräumt wurde: Die Leichen der Kolcher, die an den Bäumen hängend den Weg zum Palast säumen (und so schaurige Erinnerungen an die durch die SS und die »Kettenhunde« Gehenkten am Ende des Krieges wachrufen), können eigentlich nur Aufrührer gegen Aietes sein, und die Tochter des Königs hilft dem Fremden, Jason, weil der Vater ihr zum Feind geworden ist, den Bruder-Geliebten auch getötet hat, den sie, womöglich, als Leiche mitnimmt auf das Schiff der Argonauten und dann allerdings, in wahnsinnigem Schmerz ihn zerstückelnd (Penthesilea!), Glied für Glied den Verfolgern hinwirft [...]

[...] wie ja überhaupt die Bewertung von Handlungen nur möglich ist, wenn man das Wertesystem, dem sie entspringen, mit bewertet. Die gegen besseres Wissen handeln, aus Angst, Machthunger, Karrierebestreben, sind ziemlich uninteressant, unergiebig für den Erzähler, sie sind mit wenigen Worten abzuhandeln, anders vielleicht die ohne Wertesystem, die a-Menschlichen, deren Zahl mir zuzunehmen scheint.

10

Medea, stelle ich mir vor, und dies ist eine der wichtigsten Fragen, die ich an sie habe, muß eine andere Art von Gewissen, daher auch eine andere Art von Angst kennen, lebte sie vielleicht in jener sicherlich sehr langen Periode, da die Ängste vor äußeren Gefahren ins Innere der Menschen verlegt wurden, das muß ja in jenen Zeitaltern geschehen, in denen Herrschaft aufgerichtet wird, männliche Herrschaft, denn wie soll man Menschen, die man nicht alle einsperren oder vernichten kann, anders beherrschen als durch Gewissensangst, aus der dann in späteren Jahrhunderten Unterwürfigkeit und Untertanenseligkeit werden müssen, die durch die Möglichkeit, Waren zu verbrauchen, was man ›Freiheit‹ nennen wird, ausgeglichen werden sollen, der genialste Trick der Weltgeschichte, der bei gut präparierten Konsumenten funktioniert. Medeas Flucht aus Kolchis, zusammen mit Jason, mag einer jener unvermeidlichen Fehler gewesen sein, die Frauen machen müssen, wenn sie in die Enge getrieben werden und zwar die Natur des Übels, dem sie zu entgehen trachten, nicht aber die Natur des anderen Übels durchschauen, dem sie sich anheimgeben, sodaß Medea vorausgesetzt haben mag, sie werde mit Jason zusammen einen Platz finden, an dem ihr, den anderen Frauen und den Menschen überhaupt nicht Gewalt angetan würde wie zuletzt in Kolchis, denn wie sollte sie, mitten im Prozeß jahrhundertewährender Veränderungen, ›wissen‹ können, daß die Richtung dieser Veränderungen von ihr, der Frau, und ihrer Autonomie weg zur Brutalisierung und Patriarchalisierung der Männer und der Welt führen mußte [...]

sodaß ich mir vorstellen kann, daß Jasons Erscheinung, Auftreten und Geschichte sie getäuscht haben mag, er war nämlich durchaus kein Kriegertyp, aufgezogen von dem Kentauren Cheiron, der ihn die Heilkunst lehrte und ihm diesen Beinamen gab, Jason der Heiler, in allen Überlieferungen ist nicht er es, der während der Fahrt der Argo die Heldentaten vollbringt, Herakles und andere seiner Gefährten tun sich mehr hervor, aber er muß dann, da gibt es kein Ausweichen, jene drei Proben bestehen, die Medeas Vater Aietes ihm auferlegt, die typischen Heiratsproben für einen, der sich um eine Prinzessin bewirbt, dann erst soll er das Goldene Vlies bekommen, und ohne Medeas Rat hätte er diese Aufgaben nicht lösen können: das Anschirren der erzfüßigen, feuerschnaubenden Stiere und das Pflügen des Aresfeldes mit ihnen, das Säen der Drachenzähne und das Bestehen des Kampfes mit den erzgerüsteten Männern, die aus ihnen erstehen.

Wohin man auch in den Überlieferungen des Medea-Mythos blickt, immer stößt man auf verwirrende Überlagerungen von Elementen aus verschiedenen Zeiten und Wertesystemen, und immer findet man in der ›untersten‹, frühesten Schicht eine starke, selbständige Frau; daß Jason, wie es in matriarchalen Gesellschaften normal gewesen wäre, nicht zu ihr zieht, sondern sie mitnimmt nach Kolchis, ist schon eine Verbiegung des eigentlichen Ablaufs, der in einer sehr frühen Überlieferung angedeutet sein mag, nach der Medeia als Königin nach Korinth gerufen wird, da die Linie ihrer Familie sich von dort herleitet und das dortige Königshaus ausgestorben war; sie ist es dann, die, wie im Matriarchat üblich, Jason als König einsetzt und mit ihm gemeinsam regiert. [...]

Doch werde ich mich auf die gängige Überlieferung einlassen und die Nahtstelle der Wertesysteme in sie hineinlegen müssen, sie zum Objekt der patriarchalen Machtinteressen verschiedener Familien – auch des eigenen Vaters – machen, zeigen müssen, aus welchen Gründen und in welcher Weise sie, die Heilerin, die hoch angesehene Tochter ihrer Mutter, auf deren Rat und auf deren Stimme es ankam, nach und nach und am Ende rasend schnell demontiert wird und wie dieser Prozeß besondere Schärfe gewinnt durch die Teilnahme Jasons, für den es, wenn er sich nicht über den Rand hinausdrängen lassen will, in dieser Gesellschaft keinen Platz gibt als den des Herrschenden, sodaß natürlich auch er demontiert wird, er muß seine Werte verleugnen, er tut es, er ist am Ende ein gebrochener Mann, Medea ist eine vernichtete, nicht eine gebrochene Frau. Es muß in diesem unglaublich schmerzlichen Prozeß eine Phase von Zweifel, Angst und Anpassungsverlangen in ihr geben, da sie nicht mehr an sich glaubt, verliert sie ihre magischen Fähigkeiten und Kräfte, da fallen viele, auch die ihr aus Kolchis nach Korinth gefolgt waren, von ihr ab.

11

[...] daß dann, aber das habe ich dir nur erzählt, wie immer die verschiedensten Leute vorbeikamen, darunter auffallend viele, die Russisch sprachen, dann wollten zwei smarte junge Männer in blütenweißen Hemden mir eine Mormonenbibel aufdrängen, da stellte ich mich, als verstünde ich sie kaum, als würde ich auch kaum ein Wort Englisch sprechen, da ließen sie es bei einem leaflet bewenden, das mir mitteilte, daß Gott auch mir für meine Sünden seinen Sohn geopfert habe, und ich dachte, wie uralt dieses Opfer der Söhne durch die Väter ist, die nicht abtreten wollen, und daß Medea, wie ich sie damals sah, überhaupt keine Art von Opfer mehr ertragen kann und daher zwischen allen Parteien steht, ein Denken und Empfinden in sich heranwachsen fühlt, für das es keinen Ort gibt, damals nicht und heute nicht, ich müßte eigentlich, dachte ich, die beiden blütenweißen jungen Männer, die ein Stück weiter ihre Bibel bei einer Frau losgeworden waren, fragen, wie grausam eigentlich ein Vater sein muß, daß er seinen Sohn einem gräßlichen Opfertod überantwortet – ihn zum Beispiel in den Krieg schickt, immer wieder in Kriege schickt, ich konnte mir die pure Verständnislosigkeit auf ihren Gesichtern vorstellen, und ich auf meiner Bank wunderte mich, daß die vielen Gläubigen, die ihren Gott als einen Gott der Liebe sehen wollen, sich solche einfachen Fragen nicht stellen, und ich mußte mir sagen, daß ich, in meiner gläubigen Periode – die allerdings anderen Göttern galt – mir auch eine Menge einfacher Fragen nicht gestellt habe [...]

12

Medea stürzt wohl auch, als ihr Jason seine Liebt entzieht. Die herkömmliche Auffassung wäre, daß eben dies und dies allein der Grund für ihren Absturz wäre – falls es einer ist –, das Patriarchat sieht die Frau nur gehalten durch die Zuwendung des Mannes, Medea könnte aus Verhältnissen kommen, in denen Frauen auch durch ihren Wert in der Gesellschaft gehalten sein könnten, und so wäre der Entzug ihrer Bedeutung wohl der eigentliche Sturz, der allerdings zuerst im Zeitlupentempo begänne, längere Zeit noch hält sich Medea an ihre eigenen Leute aus Kolchis, bis die, verführt, bestochen, gezwungen, gedemütigt, leichtfertig nach und nach nicht eigentlich von ihr abfallen, denn sie erwartet nicht, von ihnen besonders respektiert zu werden, sondern von sich selbst abfallen und um sie, Medea, der luftleere Raum entsteht, ausgefüllt nur noch durch Jason, das ist die Zeit, da Medea kleiner wird als sie sein könnte, denn nun hängt sie sich an Jason.

Warum Medea?

Christa Wolf im Gespräch mit Petra Kammann am 25. 1. 1996

In Ihren Romanen und Erzählungen spielen Frauengestalten die wichtigste Rolle, gleich ob mit Rita Seidel in *Der geteilte Himmel*, ob in *Nachdenken über Christa T.*, ob mit und in *Kassandra*, oder jetzt mit und in *Medea*. Warum?

Karoline von Günderrode in *Kein Ort. Nirgends* könnten Sie gleich noch dazunehmen: Immer dann werden Sie bei mir eine Frau im Zentrum eines Prosatextes finden, wenn die Konflikte, die ich bearbeite, sich an Frauen am schärfsten zeigen.

Wäre es nicht eigentlich einsichtiger, wenn eine zeitgenössische Frau im Zentrum stünde, wie in einigen Ihrer Geschichten? *Kassandra* allerdings schrieben Sie schon 1982. Wie kamen Sie damals darauf, die »Schwarzseherin« zur Heldin zu machen? Und warum haben Sie mit Medea wieder eine andere Gestalt gewählt?

Kassandra und Medea sind ja eigentlich keine Figuren aus der Antike, sondern aus der Vorgeschichte, aus der Mythologie. Manchmal kann man an solchen scheinbar weit zurückliegenden Figuren die zeitgenössischen Probleme besonders deutlich herausfiltern, gerade weil es ein prähistorisches Feld ist, auf das ich mich da begebe – allerdings schon mit patriarchalisch und hierarchisch strukturierten Gesellschaftsgruppen. Da wird erkennbar, daß das Grundverhalten der Menschen in ähnlichen Situationen schon dem unseren ähnlich oder gleich war. Insofern kann ich diese frühen Gesellschaften als Modell verwenden – wie es ja übrigens sehr oft in der deutschen Literatur geschah. Und genau das reizt mich.

Nun kann ich mir vorstellen, daß die historische Situation 1982, als Sie *Kassandra* schrieben, für Sie eine andere war als 1994/1995, als Sie an der *Medea* schrieben. Mußten Sie 1982 in der DDR eher verschlüsselt sprechen?

Nein. Wir haben nicht andauernd nach Verschlüsselungen gesucht, das wird heute übertrieben. Damals, auf dem Höhepunkt der Raketenrüstung in Europa, stellte ich mir die Frage, wann eigentlich der Hang zu Gewalt und Selbstzerstörung in der abendländischen Kultur beginnt. Ich blickte in die Tiefe der Zeit und stellte fest, daß der Mythos da schon einiges Material liefert, zum Beispiel eben die Geschichte vom mörderischen Trojanischen Krieg. Das mit neuen Augen zu sehen und zu unserer eigenen Lage in Bezug zu bringen, hat mich gereizt.

Da Sie sich mit dem, was Sie seither geschrieben haben (*Störfall*, *Sommerstück*, *Was bleibt*, auch Essays), stärker in aktuellen Stoffen bewegten, frage ich mich, wie Sie ausgerechnet auf ›Medea‹ gestoßen sind.

Ich war selbst überrascht, daß sich mir noch einmal ein mythologischer Stoff aufdrängte, aber so verwunderlich ist es doch nicht. Ich begann 1990/91, mich mit der Medea-Figur auseinanderzusetzen. Es zeigte sich mir in jenen Jahren, daß unsere Kultur, wenn sie in Krisen gerät, immer wieder in die gleichen Verhaltensmuster zurückfällt: Menschen auszugrenzen, sie zu Sündenböcken zu machen, Feindbilder zu züchten, bis hin zu wahnhafter Realitätsverkennung. Dies ist für mich unser gefährlichster Zug. In der DDR hatte ich ja gesehen, wohin ein Staat gerät, der immer größere Gruppen ausgrenzte, der seine Integrationsfähigkeit immer mehr verlor. Jetzt erleben wir in der größer gewordenen Bundesrepublik Deutschland, wie immer größere Gruppen von Menschen überflüssig werden, aus sozialen, aus ethnischen und anderen Gründen. Angefangen hatte es mit bestimmten Gruppen der DDR-Bevölkerung, gegen die man im Vereinigungsprozeß im Westen eine Abwehrhaltung entwickelte. Diese Ausgrenzung des Fremden zieht sich durch die ganze Geschichte unserer Kultur. Immer schon vorhanden ist die Ausgrenzung des angstmachenden weiblichen Elements. Das zieht sich vom Beginn des Patriarchats durch die Geschichte.

Wäre Kolchis, der Stadtstaat, aus dem Medea stammt, demnach eine Art Idealstaat für Sie? Im Roman scheint da eine gewisse Sympathie durch.

Aber auf keinen Fall! Medea verläßt ja Kolchis in meiner Version nicht aus Leidenschaft für den Argonauten Jason. Sie geht, weil dieses Kolchis sich in einer Weise verändert, daß sie dort nicht mehr bleiben kann. Sie ist eine Gestalt auf einer Zeitengrenze. Ich habe mir erlaubt, auf sie, auf ihre Generation Vorgänge zusammenzuziehen, die sich wahrscheinlich über einen Zeitraum von 2 500 Jahren verteilt haben – der Übergang von matriarchalisch dominierten Strukturen zum voll ausgebildeten Patriarchat. Ich habe Kolchis als einen Stadtstaat genommen, in dem noch matriarchale Verhältnisse erinnert werden, während Korinth schon durchpatrialisiert ist.

Wie meinen Sie das? Ist Korinth stärker administrativ organisiert?

Frauen spielen dort keine bestimmende Rolle mehr, sie sind keine selbstbestimmten Menschen mehr. Zu zeigen versucht habe ich das in der Figur der Glauke, der Tochter des Königs Kreon, die von klein auf sich selbst entfremdet wurde. In den Überlieferungen heißt es meist, Medea haßt Glauke aus Eifersucht und schenkt ihr dieses giftgetränkte Kleid, das ihr auf der Haut brennt, als sie es anzieht, und das sie tötet. Auch das habe ich umgedeutet. In annähernd matriarchalen Beziehungen zwischen Frauen gibt es keine Eifersucht wegen eines Mannes. Medea gibt Glauke das Kleid großherzig, geradezu schwesterlich, ohne böse Absicht. Gerade das erträgt Glauke nicht. Die Werte, die Korinth ihr aufgedrückt hat, treiben sie in den Tod.

Medea ist bei Ihnen insgesamt eine sehr positive Identifikationsfigur, während sie nach der Vorlage die Kindsmörderin ist.

Die Kindsmörderin wird Medea erst bei Euripides, im 5. Jahrhundert v. Chr., davor gibt es schon eine vielhundertjährige Geschichte von Quellen, in denen Medea nicht die Kindsmörderin, sondern zu allererst die Göttin, dann die Priesterin, Heilerin, die »guten Rat Wissende« ist – das bedeutet nämlich ihr Name. Wir sollten uns fragen, warum wir sie als böse, wilde, mörderische Frau, als ›Hexe‹ brauchten, die man verfolgen und ausgrenzen muß. Das ist es doch, was wir alle von ihr wissen. Sie gehört zu jenen Gestalten, an denen die Überlieferung je nach Bedarf viel gearbeitet, viel verändert und umgedeutet hat.

Das Bedürfnis des Patriarchats nach Abwertung weiblicher Eigenschaften, dessen Wurzel die Angst ist, hat im Verlauf von Jahrtausenden gerade diese Figur in ihr Gegenteil verkehrt. Mir war klar, daß sie bei mir keine Kindsmörderin sein könnte – nie hätte eine noch von matriarchalen Werten beeinflußte Frau ihre Kinder umgebracht. Dann fand ich – unterstützt durch Wissenschaftlerinnen – den Zugang zu den frühen Quellen, die meine Ahnung bestätigten. Das war ein freudiger Augenblick.

Ist sie denn von Grund auf gut? Selbst zu ihren Rivalinnen, also zu Glauke, auch zur mißgünstigen und neidischen Agameda, die sie am liebsten vernichten würde, hat sie ein gutes Verhältnis.

Sie hat differenzierte, widersprüchliche Beziehungen zu ihnen, weil sie ihre jeweiligen Motive kennt. Und ›gut‹ und ›schlecht‹, ›positiv‹ und ›negativ‹ sind für mich keine literarischen Kategorien. Es geht doch um eine Frau, die in einen schnellen Prozeß der Veränderung bisher gültiger Werte hineingerissen wird. ›Gut‹ finden die Herrschenden in Korinth die sich unterwerfende Frau. Medea hat andere, nicht destruktive Wertmaßstäbe, andere starke Gefühle. Sie soll ›umgebaut‹ werden, sonst ist sie nicht brauchbar. Ein aktuelles Ansinnen, finden Sie nicht?

Gegenüber den anderen Figuren behandeln Sie Medea bevorzugt. Aus ihrer Perspektive werden vier Kapitel erzählt. Zweimal wird die Sicht von Jason, dem Argonauten, dem Vater ihrer Kinder gewählt. Außerdem erfahren wir noch etwas über sie aus der Sicht fünf weiterer Personen mit ihren ›Stimmen‹. Wie haben Sie die Figuren angelegt?

Diese für mich neue Form hat sich aus Versuchen mit anderen Erzählweisen herausentwickelt. Erst spät hörte ich dann diese Stimmen und sah, daß sich mir dadurch eine Möglichkeit eröffnete, ein Erzählgewebe herzustellen, in dem jede der Figuren literarisch zu ihrem Recht kommt, in dem auch Medea von verschiedenen Seiten gesehen werden kann, in ihrer Widersprüchlichkeit. So kann ich es vermeiden, sie als ungebrochene Heroine darzustellen.

Und doch liegen Ihre Sympathien eindeutig bei Medea.

Sympathien? Das wäre zu wenig. Sie interessiert mich brennend, das ist viel mehr. Sie interessiert mich gerade mit ihren Brüchen. Ich frage nach Verhaltensweisen, die historisch produktiver sein könnten als die gewöhnlichen.

Es kommen zwei Männergestalten vor, Leukon und Oistros, die im Ansatz auch ganz positiv sind. Der eine ist Astronom, der andere Bildhauer. Stützen Sie sich bei diesen Figuren auch auf den alten Mythos, oder haben Sie die Figuren bewußt so angelegt? Bei Euripides zumindest kommen sie nicht vor.

Sie und die meisten anderen Figuren der Erzählung sind natürlich erfunden. Ich habe meinem Text keine der bekannten Medeadarstellungen zugrunde gelegt, habe die meisten nicht noch einmal gelesen. Grillparzers *Medea* sah ich in Wien. Aber mir ist es doch nicht darum gegangen, Frauen ›sympathisch‹ und Männer ›unsympathisch‹ darzustellen – wir sitzen doch alle in einem höchst gefährdeten Boot und können es nur gemeinsam retten, wenn überhaupt. – Oistros übrigens kommt nicht zufällig aus Kreta, wo die minoische Kunst bewegende Zeugnisse der frühen matriarchalen Kultur bewahrt hat.

Wäre eine Rückkehr ins Matriarchat Ihrer Meinung nach sinnvoll?

Um Gottes willen – nein. Wahrscheinlich hat es ein vollkommen ausgebildetes Matriarchat als ›Frauenherrschaft‹ nie gegeben, und ein Zurück in so frühe undifferenziertere Verhältnisse gibt es sowieso nicht. Wir können nur versuchen, die Erfahrung der Jahrtausende beachtend, weiterzugehen. Es muß also immer selbstverständlicher werden, daß der männliche und der weibliche Blick gemeinsam erst ein vollständiges Bild von der Welt vermitteln, und daß Männer und Frauen sie auf ihre je eigene Weise gleichgestellt gestalten. Das würde zu ganz anderen Prioritäten führen als zu denen, die uns jetzt regieren. Zu anderen Wertehierarchien. – Aber darüber will ich jetzt nicht spekulieren. Wir sind himmelweit davon entfernt.

Jedem der elf Kapitel stellen Sie ein Zitat als Motto voran, von Seneca bis zu Ingeborg Bachmann. Wollen Sie damit jeweils eine Person charakterisieren?

Das ist ein Versuch, souverän mit Aussagen umzugehen, es ist eine Referenz an die alten wie die neuen Autoren, auch ein Hinweis auf die lange Reihe der Vorläufer und Vorläuferinnen und daruf, daß man selbst ein Glied in einer Kette ist.

Haben Sie bewußt die beiden Männergestalten Leukon und Oistros da hineingebracht oder empfinden Sie sie als matriarchalisch beeinflußt? Entsprechen sie Ihrem Idealbild vom Mann?

Ich werde mich hüten, Idealbilder von irgendetwas zu entwerfen. Es widerstrebt mir übrigens sehr, einen Text von mir oder meine Figuren zu interpretieren; wenn ich hier so weit gehe, so tue ich es, um Ihren Fragen nicht auszuweichen. Ich brauchte ein Ensemble, aus Männern und aus Frauen bestehend, deren jeder und jede ernst genommen wird, das Medea ergänzt, in Frage stellt, das geeignet ist, möglichst viele ihrer Seiten und Eigenschaften zum Klingen zu bringen: Die Liebe ist eine der wichtigsten, Oistros der Mann, dem sie zum richtigen Zeitpunkt begegnet.

Warum liebt eine Frau wie Medea den Anführer der Argonauten, Jason, der sich hinterher als Gleichgültiger entpuppt und sich mit der Tochter des korinthischen Königs Kreon verkuppeln läßt?

Medea verläßt Kolchis, wie ich schon sagte, in meiner Version nicht *wegen* Jason, sondern mit ihm. Ein großer Unterschied. Warum sie ihn lieben kann, hoffe ich beschrieben zu haben: Er ist ein „herrlicher Mann". Auch er war einst ein Heiler. Er hat nicht wenige Züge, die eine Frau wie Medea bezaubern können, von denen die meisten in Korinth aber verblassen.

Wie kommt es denn, daß diese Fähigkeiten verlorengehen, daß er abstumpft, daß er sich nur noch auf Macht einläßt und dann schließlich auch gleichgültig wird?

Ich will ja hier nicht meine Geschichte nacherzählen. Jason wird nicht gleichgültig. Er wird unter dem Druck der Verhältnisse ein anderer – der allergewöhnlichste Vorgang, nicht wahr? Er macht sich vor, er müsse sich vollkommen anpassen, um seine Familie zu retten – und dann ist er auf einmal einer von denen, die ihn zur Anpassung gezwungen haben. – Das sollten wir alle ganz gut kennen.

Gibt es keinen Ort für das Glück?

Glück? Was ist das. Ein Zentralphänomen der Trivialliteratur, dem sie übrigens ihre große Anziehungskraft verdankt. In ihren entfremdeten Lebensverhältnissen sehnen sich die Menschen nach ›Glück‹ – ganz verständlich. Nur daß diese Sehnsucht sich unter den heutigen gesellschaftlichen Umständen aus der kleinbürgerlichen Moral speist mit ihrer Sucht nach Harmonie und ihrem Geschick, die Konflikte der Realität zu verdrängen. Das Leben ist nicht auf ›Glück‹ angelegt, auch Medea ist darauf nicht angelegt. Natürlich bestreite ich nicht die produktive Sehnsucht nach dem ›erfüllten Augenblick‹ – den erleben alle meine Frauengestalten, auch und gerade Medea.

Wie verwandeln Sie Dinge beim Schreiben? Wie arbeiten Sie? Sie sagten, sie hätten förmlich ›Stimmen‹ gehört. Gab es dies auch bei früheren Arbeiten?

Das ist jedesmal anders. Meistens liegt meinen Arbeiten ein persönlicher – nicht privater – Konflikt zugrunde; daß ich ihn einmal literarisch bearbeiten könnte, daran denke ich nicht, während ich mich mit ihm auseinandersetze, aber er öffnet mir die Augen für Zustände und Verhaltensweisen. Vor allem lerne ich mich selbst besser kennen. Oft sehe ich dann eine Gestalt, wie sie aussieht, wie sie sich bewegt, wo sie lebt: dann kommen andere Figuren dazu, sie treten miteinander in Beziehung, um sie herum bildet sich das ›Gewebe‹.

Wie entsteht denn ein solches Gewebe? Lassen Sie Figuren aufeinander zugehen?

So allgemein kann ich darauf nicht antworten, vieles entsteht ja unbewußt, auch ich kann es später nicht wieder rekonstruieren. Manchmal brauche ich viel Vorarbeit, wie im Fall von *Kassandra*, und auch jetzt wieder bei *Medea*. Ich habe mir viel Material besorgt, über Medea, Kolchis, Jason, das Goldene Vlies, die Argonauten und so weiter. Ich hatte das Glück, 1992/93 neun Monate an einem Wissenschaftszentrum in Kalifornien zu arbeiten, wo ich mir per Computerdruck ganze Literaturlisten herbeizitieren konnte, vieles davon bestellte ich mir, las es oder kopierte es und kam mit einem Köfferchen von Auszügen zurück. Auch wenn ich ja wußte, daß ich alles erfinden müßte – es erfindet sich leichter aufgrund von Kenntnissen. So entsteht dann allmählich eine innere Landschaft, in der sich Figuren bewegen. Aus einer Reihe von Notizen, Blättern, Personenkarten wächst die Komposition zusammen. Wichtig war mir die Erkenntnis, daß viele frühe Städte auf ein Verbrechen gegründet sind: Da hatte ich ein Zentrum für die Komposition.

Muß Medea auch darum vernichtet werden, weil sie dieses Geheimnis entdeckt hat?

In meiner Version ist das ein wichtiger Vorwand, ihr auf den Leib zu rücken, für die Herrschenden von Korinth. Allerdings konnte dieses Wissen, ausgeplaudert, ja wirklich gefährlich werden. Aus den frühen Quellen geht hervor, daß die Korinther die ›Barbarin‹, die ›Zauberin‹ nicht ertrugen: Sie fürchteten ihre Überlegenheit. Bei niemandem kommt das Wort ›barbarisch‹, das ja die außerhalb Griechenlands Wohnenden herabmindernd kennzeichnete, so häufig vor wie bei Euripides. Sie wurde den Korinthern unheimlich, eine ›Hexe‹.

Sie sagen, sie sei eine »wilde Frau«, die auf ihrem Kopf besteht. Stellen Sie sich so eine weibliche Identifikationsfigur vor?

Vielleicht verkörpert sie eine von vielen Möglichkeiten. Wenn ich an die Frauen denke, die ich kenne, wäre sie bestimmt nicht für jede ein Ideal. Und, ich wiederhole, ich bin weit davon entfernt, Ideale schaffen zu wollen. Ich berichte, was vorgefallen ist und wie unterschiedliche Menschen sich dazu verhalten.

Sie haben sich in Santa Monica, wo während der Nazizeit bedeutende deutsche Schriftsteller im Exil lebten, mit Medea beschäftigt. Hat das Ihre Geschichte beeinflußt? Medea ist ja in gewisser Weise auch Exilantin, weil sie ihre Heimat Kolchis verlassen mußte.

Bewußt habe ich diese Parallele sicher nicht gezogen, aber ich habe womöglich weitere konkrete Anhaltspunkte dafür bekommen, wie das Lebensgefühl von Exilanten sein kann. Ich las viele der Bücher, die von exilierten Schriftstellern dort geschrieben worden waren, auch die Tagebücher von Thomas Mann, am Ort ihres Entstehens noch einmal mit neuer Intensität. Ich habe nachempfinden können, wie man sich fühlen muß, wenn man wurzellos ist.

Welche Rolle spielt in Ihrem ganz persönlichen Leben, in Ihrer Arbeit, in Ihrem Schreiben so etwas wie ›Matriarchat‹ oder ›Patriarchat‹? Sie selber sind immer zusammen mit Ihrem Ehemann Gerhard Wolf aufgetreten, nicht aber mit Ihren beiden Töchtern.

Die würden es sich verbitten, als Töchter ihrer Mutter vermarktet zu werden. Meine Familie ist das Zentrum meines Lebens, aber sie gehört nicht in die Öffentlichkeit. Zum Glück bin ich nie in die Lage gekommen, mich – wie andere Autorinnen – der Entscheidung stellen zu müssen, entweder Kinder zu haben oder schreiben zu können. Beides – Beruf und Kinder – zu vereinbaren, war in der DDR für Frauen leichter, wenn auch keineswegs leicht. Und meinem Mann kam die Idee einfach nicht, daß meine Arbeit weniger wichtig sein könnte als seine. Ohne die geistige Gemeinschaft mit ihm und ohne seine immerwährende praktische Hilfe hätte ich nicht so arbeiten können. Und meine beiden Töchter sind sehr selbständige Frauen mit ihrem eigenen Beruf, ihrer Familie, für sie bin ich die Mutter und nicht die zufällig bekannte Frau.

Haben Sie beim Schreiben der *Medea* viel mit Ihrem Mann zusammengearbeitet? Oder war das eher eine einsame Tätigkeit?

Beim Schreiben muß man allein sein, nicht unbedingt einsam. Im Lauf der Jahre hat sich als günstigste Art unserer Zusammenarbeit herausentwickelt, daß wir von einem bestimmten Punkt an viel über mein neues Projekt reden, daß ich meinem Mann aber, wenn ich angefangen habe zu schreiben, nichts zeige, bis eine erste Fassung da ist, die er sehr gründlich liest und mit mir bespricht. Erst wenn ich seine Kritik eingearbeitet habe, bekommt ein Lektor das Manuskript zu sehen.

Der verstorbene Heiner Müller sagte über Sie, und durchaus nicht boshaft gemeint, Sie seien eine schreibende Lehrerin. So etwas kann man doch nur Frauen antun.

Ach, hat er das gesagt? Nun ja. Männer tun sich oft schwer damit, eine Frau vorbehaltlos anzuerkennen. Ich habe gelernt, mich davon unabhängig zu machen.

Läßt sich das auch auf Literaturkritiker anwenden? Raddatz wirft Ihnen Obrigkeitsgläubigkeit vor.

Mein Gott, wenn weiter nichts ist! Da könnten sie doch ganz andere Beschimpfungen aus der Feuilletonflut der Jahre '90/91 herausfischen. Dies wäre ein abendfüllendes Thema, es hat keinen Sinn, die Gründe für diesen Ausbruch von Aggression damals hier nur zu streifen. Jedenfalls gibt es Wörter und Redewendungen, die diese Kritiker einem Mann niemals an den Kopf werfen würden. Daß ich eine Frau bin, war für sie offensichtlich ein zusätzlicher Kick.

Wie haben Sie diese Zeit erlebt und verkraftet, auch nachdem man Ihnen Ihre Tätigkeit als »IM Margarete« vorgehalten hatte? Jahrelang waren Sie ja auf ein Podest gehoben worden. Dann aber gab es heftige Versuche, Sie zu stürzen.

Das ›Podest‹, von dem jetzt so viel die Rede ist, habe nicht ich mir hingestellt, nicht wahr? Übrigens war diese angebliche ›Podest‹-Zeit in der DDR alles andere als einfach für mich, aber dafür, wie es wirklich war, interessierte sich ja niemand. Und ›stürzen‹ kann man Monarchen oder Ministerpräsidenten, nicht aber eine Schriftstellerin. Die kann man verleumden und beschimpfen, das ja. Wie jemand das ›verkraftet‹ – danach wird dann erst sehr spät gefragt. Zu groß war das – übrigens unterschiedlich motivierte – Bedürfnis, diejenigen Autorinnen und Autoren, die in der DDR geblieben waren und sich dort kritisch verhalten hatten, zu ›demontieren‹. Anscheinend bot ich mich als Demonstrationsobjekt dafür an. – Übrigens bin ich, soviel ich sehe, die einzige, die ihre IM-Akte vollständig veröffentlicht hat, mitsamt allen Artikeln dazu, mitsamt meiner eigenen Auseinandersetzung damit, Briefen usw. Das ist ein dickes Buch. Es wurde von den Medien, die sich vorher nicht genug hatten empören können, gar nicht zur Kenntnis genommen. Spätestens seitdem weiß ich, daß es nicht um sachliche Information, um die so oft geforderte Aufarbeitung der Vergangenheit geht.

Hat Sie das eigentlich dazu bewogen, nach der Wende ganz anders zu schreiben? Kurz danach veröffentlichten Sie eher essayistische und journalistische Texte.

Nach einem längeren Schriftstellerleben schreibt man nicht plötzlich ›anders‹. Ich glaube, ich weiß mehr über mich und die Gesellschaft, in der wir leben, das ist ein Gewinn. Und ich bin gelassener geworden, lasse mich nicht mehr so leicht aus den Angeln heben. Auch in der DDR habe ich eine Zeit gebraucht, bis mir ganz klar war, daß ich nicht dasselbe wollte wie meine Kritiker; diesmal ging es schneller. Ich weiß, was ich machen muß. Wenn andere dies verwerfen wollen, müssen sie's halt tun. – Die Zeit der sogenannten Wende gehört zu meinen wichtigsten Erfahrungen, ich habe danach viel nachgedacht, viel gearbeitet, einiges wurde in einem Sammelband veröffentlicht, aber die Öffentlichkeit ist auf den »Wenderoman« fixiert. Was wir erlebt haben, war ein Epochenbruch. Ich konnte darauf nicht schnellfertig reagieren.

Christa Wolf im Gespräch

nach der *Medea*-Lesung im FrauenMuseum in Bonn
am 23. Februar 1997

> Als Ihr Buch erschien, haben viele Kritiker es so gedeutet, als ob *Medea* eine Umsetzung des Verhältnisses BRD – DDR sei, als ob Kolchis die DDR und Korinth die BRD sei. Was sagen Sie selber dazu?

Es war wohl die Erwartungshaltung bei vielen Kritikern in dieser Zeit, die in diese Richtung ging, daß, wenn ich nun nach ein paar Jahren etwas Neues veröffentliche, das dann unbedingt dieses Thema haben müßte. Das hat es zwar auch, aber in einer sehr anderen Weise, als die Kritiker es gedeutet haben. Diese Deutung ist sehr oberflächlich. Wenn ich das gewollt hätte, und soweit ich es gewollt habe, habe ich mich ja auch in Artikeln dazu geäußert, was ich von dem Vereinigungsprozeß und den Problemen zwischen Ost und West halte. Dazu brauche ich kein Buch zu schreiben. Dazu muß ich mich nicht lange mit einer Figur wie Medea beschäftigen oder mit vorgeschichtlichen Mythen oder urgeschichtlichen Tatsachen, soweit wir sie kennen. Das kann man ja einfacher haben. Doch so allmählich, glaube ich, hat sich eine andere Sicht auf das Buch herausgeschält. Eine Sicht, die ich in Lesungen und auch in Briefen eigentlich von Anfang an gefunden habe. Die Leserinnen und Leser haben sich nicht an diese oberflächlichen Deutungen mancher Kritiker gehalten.

Andererseits ist es natürlich so: wenn jemand in einer bestimmten Zeit ein Thema aufgreift, wenn ein Motiv ihn oder sie so bedrängt, daß er oder sie es schreiben muß, wie mich eben dieses Problem, daß eine Frau zum Sündenbock gemacht wird, was ja eine Kernlinie des Buches ist, dann kann man schon davon ausgehen, daß der Autor, die Autorin eben dieses Problem in dieser Zeit selbst sehr stark empfunden hat. Aber eben nicht in dieser oberflächlichen Weise, sondern in einer Weise, die doch sehr viel mehr zu tun hat mit den allgemeinen Umgangsformen und Verhaltensweisen in unserer Kultur, die übrigens in Ost und West nicht so verschieden waren, wie es heute dargestellt wird. So verschieden sind die Verhaltensweisen und Grundlagen der Zivilisation, der Kultur nicht in Ost und West. Das hat mich viel mehr beschäftigt und betrifft mich auch heute noch viel tiefer. Und vielleicht ist es auch so – ich will das niemandem unterstellen –, aber es könnte auch sein, daß diese viel härtere Fragestellung vielleicht manche auch nicht wahrnehmen wollen und sich zunächst einmal erfreuen und verlustieren an dem Vordergründigen.

Ich habe Schwierigkeiten, der Aussage in Ihrem Buch zu glauben, daß Medea frei sei, da sie am Ende diesen Fluch getan hat. Denn wäre sie wirklich frei, dann wäre sie doch auch frei von Zorn und Haß.

Sie ist frei vom Glauben an die Götter. Das ist die Aussage: Ich bin ganz frei, ihr könnt mich abtasten mit euren Organen. Ihr werdet keine Hoffnung, keinen Glauben an mir finden. Von Zorn und Haß ist sie nicht frei!

Also nicht wirklich frei?

Frei genug! Haß und Zorn können zur Freiheit gehören oder dazu führen.

Sie haben gesagt, Sie haben auf ältere Quellen zurückgegriffen. Medea ist ja auch Heilerin und eine kluge Frau. In dem Buch wird sie nun zum Sündenbock gemacht. Aber Sie machen ja mehr, als die alte Geschichte wieder aufzugreifen, mir scheint, Euripides wird durch Ihr Buch ein wenig bloßgestellt.

Ich bezieh' mich da nicht auf Euripides. Ich habe überhaupt in der Zeit wenig gelesen von den anderen Ausformungen der Medea, eben um mich davon nicht beeinflussen zu lassen.

Aber, seit ich über Kassandra gearbeitet habe, ist mir ganz klar, daß die Geschichte des Patriarchats die Geschichte der Frauen aus der Mythologie umgeformt hat, daß das Patriarchat die Mythologien verändert hat, sie verändern mußte. In die Richtung z.B. der Kassandra, also einer Frau, der niemand glaubt. Noch stärker ist diese Umformung bei Medea. Die wilde Frau, das war etwas, das ist etwas, was das Patriarchat nicht erträgt – aus gutem Grund.

Mich hat das gerade interessiert: warum diese Angst, und wohin führt diese Angst? Sie führte in alten Zeiten und sie führt auch heute noch zuweilen zur Vernichtung der Frauen, einer Frau, die sich als ›wilde‹ Frau zu erkennen gibt. Was nicht immer körperliche Vernichtung bedeuten muß, das ist viel seltener geworden.

Es ist ein Grundzug der Geschichte von Frauen über die Jahrtausende hin. Mich hat das sehr fasziniert. Ich werde ganz bestimmt nicht noch einmal einen mythologischen Stoff behandeln. Aber mich hat es auch in der Gegenwart – wie Sie vielleicht wissen – immer fasziniert. Mich fasziniert die Gestalt der Günderrode, und warum sie sich selbst den Tod gibt. Es fasziniert mich eine Frau wie Bettina von Arnim, und auch Frauen aus der Gegenwart faszinieren mich. Das ist es, was mich immer beschäftigt: eine starke Frau, eine Frau, die diese produktive Wildheit in sich hat, was macht sie damit? Läßt sie sich zähmen, wie weit, wieviel Kompromisse geht sie ein, muß sie eingehen? Und wo ist dann der Rand der männlichen Welt, über den sie hinausgeschoben wird?

> Ich möchte Sie fragen nach Ihrem schriftstellerischen Weltbild. Bei Wittstock habe ich gelesen, daß Sie ein zweipoliges Weltbild hätten: hier der gute Sozialist, dort der böse Kapitalist, hier das Rationale, dort das Irrationale, daß Sie von einem Gegensatz von Mann und Frau ausgingen und Männlichkeitswahn und Technikgläubigkeit auf westlicher Seite sehen würden. Was sagen Sie zu dem Vorwurf, Sie hätten ein solch zweipoliges Weltbild?

Das ist wohl Wunschdenken des Kritikers. Aber: Vielleicht ist ja insofern etwas daran, daß ich wohl bis zum Beginn der sechziger Jahre ein einfacheres, simpleres Weltbild hatte als später. Aber das geht doch wohl anderen Leuten auch so.

Ich kenne diese Ausführungen nicht, auf die Sie sich beziehen. Aber genau das, was mir da offenbar unterstellt wird, genau das habe ich ja versucht zu vermeiden, indem ich ja gerade nicht gegenüberstelle, auch nicht Rationalismus gegen Irrationalismus. Eine solche Gegenüberstellung ist etwas, das ich absolut verderblich finde. So zum Beispiel auch gegenüberzustellen ›Aufklärung‹ und ›aus dem Bauch leben‹.

Ich finde, die Aufklärung hat ihre Schwäche darin gehabt, daß sie eine große Erfindung einer kleinen Gruppe von Männern war, eine Erfindung, die unglaublich wichtig war und geblieben ist. Ich gehöre zu den Letzten, die das verachten würden. Aber die Entwicklung seit dem 18. Jahrhundert hat gezeigt, daß es nur mit Ratio in dem engen Sinne nicht geht. Und daß wir versuchen müssen, fühlend zu denken und denkend zu fühlen.

> Wieviel Prozent von dem, was Euripides geschrieben hat, ist übriggeblieben und wieviel Prozent der Quellen, auf die er sich stützen konnte? Sprechen Sie auch ihm eine Zeit der Entwicklung zu? Haben wir vielleicht ein Frühwerk von ihm erwischt? Und das Spätwerk, wo er vielleicht hat wachsen können an der Figur, steht uns vielleicht nicht mehr zur Verfügung? Ich frage das auch, weil Sie gesagt haben: erst die *Kassandra*, dann die *Medea* in der Entwicklung in dieser sich patriarchalisch gebenden und sehenden Welt. Ist die *Medea* tatsächlich in dem, was Sie gerade von Freiheit gesagt haben, Freiheit über den Bauch hinaus auch bei Frauen, ist die *Medea* tatsächlich eine Weiterentwicklung der *Kassandra*? Auch von der Sprache her? Für mein persönliches Empfinden war die Kassandra die Kämpferische und die, die die Sprache der Freiheit sehr viel mehr bewußt eingesetzt hat. Medea ist für mich mehr Opfer, auch Opfer in Freiwilligkeit, oder in Einsicht, oder in Hoffnungslosigkeit.

Zunächst: ich würde unglücklich sein, wenn Sie den Eindruck von mir haben, daß ich Euripides klein machen wolle. Ich glaube, daß die Medea-Figur von Euripides nicht zu übertreffen ist. Das ist eine so große Figur in ihrer Wildheit, das ist nicht zu übertreffen. Es kann nur passieren, daß heute jemand, so wie ich, an diese Ausdeutung Fragen stellt und sich erlaubt, eine andere Version vorzuschlagen. Ich bilde mir nicht ein, den Euripides zu übertreffen. Natürlich habe ich mich auch gefragt, warum hat Euripides das gebraucht, diese Frau zur Kindsmörderin zu machen. Es war die Zeit des Peloponnesischen Krieges. Ich weiß nicht, ob das Bedürfnis Athens, Fremde auszugrenzen, also sich gegen Sparta abzugrenzen, eine Rolle gespielt haben mag. Jedenfalls kommt in keiner anderen der Medea-Transformationen so oft das Wort ›Barbarin‹ vor wie bei Euripides. Und sie war ja eine Barbarin aus dem Osten.

Ich weiß nicht, ob ich Ihnen das vermitteln kann, ich weiß nicht, ob Frauen überhaupt heute schon bereit sind, es anzunehmen, es geht nicht ums Moralische! Es geht nicht um Moralinsaures, es geht nicht darum, irgendetwas zu verurteilen, von oben herab zu sagen: Du bist besser und du bist schlechter. Sondern es geht darum, zu versuchen, eine Figur aus ihrer Zeit herauszuheben, zu verstehen, herauszuschälen und dabei durchaus auch einen kritischen Blick zu werfen auf die Stufen, die sie schon gegangen ist in den Werken großer Dichter, mit denen ich mich nicht vergleiche.

Zu Kassandra – Medea will ich nichts sagen. Manche Leserinnen bevorzugen die Gestalt, andere die. Für mich ist Medea die für mich spätere Entwicklung und die härtere Figur. Es geht ja nicht darum, ob diese Frau nun Opfer ist oder nicht, sondern darum, was wird von der Zeit geschildert, in welche Zeit ist diese Frau gestellt? Die ist bei Medea vielleicht härter noch als bei Kassandra. Ich kann es mit solchen Kriterien (wie von der Fragerin angesprochen) gar nicht erfassen, kann es so gar nicht messen. – Ich weiß jetzt nicht, ob ich Ihnen überhaupt geantwortet habe.

> Sie haben ja da eine Figur geschaffen, die zwei Seiten zu haben scheint, eine eher archaische Seite, die Zauberin, die Heilerin, und eine Seite, die auch zu einer Frau der heutigen Zeit gehören könnte. Haben Sie diese beiden Seiten bewußt in Medea gelegt?

Ich glaube nicht, daß ich diese beiden Seiten bewußt in sie hineingelegt habe, sondern sie waren einfach in ihr. Von Anfang an sah ich sie vor mir – auch ehe ich mir Materialien dazu angesehen hatte, sah ich sie vor mir. Deshalb haben Malerinnen es auch schwer, mir eine andere Medea anzubieten, aber ich kann mich dann auch in ihre Versionen hineinsehen. Ich sah sie in ihrer Widersprüchlichkeit. Das war es ja, was mich an ihr herausgefordert hat.

Ich sah sie als eine Frau, die noch früher als Kassandra gelebt hat, in einer Zeit, in der es noch – wie ich es mir vorstelle – wenn auch keine direkt matriarchalen Züge, so doch noch die Erinnerung an matriarchale Werte gab.

Es geht ja immer um die Werte, um den Wertewandel in der Gesellschaft. Heute geht der ja sehr schnell, damals dauerte es Jahrhunderte und Jahrtausende, um von matriarchalen zu patriarchalen Zügen überzugehen, zumindest im Mittelmeerraum. (Woanders ging es wohl auch schneller.) Und das hat mich interessiert, was an Widersprüchlichkeiten und Konflikten in so einer Person dann vor sich gehen muß. Und ich habe mir Medea vorgestellt, zwar einerseits als die wilde Frau, aber andererseits auch als eine Frau, die schon ihrer Zeit voraus war in bezug auf Ideale von Humanität, die also einfach erschrickt davor, die ein Gefühl dafür hat, wie langsam und mühsam die Menschheit sich herausarbeitet, z.B. aus der Zeit, in der es Menschenopfer gab, in der Menschenopfer normal waren, übrigens waren das immer Männer, die geopfert wurden. Aus dieser Zeit haben sich nun die Gesellschaften, in denen sie lebt, mühsam herausgearbeitet, fallen aber in einer Krise, einer schwierigen Situation ganz schnell dahin zurück. Das ist für mich eben auch so eine Grunderfahrung, wie dann – ich will nicht sagen die Tünche – aber wie dünn das, was wir uns erarbeitet haben an Zivilisation und Humanität, ist. Wie leicht zerstörbar, das zeigt sich hier an dieser Figur besonders. Sie hat viele verschiedene Seiten, die natürlich auf verschiedene Weise abgerufen werden können.

> Wird es auch zu *Medea* ein Materialienbuch geben? Und war der Prozeß des Schreibens entlang der historischen Materialien bei *Medea* anders als bei *Kassandra?*

Ich habe sehr viele der Quellen, die ich bei *Kassandra* hatte, auch für *Medea* nutzen, wieder heraufholen können. Außerdem ist es ja so: in der Mythologie, in den mythologischen Quellen sich zu bewegen, ist deshalb so schön für eine Autorin, einen Autor, weil sie einen nicht festlegen. Darum habe ich ja auch nie im engen Sinne einen historischen Roman geschrieben. Wenn feste historische Tatsachen vorliegen, dann würde ich mich sehr eingeengt sehen. Aber die Mythologie ist ja eine so quellenreiche, schöne Landschaft, in der man sich eigentlich ganz frei bewegen kann. Es gibt mindestens ein Dutzend unterschiedlicher Quellen über den Verlauf von Medeas Schicksal. In einer Quelle ist sie Königin von Korinth, in anderen Quellen, das werden Sie ja kennen, wird erzählt, daß sie von dem Wagen der Athene nach oben in die Gefilde der Seligen entführt wird. Es gibt viele, viele verschiedene Quellen, und ich konnte mir ganz frei und keck einfach das heraussuchen, was mich interessierte und alles andere liegen lassen. Denn das meiste, was Sie in dem Buch finden, beruht nicht auf Quellen, sondern ist erfunden. Es sind Modelle, die in dem Buch vorgestellt werden. Und anders geht's ja auch gar nicht. – So war es bei *Kassandra* auch.

> Sie haben zu Anfang in einem Nebensatz gesagt: „Das wird meine letzte mythologische Bearbeitung sein", als wenn Sie einen Beschluß gefaßt hätten. Gerade aber haben Sie von diesen schönen mythologischen Gefilden gesprochen, in denen man sich so herrlich ergehen kann. Warum versagen Sie sich das denn nun?

Einmal muß Schluß sein. Außerdem gibt es weniger schöne und unliebsame Gefilde, in die man sich auch begeben muß. Ich kriege sogar Briefe, in denen mir Vorschläge gemacht werden.

> Ich finde das Ende unverständlich, da Medea diesen Fluch spricht. Für mich ist sie eine große Humanistin und Persönlichkeit, daß ich diese Äußerung von ihr nicht verstehen kann.

Es gibt Haß, der nicht zu überwinden ist. Es gibt Untaten, denen man nur mit Haß begegnen kann und auch soll, meiner Überzeugung nach. Und das soll und muß man, Mann und Frau. Und das gehört gerade dazu, wenn eine Frau gezeigt wird, die sich so viele Male überwindet, wenn diese Frau am Schluß nichts anderes weiß und kann als fluchen, dann ist das vielleicht ein Zeichen dafür, daß es Dinge gibt, die so grauenhaft sind, daß man die, die es tun, nur verfluchen kann ...

Ein Nachtrag

Dr. Paul Dräger

54331 Oberbillig / Trier, 16. 9. 1997

Betreff: Roman *Medea Stimmen*

Sehr geehrte Frau Wolf!

Gegenwärtig lese ich mit Interesse Ihren Roman *Medea Stimmen* zum zweiten Mal – dieses Mal allerdings unter (altertums-) wissenschaftlichem Aspekt. Mehrfach kommen Sie auf die merkwürdigen Bestattungsriten der Kolcher, die männlichen Toten in Felle gewickelt an Bäumen aufzuhängen (z.B. S. 46; 51; 59; 63), zu sprechen.

Mich interessiert, wie Sie bei den doch wohl vorauszusetzenden Recherchen zu Ihrem Roman-Sujet auf dieses Detail gestoßen sind. Darüber gibt es eigentlich nur eine ausführliche antike Quelle: Die *Argonautika* des Apollonios von Rhodos, Buch 3, Vers 200ff.

Mein Interesse rührt daher, daß ich mich selbst in meiner Dissertation über den Argonautenmythos (*Argo pasimelousa*, Bd. I, Steiner Verlag, Stuttgart 1993) mit diesem Zug beschäftigt und ihm eine zentrale Funktion in meiner Argumentation zu geben versucht habe; nach meiner Interpretation erklärt sich das Interesse des Pelias am Goldenen Vlies daher, daß Phrixos zunächst in ihm in erster Stufe bestattet worden ist; nach Verwesen des Leichnams sei die ›Seele‹ des Phrixos mit dem Vlies verbunden geblieben. Sogar diese zweistufige Bestattung kennen Sie, denn Sie sprechen selbst (S. 63) davon, daß die abgenagten Skelette später in Höhlen beigesetzt würden. Und wenn Jason (S. 59) meditiert „Ich war nicht scharf darauf, als Leiche in den Ästen irgendeiner kolchischen Eiche zu hängen“: Meinen Sie damit, daß auch Jason mit der Möglichkeit rechnet, im Goldenen Vlies aufgehängt zu werden? Denn Sie sprechen hier von Eiche, während sonst bei der Erwähnung dieses Bestattungsritus nur indifferent von Bäumen die Rede ist.

Für eine Antwort wäre ich Ihnen sehr verbunden. Unmittelbarer Anlaß für meine Anfrage ist ein Vortrag, den ich im November an der Universität Freiburg/B. zu halten habe – und den ich mit einem Zitat aus Ihrem Roman eröffnen möchte.

Ich erlaube mir, eine auch separat erschienene Zusammenfassung meines Buches beizufügen; die betreffenden Stellen finden sich auf S. 31 und S. 36f.

Anlage
Paul Dräger *Vier Versionen des Argonautenmythos*
in: »Publications du Centre Universitaire de Luxembourg Etudes classiques«, Fascicule V, S.25-45
Luxembourg 1993

Für Ihre Mühe im voraus dankend, verbleibe ich mit freundlichen Grüßen

Dr. P. Dräger

Christa Wolf 25. 9. 97

Sehr geehrter Herr Dr. Dräger,

Ihr Brief hat mich überrascht. Meine Kenntnis der Baumbestattung von Leichen in Fellen habe ich, soviel ich mich erinnere, aus Wiedergaben der *Argonautika* des Apollonios von Rhodos in verschiedenen Lexika, aber daß dieser Bestattungsritus sich tatsächlich auf Kolchis bezieht, das habe ich gar nicht gewußt. Ich habe nur gedacht, daß dieser Brauch den ›gesitteten‹ Argonauten besonders wild und barbarisch vorkommen mußte, deshalb habe ich ihn nach Kolchis verlegt. Ihr Brief und Ihr Büchlein bestätigen mich nun auf unerwartete Weise.

Was nun Jason betrifft: Er hat nicht damit gerechnet, wie Phrixos im Goldenen Vlies in eine Eiche gehängt zu werden – das wußten ja weder ich noch, in meiner Erzählung, er. Sondern er hatte ganz allgemein die Furcht, er könne in Kolchis getötet und dann eben der üblichen Baumbestattung unterzogen werden.

Ich weiß nicht, ob diese Auskünfte Ihnen genügen, mehr kann ich Ihnen dazu nicht sagen. Jedenfalls danke ich Ihnen für Ihren Brief und für die Broschüre.

Mit freundlichen Grüßen

Ihre Christa Wolf

Essays

Aufsätze

zu *Medea Stimmen Roman*

Margaret
Atwood

Zu Christa Wolfs *Medea*

Übersetzung
Brigitte Walitzek

Unter den vielen verführerischen, sündigen, ruchlosen Frauen, die der westlichen Vorstellungswelt keine Ruhe lassen, ist keine, die einen grausigeren Ruf hätte als Medea. Judith, Salome, Isebel, Delila, Lady Macbeth – sie begingen Mord oder Verrat an erwachsenen Männern. Medeas Taten jedoch sind haarsträubender. Nicht nur sagt man ihr nach, ihren jüngeren Bruder ermordet zu haben, sie soll auch ihre eigenen beiden Kinder getötet haben, um sich dafür zu rächen, daß ihre Liebe verschmäht wurde.

Der griechische Mythos – so alt, daß selbst Homer ihn als archaisch bezeichnet – kennt viele Varianten, geht aber ungefähr so: Aeson, der König von Jolkos in Thessalien, wurde von seinem Halbbruder Pelias um den Thron gebracht. Aesons Sohn Jason blieb verschont und wurde zu dem Kentauren Cheiron geschickt, der ihn aufzog. Als erwachsener Mann kehrte er an Pelias' Hof zurück, um seine Ansprüche auf den Thron geltend zu machen. Pelias jedoch wollte den Thron nur unter der Bedingung aufgeben, daß Jason ihm dafür das Goldene Vlies aus Kolchis brachte – eine Forderung, die einer Entsendung in den sicheren Tod gleichkam, da Kolchis, am äußersten Ende des Schwarzen Meeres gelegen, als unerreichbar galt.

Das Goldene Vlies war das Fell des geflügelten Widders, der Jasons Vorfahren, Phrixos und Helle, vor der Ermordung durch ihre Stiefmutter gerettet hatte. Nachdem Phrixos sicher in Kolchis angelangt war, brachte er den Widder als Dankopfer dar und hängte sein Vlies in den Tempel des Kriegsgottes Ares. Jason stand nun vor der Wahl, die Suche nach dem Vlies entweder abzulehnen und alle Hoffnung auf den Thron aufzugeben, oder die Herausforderung anzunehmen und sein Leben aufs Spiel zu setzen. Er entschied sich für Letzteres und sammelte fünfzig Helden aus ganz Griechenland um sich, die ihm bei seinem Unternehmen helfen sollten – die nach ihrem Schiff benannten Argonauten. Nach vielen Gefahren und Abenteuern kamen sie tatsächlich in Kolchis an, einem ›barbarischen‹ Königreich mit seltsamen Sitten und Bräuchen, wo männliche Tote nicht etwa in Gräbern beigesetzt, sondern in Säcken an Bäume gehängt wurden. Dort forderte Jason das Goldene Vlies als sein rechtmäßiges Erbe zurück.

Aietes, der König von Kolchis, stellte weitere unmögliche Bedingungen: Jason sollte zwei feuerspeiende Stiere mit ehernen Füßen anschirren, die erdgeborenen Krieger besiegen, die aus dem Boden schossen, wenn man Drachenzähne auf einem Feld aussäte, und den mörderischen Drachen töten, der das Vlies bewachte. Jason wollte sich bereits geschlagen geben, als Prinzessin Medea ihn erblickte, eine Tochter Aietes' und eine Enkelin des Sonnengottes Helios. Sie war Priesterin der Dreifachen Göttin der Unterwelt und eine mächtige Zaubererin, bekannt für ihre Fähigkeit zu heilen, aber auch zu zerstören. In Liebe zu Jason entbrannt, benutzte sie ihre Zauberkräfte, um ihm zu helfen, alle Hindernisse zu überwinden und das Vlies zu rauben. Als Gegenleistung schwor er bei allen Göttern, ihr ewig treu verbunden zu bleiben. Zusammen mit den Argonauten stachen die beiden Liebenden bei Nacht in See. Doch ihre Flucht wurde schon bald entdeckt, und König Aietes und die Kolcher nahmen die Verfolgung auf.

Ab hier weichen die Überlieferungen voneinander ab. In einigen heißt es, Jason habe Medeas jüngeren Bruder Apsyrtos, der auf einem der Verfolgerschiffe stand, mit einem Speerwurf getötet. Andere besagen, Medea selbst habe den Jungen ermordet, zerstückelt und die Leichenteile ins Meer geworfen. Da der trauernde Aietes sie einsammeln mußte, kam er nicht mehr so schnell voran, und die Argonauten konnten entkommen. Doch Jason und Medea mußten vom Tod des Apsyrtos entsühnt werden, weswegen sie zur Insel der Zaubererin Kirke fuhren, einer Tochter Helios' und also Medeas Tante. Nach mehreren weiteren Abenteuern – so z.B. beförderte Medea den thronräuberischen König Pelias ins Jenseits, indem sie seine eigenen Töchter mit einem Trick dazu brachte, ihn zu töten, wodurch Jasons Königreich für ihn zu einem noch ungesünderen Aufenthaltsort wurde – wurden die beiden, die inzwischen vor dem Gesetz Mann und Frau waren, in Korinth von Kreon, dem dortigen König, gastlich aufgenommen.

An diesem Punkt wandelt sich die Geschichte von einem romantischen Abenteuer zu einer Tragödie. Denn Jason vergaß sowohl die Dankbarkeit, die er Medea schuldete, als auch seine Schwüre vor allen Göttern, und trennte sich von Medea. In manchen Überlieferungen heißt es, daß er sich von den Einflüsterungen Kreons beeinflussen ließ – wieso bleibst du bei einer so gefährlichen Frau, die soviel klüger und mächtiger ist als du selbst? –, in anderen, daß er eine neue Liebe fand, in wieder anderen, daß er vom Ehrgeiz getrieben wurde. Jedenfalls beschloß er, Medea zu verstoßen und Kreons Tochter Glauke zu heiraten, was ihn zum Erben von Korinth machen würde. Medea selbst sollte aus der Stadt verbannt werden.

Zerrissen von widerstreitenden Gefühlen – Kummer über die verlorene Liebe, verletzter Stolz, Wut, Eifersucht, Haß – nahm Medea schreckliche Rache. Jasons Entscheidung dem Schein nach akzeptierend und unter dem Vorwand, den Frieden zwischen ihnen wiederherstellen zu wollen, schickte sie Glauke ein Brautgeschenk – ein wunderschönes, aber vergiftetes Kleid, das in Flammen aufging, als es von den Strahlen der Sonne beschienen wurde, woraufhin sich Glauke in ihrer Todesqual in einen Brunnen stürzte. In einigen Überlieferungen heißt es, die Bevölkerung Korinths habe Medeas Kinder daraufhin zu Tode gesteinigt. In anderen, sie selbst habe sie getötet, entweder um sie vor einem noch schlimmeren Schicksal zu bewahren, oder aber, um Jason seinen Verrat heimzuzahlen. Dann verschwand sie aus Korinth, manche sagen, in einer von Drachen gezogenen Kutsche. Jason, von den Göttern verlassen, denen er abgeschworen hatte, irrte von da an als Vagabund umher und wurde zuguterletzt vom Bug seines eigenen morschen Schiffes erschlagen.

Im Lauf der letzten zweieinhalb Jahrtausende wurde diese Geschichte immer und immer wieder neu erzählt. Sie ist der Ausgangspunkt für Gedichte, Theaterstücke, Gemälde, Romane und Opern, deren es mindestens vierundzwanzig gibt. Jeder der Künstler, der sich mit dem Thema befaßte, traf seine persönliche Wahl unter den verschiedenen Versionen, und manch einer fügte eigene Veränderungen und Ergänzungen hinzu. So verdanken wir die hingemetzelten Kinder – zwei, nicht vierzehn, wie es in früheren Versionen hieß – dem eigentümlich mitfühlenden Theaterstück des griechischen Tragöden Euripides, und die vielen Opern, in denen Medea den Hera-Tempel in Brand setzt und selbst in den Flammen umkommt, haben dieses feurige Ende bei Corneille entlehnt, dem französischen Dramatiker des siebzehnten Jahrhunderts. Der Dichter Ovid interessiert sich vor allem für die hexenhafte Dimension und räumt Zaubereien im Mondenschein viel Platz ein, während der römische Dramatiker Seneca es mehr mit ungezügelter Rhetorik und Strömen von Blut hält. William Morris präsentiert uns in seinem erzählenden Gedicht *The Live and Death of Jason* eine errötende, erbebende, präraphaelitische Maid, die durch Jasons Untreue in ein tränenüberströmtes Häufchen Elend verwandelt wird und zu allem Überfluß auch noch blond ist. Und Charles Kingsley, eben der, der mit *Die Wasserkinder* zu Ruhm gelangte, bemüht sich um eine markig-christliche Interpretation – laßt ja die Finger von bösen Frauen, Jungs, vor allem von dunkelhaarigen Hexen! Sie alle haben die Medea im Licht ihres eigenen Zeitalters mit seinen jeweiligen Belangen bearbeitet. Dasselbe tut auch Christa Wolf.

William Morris, 1834 - 1896, englischer Dichter und Sozialreformer; seine Dichtung *The Live and Death of Jason* erschien 1867.

Charles Kingsley, 1819 - 1875, englischer Dichter und Vertreter eines »christlichen Sozialismus«; sein Buch The Waterbabies (dt. *Die Wasserkinder)* erschien 1863.

Ihr Ansatz ist frontal und originell. Andere vor ihr haben Medeas schwerste Vergehen – Brudermord, Kindsmord und die Ermordung der zukünftigen Braut, Glauke, durch ein vergiftetes Gewand – entweder verurteilt oder unter den gegebenen Umständen als zumindest teilweise nachvollziehbar dargestellt. Christa Wolfs Medea dagegen streitet schlichtweg ab, auch nur eines dieser Verbrechen begangen zu haben. Gestützt auf die Erkenntnisse der modernen Anthropologie, plaziert Wolf ihre Medea in eine Zeit, in der die alten Göttinnen-zentrierten Religionen von neuen patriarchalen Gott-beherrschten Religionen verdrängt werden, Könige die Rechte von Königinnen verspotten und alte Sitten und Bräuche – darunter Menschenopfer und die jährliche Zerstückelung des Königs in einem Fruchtbarkeitsritual – immer mehr in Vergessenheit geraten, auch wenn sie nach wie vor genug getreue Anhänger haben, um von diversen Herrschern aus persönlichen Interessen, meistens der Verfestigung ihrer Macht, gelegentlich aus der Versenkung geholt zu werden. Die Ermordung und Zerstückelung von Apsyrtos hat von daher Ähnlichkeit mit dem Tod Orpheus', der auf einem Frühlingsfest von den Mänaden in Stücke gerissen wird; und Medeas Verrat an ihrem Vater Aietes und die Hilfe, die sie Jason zukommen läßt, werden anders als üblich nicht der überwältigenden Leidenschaft zugeschrieben, ausgelöst durch einen mit einem goldenen Bogen des boshaften Eros abgeschossenen Pfeil, sondern ihrem heimlichen Wissen um die Rolle ihres Vaters bei der Ermordung seines eigenen Sohns und dynastischen Rivalen.

In Wolfs Version wird Jason von Medea geliebt, das ja, aber erst später. Ihre Medea ist keine hilflose Sklavin sexueller Leidenschaften. Zu Anfang ist Jason für sie in erster Linie ein Mittel zum Zweck – er soll ihr helfen, dem blutbeladenen Kolchis zu entkommen und eine höhere, menschlichere Zivilisation zu finden. Jasons Verrat an ihr ist gleichzeitig auch Korinths Verrat an ihrer idealistischen Suche, und ihre Verachtung für sein Verhalten entspricht der Verachtung des desillusionierten Kolonisten des neunzehnten Jahrhunderts, der nach Paris oder London kommt, nur um festzustellen, daß die hochtönenden Versprechungen von einem edleren Leben einen hohlen Klang haben.

Mary Renault, 1905 - 1983, englische Romanautorin, Verfasserin konventioneller historischer Romane über das alte Griechenland.

Doch *Medea* ist weder eine anthropologische Mythos-Nacherzählung im Stil einer Mary Renault, noch eine schlichtgestrickte Story, in der es um Männer gegen Frauen, sinnenfreudige Mond-und-Erde-Religionen gegen eine kalte und abstrakte Himmelstheologie geht. *Medea* ist eine Studie über die Macht und ihre Wirkungsweisen. Und über das Verhalten, das Menschen an den Tag legen, wenn sie unter Druck stehen, wenn die Macht ihnen Daumenschrauben anlegt.

Wolf läßt ihre Geschichte in Korinth beginnen, und zwar in dem Augenblick, als Medea von Jason verstoßen wird und die Kräfte, die gegen sie angetreten sind, voll ins Spiel kommen.

Medea und die Gruppe der Kolcher, die gemeinsam mit ihr geflohen waren, leben als Einwanderer und Flüchtlinge unter den Korinthern. Im Gegensatz zu den hellhäutigen Korinthern haben sie braune Haut und wollige Haare. Sie halten sich in ihren eigenen Vierteln für sich, befolgen ihre eigenen Bräuche, führen die oft ärmliche Randexistenz aller Exilanten und gelten als Fremde und daher als ideale Sündenböcke für alles, was schiefgeht. Medea, ihre Prinzessin und ehemalige Anführerin, eine Heilerin, eine weise Frau – also nur einen kleinen Schritt von einer bösen Hexe entfernt –, befindet sich in einer besonders exponierten Position, während die Position von Jason zwiespältig ist. Zwar ist er ein rechtmäßiger

Herrscher, kann jedoch keinen Anspruch auf sein Königreich erheben, und alle Macht, die er besitzt, ist abhängig von den Launen König Kreons, der Jason benutzt, um seine eigenen ehrgeizigen Pläne voranzutreiben. Medeas Stern sinkt, der von Jason steigt auf, und die Höflinge und Lakaien bei Hof – sogar Medeas Freunde und ihre ehemalige Schülerin – beginnen einen wahrhaft macchiavellischen Tanz der Annäherung und des Rückzugs. Sollen sie ihre eigene Laufbahn vorantreiben, indem sie Medeas Niedergang beschleunigen? Sollen sie ihr heimlich eine kleine helfende Hand reichen? Oder sollen sie einfach nur abwarten und passiv beobachten? Besitzt Medea noch die Macht, zurückzuschlagen, oder ist sie inzwischen harmlos geworden? Angst, Bewunderung, Neid, Lust und Haß drehen sich Hand in Hand im Tanz, denn was immer Medea auch sein mag, ein Niemand ist sie nicht. Schön, vornehm, verwegen, intelligent und talentiert, kann sie nicht einfach beiseite geschoben werden.

Medea selbst ist das altkluge Kind, das zuviel weiß und angesichts der nicht existierenden Kleider des Kaisers den Mund nicht halten kann. Unter anderem weiß sie um die tatsächlichen Umstände des Todes ihres Bruders Apsyrtos, den Kreon jetzt ihr mittels einer Flüsterpropaganda in die Schuhe schieben will. Dazu kennt sie das kleine schmutzige Geheimnis, das Korinth selbst hütet. Sie hat sich hinabbegeben in die dunklen Gefilde, hinab in den Keller, und hat herausgefunden, daß Korinth mit all seinem Reichtum, seiner Grandiosität, seinem Snobismus und seiner angeblich höheren Form der Zivilisation nicht besser ist als Kolchis. So sehr es die Tatsache auch leugnen und vertuschen mag, auch seine Macht beruht auf einem Kinderopfer. Wie viele Zivilisationen vorher und nachher ist auch Korinth auf der Unterdrückung der Schwachen und dem Tod der Unschuldigen begründet. Dieses Wissen ist gefährlich; aber Kreon und seine Lakaien können Medea aus dem, was sie weiß, keinen Strick drehen, ohne zuzugeben, daß sie selbst ebenfalls von dieser Sache wissen, die unaussprechlich ist. Die Katze beobachtet die Maus, aber wer wird sich als was herausstellen?

Elisabeth Lenk, *Achronie: Versuch über die literarische Zeit im Zeitalter der Medien* in *Interventionen 4*, Jahrbuch des Museums für Gestaltung Zürich, Roter Stern Verlag Basel 1995

J. M. Cotzee, 1940 in Kapstadt geboren; bekannter südafrikanischer Romanautor, der Roman *Waiting for the Barbarians* liegt nicht in deutscher Sprache vor.

Ryszard Kapuscinski, 1932 geboren; polnischer Schriftsteller, sein Roman *König der Könige* erschien 1995 im Eichborn Verlag, Frankfurt/Main.

Die Absicht, die Wolf mit dieser fesselnden Neuerzählung verbindet, wird signalisiert durch das Zitat von Elisabeth Lenk, mit dem sie das Buch einleitet: „ ... sind die Wände der Zeiten einander ganz nah. Die Leute aus den anderen Jahrhunderten hören unser Grammophon plärren, und wir sehen durch die Zeitwände hindurch, wie sie die Hände heben zum lecker bereiteten Mahle.“ Ihre Geschichte handelt von Medea, ja, aber sie handelt auch von uns. Wie J. M. Cotzees außergewöhnlicher Roman *Waiting for the Barbarians*, in dem es um ein fiktives Reich geht, aber auch um den Zusammenbruch der Apartheid in Südafrika, und wie Ryszard Kapuscinskis brillantes *König der Könige*, das die letzten Tage von Äthiopiens Haile Selassie schildert, gleichzeitig aber auch das korrupte kommunistische Regime in Polen, ruft Wolfs *Medea* unbequeme Resonanzen wach. So identifizieren wir die dunkelhaarigen Kolcher in einem Moment beispielsweise mit den Türken in Deutschland, mit den Menschen afrikanischer Herkunft in Europa und Nordamerika, oder mit den Juden. Im nächsten befinden wir uns mitten in der Atmosphäre des Mißtrauens und des Verrats, die den Zusammenbruch der DDR charakterisierte, als ein Messer in den Rücken des anderen die einzige Verteidigung dagegen zu sein schien, selbst hinterrücks niedergestochen zu werden. Und dann sind wir wieder in der Ära des Big Business – in unserer eigenen Zeit, an unserem eigenen Ort, hier und jetzt, wo kapitalistische Mini-Königreiche sich hinter den Mauern, die von Großkartellen um sich herum errichtet wurden, ungesehen bilden und auflösen, wo Chefköpfe blutlos rollen, beim Mittagessen abgehackt von treulosen Vertrauensmännern, wo Falschheiten ins Ruder schießen und Wahrheiten im Shredder landen, wo Spione überall lauern und selbst die Wasserkühler Ohren haben.

Medea ist keine zweidimensionale Allegorie. Wie ein verspiegelter Tunnel wirft der Roman Bilder und Echos zurück. Die Fragen, die er seinen Leserinnen und Lesern stellt, mittels vieler Stimmen und auf viele verschiedene Weisen, lauten: Was wären Sie bereit zu glauben, zu akzeptieren, zu vertuschen, zu tun, um Ihre eigene Haut zu retten oder sich in der Nähe der Macht zu halten? Wen wären Sie bereit zu opfern? Keine einfachen Fragen, aber sie zu stellen ist die beunruhigende und doch wesentliche Aufgabe dieses mutigen, scharfsinnigen, brillanten und notwendigen Buches.

Rita Calabrese

Von der Stimmlosigkeit zum Wort

Medeas lange Reise aus der Antike in die deutsche Kultur

Weiterführende Literaturhinweise am Ende des Beitrages

Wer sich auf die Suche nach Medea begibt, tritt eine lange Reise jenseits der Zeit und des Raumes an, denn es geht um eine jener „immerwährenden Strukturen der dunklen Strömung, die aus den Brunnen des Mythos hervorkommt".[1] Wie uns von der *Argonautica* (III. Jh.v.C.) von Apollonios dem Rhodier und von der früheren Tragödie Euripides' (431 v. C.) berichtet wird, gehört Medea zu der Argonautensage.

Tochter des Königs von Kolchis im Kaukasos, Aietes, verliebt sich Medea (oder Medeia) in den Griechen Iason, den Führer der Argonauten, die gekommen waren, um sich das Goldene Vlies anzueignen, und hilft ihm bei diesem Unternehmen mit ihren Zauberkünsten. Nach der Eheschließung folgt sie ihm nach Korinth, wo er sie nach einigen Jahren verstößt, um Kreusa, die Tochter des Königs Kreon, zu heiraten. Ihre Rache ist furchtbar: sie schickt der Rivalin für sie tödliche Geschenke und – was später zum wesentlichen Merkmal der Medea wird – tötet ihre Kinder. Es gibt zahlreiche Varianten, aber das ist der Ausgangspunkt, auf den ich mich in meiner Untersuchung beziehe.

Euripides' Stück ist tonangebend für die spätere Überlieferung und stellt einen entscheidenden Wendepunkt dar. Ihm verdankt man die abwertende Bedeutung[2], die Einführung des Kindermords, der Medea unumgänglich kennzeichnet.[3]

In der ältesten Überlieferung ist, wie Kerenyi bemerkt, Medeia die Weise, ›die mit dem guten Rat‹[4], nach der Etymologie ihres Namens mit ›Metis‹ verbunden, was sich aus der indogermanischen Wurzel ›medha‹ ableitet, woraus sich das spätere Wort ›Medizin‹ entwickelt. Dagegen ist Iason mit ›iatros‹, dem anderen Aspekt der Heilkunde, verbunden. Medea ist eine göttliche, unsterbliche und mächtige Gestalt und mit der ursprünglichen Großen Mutter verbunden. Als Herrin des Lebens und des Todes stellt sie „die Wahrheit des weiblichen Urwesens, das im Tier- und Menschenreich das gleiche ist, das Tieren und Menschen unbedenklich das Leben schenkt und es zur Strafe ebenso unbedenklich zurücknimmt",[5] dar.

Die Verehrung Medeas hielt sich lange im östlichen Teil der damals bekannten Welt, eben in Kolchis. Sie wurde auch in Korinth verehrt und in Akrokorinth stand eine Kultstätte, wo man Riten antraf, die dem ununterbrochenen Lebens- und Gestirnezyklus huldigten. Diese uralten Riten waren dem Bürger der *Polis* schon unverständlich und ihrem *Logos* unklar. Die himmlischen Riten von Tod und Wiedergeburt erschienen den griechischen Augen als grausame, blutrünstige und reale Begebenheiten:

1 F. Jesi, *Germania segreta*, Milano 1995, S. 144

2 Zur Thematik der Fremdheit in der westlichen Kultur vgl. J. Kristeva, *Fremde sind wir uns selbst*, Frankfurt/M. 1990

3 Vgl. A. Brunner, *Medea-Bilder.* Von der Heilsgöttin der frühgriechischen Mythologie zur Kindsmörderin. Dipl. Arb., Wien, Nov. 1994

4 K. Kerenyi, *Die Mythologie der Griechen*, Bd. 2: Die Heroengeschichten, München 1983, S. 209

5 K. Kerenyi, Vorwort zu der Sammlung *Medea, Euripides. Seneca. Corneille, Cherubini. Grillparzer, Jahnn, Anouilh, Jeffers, Braun*, in der Reihe »Theater der Jahrhunderte«, hrsg. von J. Schlondorff, München und Wien 1963, S. 23

πάντως σφ' ἀνάγκη κατθανεῖν· ἐπεὶ δὲ χρή,
ἡμεῖς κτενοῦμεν, οἵπερ ἐξεφύσαμεν.[6] Verse 1240 - 1241

Sie müssen sterben, unbedingt. Und da es nottut,
will ich erschlagen sie, die [ich] sie gebar. ...

Euripides muß man eine Art ›Übersetzungsfehler‹ von einer Kultur zur anderen zuschreiben, da „er das unverstandene Geheimnis eines archaischen Kultes auf die Bühne gezerrt und einen schon nicht mehr richtig lebenden Mythos weggefegt hat".[7]

Das Stück bestätigt den Übergang zu der patriarchalen Ordnung, zur Vielfalt der olympischen Götter, die die Totalität und Ganzheit der Großen Göttin ablösten, zur „Unterbrechung der von der patriarchalen Ordnung gewaltsam überwältigten weiblichen Genealogie, d.h. gerade von jener Ordnung, die, die Geburt vergessend und den Tod verherrlichend, das Denken vom Leib, das Sein vom Schein getrennt hat, indem sie diese Zweiteilung zum philosophischem System aller Systeme und zum ›Schicksal‹ des Abendlands gemacht hat."[8]

Die Medea von Euripides ist der ursprünglichen Merkmale des Göttlichen beraubt, die aber im Text noch anzutreffen sind. Medea trägt heroische Züge, die ungewöhnlich für eine weibliche Figur sind, und behält sie bis zum Ende. Außerdem erkennt sie die olympische Ordnung der *Polis* nicht an, sondern bezieht sich auf weibliche Genealogien und beruft sich auf Göttinnen, wie Themis, Artemis, Hekate, Teile der ursprünglichen Totalität. Sie entzieht sich der Strafe für ihren Mord durch die Flucht auf dem Sonnenwagen, nach Wiedergewinnung ihrer ursprünglichen Ganzheit.

Die vergangene Heiligkeit der Muttermacht trägt schauderhafte Züge in der patriarchalen Welt und wird zum Paradigma der Andersartigkeit. Das Barbarische – das Andere – das Weibliche wird dämonisiert. Vor der Auseinandersetzung zwischen Griechenland und Kolchis steht der Konflikt von zwei unbeugsamen Kulturen, der weiblichen und der männlichen. Seitdem wird die Frau immer eine Fremde bleiben:

> Die Figur der MEDEA wird zum Paradigma für einen patriarchalen Diskurs, in dem die Frau, vor allem die weise Frau, Schritt für Schritt diffamiert und dämonisiert wird, bis schließlich von ihr noch das unmenschliche Weib, die Barbarin, die Hysterikerin, die Mörderin übrigbleibt.[9]

Die Lebens-, Gesundheits- und Weisheitsspenderin wird zur furchterregenden Zauberin, Mörderin der eigenen Kinder.

Wie man ihr ständig vorwirft, ist Medea keine Griechin, weil ihr das Maß fehlt und sie sich der Leidenschaft, der Sinnlichkeit, der Eifersucht hingibt; weil sie ein anderes, mit dem Leib und der Natur verbundenes Wissen innehat, das mit dem *Logos* unvereinbar ist.

6 Euripides, *Medea*, griech. Ausgabe. Deutsche Texte in der Übersetzung von Dietrich Ebener nach Euripides, Werke, Berlin und Weimar 1979

7 K. Kerenyi, *Medea*, a.a.O., S. 21 Er vertritt die Meinung, daß der Kindermord schon früher anwesend war.

8 A. Cavarero, *Nonostante Platone*, (*Platon zum Trotz*) Roma 1990, S. 60

9 Andreas Brunner, a.a.O., S. 8

Dagegen beweist sie, die griechische Kunst der Dialektik und der Überzeugungskraft vollkommen zu beherrschen, wenn auch dieselbe Sprache in den Dialogen zwischen ihr und Iason zwei verschiedene Ausdrucksweisen und eine unversöhnbare Logik zeigt. Iason verwendet allgemeine, Medea bestimmte und konkrete Wörter.

Das Gespräch der Eheleute untereinander erschüttert weniger wegen seiner Modernität als durch die Unveränderlichkeit der Verhältnisse zwischen Mann und Frau. So wird es zum Paradigma der Entfremdung, des unerbittlichen Zusammenstosses zwischen Andersartigen und der nicht-möglichen Interaktion bzw. gegenseitigen Verständnisses.

Im Gesprächsverlauf versucht die gekränkte, verstoßene, dem erbärmlichen Los einer Exilierten ausgesetzte Medea, die vergangene Liebe in Iason zu erwecken oder zumindest ihn an seine Verantwortung ihr gegenüber zu erinnern, indem sie ihn einen Meineidigen und Verräter nennt. Er versucht ungeschickt, sie zu überzeugen, seine Entscheidungen widerspruchslos zu akzeptieren, die ihm eine glänzende Zukunft in seiner Heimat, an der Seite einer Königstochter versprechen, während ihr das unsichere Schicksal der Erniedrigung, ein Leben ohne Mann, ohne Familie, ohne Heimat droht.

In der Tragödie von Euripides sind göttliche und verweltlichte Züge zu finden: Medea teilt das Elend ihrer Geschlechtsgenossinnen in der patriarchalen Weltordnung.

Von da an ist sie zu einem Schicksal der Unterordnung und der Außenseiterin verurteilt, wie es sich in ihrem berühmten Monolog unmißverständlich zeigt:

> πάντων δ᾽ ὅσ᾽ ἔστ᾽ ἔμψυχα καὶ γνώμην ἔχει
> γυναῖκές ἐσμεν ἀθλιώτατον φυτόν·
> ἃς πρῶτα μὲν δεῖ χρημάτων ὑπερβολῇ
> πόσιν πρίασθαι, δεσπότην τε σώματος
> λαβεῖν· κακοῦ γὰρ τοῦτ᾽ ἔτ᾽ ἄλγιον κακόν.
> κἀν τῷδ᾽ ἀγὼν μέγιστος, ἢ κακὸν λαβεῖν
> ἢ χρηστόν. οὐ γὰρ εὐκλεεῖς ἀπαλλαγαὶ
> γυναιξίν, οὐδ᾽ οἷόν τ᾽ ἀνήνασθαι πόσιν.
> ἐς καινὰ δ᾽ ἤθη καὶ νόμους ἀφιγμένην
> δεῖ μάντιν εἶναι, μὴ μαθοῦσαν οἴκοθεν,
> ὅτῳ μάλιστα χρήσεται ξυνευνέτῃ.
> κἂν μὲν τάδ᾽ ἡμῖν ἐκπονουμέναισιν εὖ
> πόσις ξυνοικῇ μὴ βίᾳ φέρων ζυγόν,
> ζηλωτὸς αἰών· εἰ δὲ μή, θανεῖν χρεών.
> ἀνὴρ δ᾽, ὅταν τοῖς ἔνδον ἄχθηται ξυνών,
> ἔξω μολὼν ἔπαυσε καρδίαν ἄσης·
> [ἢ πρὸς φίλον τιν᾽ ἢ πρὸς ἥλικα τραπείς·]
> ἡμῖν δ᾽ ἀνάγκη πρὸς μίαν ψυχὴν βλέπειν.
> λέγουσι δ᾽ ἡμᾶς ὡς ἀκίνδυνον βίον

ζῶμεν κατ' οἴκους, οἱ δὲ μάρνανται δορί·
κακῶς φρονοῦντες· ὡς τρὶς ἂν παρ' ἀσπίδα
στῆναι θέλοιμ' ἂν μᾶλλον ἢ τεκεῖν ἅπαξ.
ἀλλ' οὐ γὰρ αὑτὸς πρὸς σὲ κἄμ' ἥκει λόγος·
σοὶ μὲν πόλις θ' ἥδ' ἐστὶ καὶ πατρὸς δόμοι
βίου τ' ὄνησις καὶ φίλων συνουσία,
ἐγὼ δ' ἔρημος ἄπολις οὖσ' ὑβρίζομαι
πρὸς ἀνδρός, ἐκ γῆς βαρβάρου λελῃσμένη,
οὐ μητέρ', οὐκ ἀδελφόν, οὐχὶ συγγενῆ
μεθορμίσασθαι τῆσδ' ἔχουσα συμφορᾶς. Verse 230 - 258

Von allem, was besselt ist und Verstand besitzt,
sind doch wir Frauen das erbärmlichste Geschöpf.
Erst müssen durch ein Übermaß an Geld den Mann
wir kaufen – und den Herrn gewinnen über Leben
und Leib. Dies Übel ist noch schmerzlicher als jenes.
Der Kernpunkt dann: Ist schlecht, ist gut, den wir bekommen?
Sich scheiden lassen, bringt ja einer Frau nur Schande,
und einen Gatten abzulehnen, ist nicht möglich.
In eine neue Lebensführung tritt die Frau
und muß, von Haus aus unbelehrt, Prophetin sein,
mit wem als Gatten sie am besten fahren wird.
Gelingt uns das und lebt der Mann mit uns zusammen
und trägt das Ehejoch geduldig, spricht man von
beneidenswertem Leben. Sonst – bleibt uns der Tod!
Und fällt dem Manne lästig der Familienkreis,
geht er hinaus und macht sein Herz vom Kummer frei,
[sucht einen Kameraden, Jugendfreunde auf.]
Wir aber dürfen nur auf *eine* Seele schauen.
Sie sagen, ein gefahrlos Leben führten wir
im Hause, sie dagegen kämpften mit der Waffe –
die Toren: Dreimal möchte ich mich lieber stellen
in Reih und Glied als einmal nur ein Kind gebären!
Indes kommt deine Lage nicht der meinen gleich.
Du hast hier deine Heimatstadt, dein Vaterhaus,
dein Lebensglück und deinen Freundeskreis. Doch ich
vereinsamt, heimatlos, muß Schmach erleiden von
dem Gatten, aus Barbarenland geraubt, entbehre
die Mutter, meinen Bruder, meine Blutsverwandten,
die einen Hafen mir vor diesem Sturm gewährten.

Euripides stellt die bereits stattgefundene Kolonisierung des Weiblichen, die Absetzung seiner alten Macht dar.

Hybris kennzeichnet die Barbarin. Die Blutrache setzt sich über die Gesetze der *Polis* hinweg, die Wut und die Eifersucht verletzten das griechische Maß. Die Rache wird nicht als solche getadelt, sondern weil sie keinen Platz in der väterlichen Ordnung hat.[10] Wenn der Kindermord für die Rache gegen Iason gehalten worden ist, sehen wir, daß der Text ihm schon ab den ersten Versen eine starke Vaterliebe abspricht. Er ist bereit, auf seine Kinder zu verzichten, und zeigt damit eine wankende Liebe, dafür aber ein starkes Besitzgefühl, das dem natürlichen Mutterrecht gegenübersteht:

10 Man denke nur an die Orestie, in der die Tötung der Klytaimnestra die Durchsetzung des Vaterrechts zeigt. Mit der Tötung des Ehemanns Agamemnon hatte sie das Opfer der Tochter Iphigenie gerächt.

> ... σοί τε γὰρ παίδων τί δεῖ;
> ἐμοί τε λύει τοῖσι μέλλουσιν τέκνοις
> τὰ ζῶντ᾽ ὀνῆσαι. μῶν βεβούλευμαι κακῶς;
> οὐδ᾽ ἂν σὺ φαίης, εἴ σε μὴ κνίζοι λέχος. Verse 565 - 568
>
> ... χρῆν γὰρ ἄλλοθέν ποθεν βροτοὺς
> παῖδας τεκνοῦσθαι, θῆλυ δ᾽ οὐκ εἶναι γένος
> χοὔτως ἂν οὐκ ἦν οὐδὲν ἀνθρώποις κακόν. Verse 573 - 575
>
> ... Was brauchst du noch Kinder?
> Es ist mein Vorteil, mit den künftigen Nachkommen
> den lebenden zu nützen. War ich schlecht beraten?
> Du sagtest nein, wenn dich die Heirat nicht verletzte!
>
> Es müßten sich die Sterblichen auf andrem Wege
> die Kinder zeugen, dürfte keine Frauen geben!
> Dann brauchten auch die Menschen keine Not zu leiden.

Diese Worte zeigen zweifellos die dunkle Angst vor der weiblichen Andersartigkeit, den Neid auf die Fähigkeit des weiblichen Leibes zu gebären und den Wunsch nach seiner Kontrolle – Grundlagen des Patriarchats –, die in der Gestalt der Medea die vollkommenste Darstellung finden. Unerträglich für die Arroganz des Iason ist die Ausübung der matriarchalen Macht, die gestraft und exorziert und deren Widerspenstigkeit dämonisiert werden muß.

Mit der neuen Ordnung ist die Totalität der weiblichen Macht gebrochen worden: die Mütterlichkeit wird der väterlichen Herrschaft unterzogen und von einer der olympischen Gottheiten, Hera, übernommen. Der Tod wird aus dem Lebenszyklus ausgeschlossen. Die entmachtete und verstümmelte Große Mutter nimmt dunkle und drohende Aspekte an: Medea, die Verlassene, wie Phädra und Ariadne. So gestaltet sich die Verwandlung der Kore (ein Teil der ursprünglichen Einheit), „sie ist negativ verändert worden und ist zur unheilvollen Todesspenderin geworden, Symbol des Todes und der Wiedergeburt und Herrin des Übergangs ins Jenseits“.[11] Ins patriarchale System integriert, versinkt die verdrängte Große Göttin ins Unbewußte und übernimmt eine drohende Ambivalenz, sie wird verstoßen, und gleichzeitig unterliegt man ihrer Anziehungskraft.

11 F. Jesi, a.a.O., S.197

Ihre Kinder rettet Medea vor dem elenden Schicksal, das ihnen bevorsteht. Sie übt ihre mütterliche Macht aus, das Leben und den Tod zu geben; sie entzieht ihre Körper dem Besitz des Vaters und bringt sie an einen göttlichen Ort.

Zum letzten Mal.

Fünf Jahrhunderte später geht in Seneca diese Doppelschichtigkeit verloren: Medea ist keine Gottheit mehr, sondern sie ist dem menschlichen Dasein verhaftet: „Medea fiam". Der Dichter spricht Iason völlig frei: das ist die für ihn positivste Version. Er ist gezwungen zu seiner leidvollen Entscheidung: er will seine Kinder aus Liebe bei sich behalten, im Gegensatz zu der Gestalt bei Euripides, der sein Vaterrecht durchsetzen will. Medea behauptet sich als wilde Zauberin; als Ausdruck für zerstörende Weiblichkeit wird sie der Geschichte erhalten bleiben.

In der nachfolgenden Tragödie Corneilles (1635) möchte Iason, von seiner Liebe zu Kreusa ergriffen, deren Tod mit der Tötung von Medea und ihren Kindern rächen. Aber er kommt zu spät, als der Kindermord schon stattgefunden hat. Medea zeigt die übermenschliche Größe der Machtweiber im Barock. Solche triumphierende Größe hat sie auch in der berühmten Oper von Cherubini (1797), die den Konflikt zwischen zwei Welten und zwei Ideologien betont.

Beschäftigen wir uns jetzt mit der Medea in den deutschsprachigen Ländern.

Im Trauerspiel *Miß Sara Sampson* (1755) und im folgenden *Emilia Galotti* (1772) verwendet Lessing den mythologischen Stoff, um seine ästhetischen, ethischen und sozialen Auffassungen zu entwickeln, indem er Traditionelles vermischt und verändert, fast bis zur Unkenntlichkeit. Züge der Medea, die keine Hauptfigur, sondern ein „Fluchtpunkt"[12] der dramatischen Tat ist, finden eine komplexe Darstellung in der Gestalt der Orsina, die eine originelle positive Dimension in antityrannischer Funktion übernimmt. Als aktive Außenseiterin bringt diese neue Medea „die Möglichkeit eines radikalen Lösungsweges"[13] des Tyrannenmordes auf die Bühne und zeigt, daß sie eine selbständige Stimme besitzt, im Gegensatz zu der Rivalin Emilia Galotti. Indem sie mit ihr ein Verhältnis, wenn auch nicht der Solidarität, so aber des gegenseitigen Verständnisses schafft, da sie beide Opfer der patriarchalen Welt sind, die Lessing klar durchschaut, übernimmt sie die Rolle einer Anti-Medea. Der Aufklärer Lessing verwendet die dämonisierte Gestalt der Medea, um die Möglichkeit einer gewalttätigen Umwälzung der Gesellschaft darzustellen.

Während Lessing, als Vertreter der deutschen Aufklärung, in seinen Stücken die Werte des aufstrebenden Bürgertums – Tugend und Vernunft – im Gegensatz zu dem überlebten Wertsystem des Adels sieht, zeigt Maximilian Klinger die Krise des allumfassenden An-

12 S. Sanna, *Von Miß Sara Sampson zu Emilia Galotti: Die Formen des Medea-Mythos im lessingschen Theater*, in: *Lessing Yearbook*, XXIV (1992), S. 51
Meine Bewertung stützt sich zum großen Teil auf die hier entwickelten Ideen bzw. Schlußfolgerungen.

13 Ebd., S. 64

14 Fr. M. Klinger *Medea in Korinth*, 1786

spruchs auf das Vernunftprinzip. Die Medea von Klinger[14] ist eine ungewöhnlich starke Frauengestalt des Sturm-und-Drang-Theaters, das fast ausschließlich von außergewöhnlichen Männern – Kraftkerlen –, Ausdruck der absoluten Natürlichkeit, bevölkert ist. Sie ist ein Machtweib, das durch den Verrat von Iason und ihren Kindern – die ihr die Rivalin Kreusa vorziehen – zu seiner ursprünglichen und blutigen Barbarei zurückgeführt wird. Die Integration der übermenschlichen Frau in die eintönige Normalität scheint so unmöglich zu sein wie die Versöhnung zwischen Natur und Kultur, Vernunft und Leidenschaft.

15 K. Kenkel, a.a.O. S. 59

Medea wird remythisiert[15] und gewinnt ihre ursprünglichen göttlichen Eigenschaften zurück. Sie ist Tochter der Hekate, und ihre Zugehörigkeit zu dunklen chtonischen Kräften wird mehrfach betont. Ihre Tragik liegt in der Unmöglichkeit, sich zu vermenschlichen, während Kreusa die Gewöhnlichkeit der menschlichen Schwäche verkörpert. Sie kommt hier zum ersten Mal zu Wort und gewinnt damit eine neue Bedeutung, auch Medeas Kinder, die durch die Namen – Mesmeros und Feretos – ihre eigene Individualität erhalten. Nachdem Medea ihre übermenschliche Größe zurückbekommen hat, stellt sie die verletzte Ordnung in der Schlußszene wieder her und kehrt zu den Eltern, in den Kaukasos, zu ihrem Ursprung zurück:

16 Fr. M. Klinger, *Sämtliche Werke*, 12 Bände, Stuttgart 1842

> Die Leiber der ermordeten Iasoniden will ich in dem Tempel der Pallas begraben; bey der Schwelle, wo er mir den Eid der Treue schwur, wo er mich entlockte mit verführerischen Schwüren dem väterlichen Hause. Dann flieh' ich, von meinen Drachen gezogen in die Felsenhöhlen des Kaukasos, starre hin in meiner schrecklichen Größe, betrachte mich in meinem furchtbaren Selbst! [16]

Diesem Stück folgt *Medea auf dem Kaukasos* (1790). Nach dem Erlöschen der Sturm-und-Drang-Flamme ist die Rückkehr zur Natur und zur Heimat eine weitere Niederlage für Medea, die fast mit klassizistischen Worten versucht, ihr naives Volk zum Humanismus zu erziehen:

17 Ebd., S. 247

> Eine Tochter der Erde bin ich, gekommen euch Wahrheit zu lehren und den Betrug falscher Priester zu enthüllen.[17]

Um es vom Trug zu retten, bedient sie sich zum letzten Mal ihrer übermenschlichen Kräfte und erreicht damit die ihr bis dahin vorenthaltene Menschlichkeit:

18 Ebd., S. 268

> Meine Kräfte weichen von mir, mein Zauber verläßt mich, die Geister, die meiner Stimme gehorchten, verschwinden und blicken finster nach mir. Sie eilen hinweg, und ich – ich fasse nicht, was ich bin. – Vernimm, meine Mutter,das Ende deiner Tochter, ich gehöre den Menschen, die du hassest, und sinke auf die Trümmer meiner letzten Tat.[18]

Ein Vorgang der Sühnung, die sie aus ihrer schrecklichen Größe endlich befreit, kommt damit zum Schluß.

Die Biedermeier-Welt von Grillparzer hat weder Götter, noch Helden, noch Leidenschaften. Die Charaktere erscheinen in ihrer leidvollen Menschlichkeit, nachdem sie jeden Zauber verloren haben. *Medea* ist der letzte Teil der Trilogie *Das Goldene Vließ*, die die ganze Argonautensaga wieder aufgreift. Die Expedition nach Kolchis gestaltet sich als übermütige Kolonisierung, in der das Vlies zum Symbol des ungerechten Besitzes und der Eroberung wird, die in einem unendlichen Blutvergießen Rache erzeugt, wie das Gold der Nibelungen.[19] Nicht anders als ihr Heimatland wird Medea von Iason kolonisiert und ihrer selbst enteignet:

19 F. Grillparzer, *Selbstbiographie*, in: *Grillparzers sämtliche Werke*, 20 Bände, Hg. A. Sauer, Stuttgart 1892 S. 78: „Das goldene Vließ war mir als ein sinnliches Zeichen des ungerechten Gutes, als eine Art Nibelungenhort, obgleich an einen Nibelungenhort damals niemand dachte, höchst willkommen."

Iason: Vergiß, was du gehört, was du gesehn,
Was du gewesen bist auf diese Stunde.
Aietes' Kind ist Iasons Weib geworden,
An dieser Brust hängt deine Pflicht, dein Recht.
Und wie ich diesen Schleier von dir reiße,
Durchwoben mit der Unterird'schen Zeichen,
So reiß' ich dich von all den Banden los,
Die dich geknüpft an dieses Landes Frevel.
Hier, Griechen, eine Griechin! Grüßet sie!
Er reißt ihr den Schleier ab
Medea, danach fassend: Der Götter Schmuck!
Iason: Der Unterirdischen! Fort![20]

20 Ebd., Bd. 5, S. 100

So spricht Iason im zweiten Teil der Trilogie *Die Argonauten.* Am Anfang des gleichnamigen Stückes begräbt eine müde und gealterte Medea die letzten Überbleibsel ihrer früheren Macht, die Zeichen der Zauberkunst und das Goldene Vlies, um die letzten Reste ihres früheren Lebens zu vernichten. Ein vergeblicher und hoffnungsloser Versuch der Assimilierung, um den Makel der Barbarin loszuwerden, der ihr unaufhörlich vorgeworfen wird:

Ein Greuel ist die Kolcherin dem Volke,
Ein Schrecken die Vertraute dunkler Mächte. Verse 72-73

Von dem kulturtragenden Hellas abgelehnt, verkörpert Medea die Tragik der Unvereinbarkeit zweier Kulturen, den Fluch der Entwurzelung:

In andre Länder, unter andre Völker
Hat uns ein Gott geführt in seinem Zorn,
Was recht uns war daheim, nennt man hier unrecht,
Und was erlaubt, verfolgt man hier mit Haß;
So laß uns denn auch ändern Sitt' und Rede
Und dürfen wir nicht sein mehr was wir wollen,
So laß uns, was wir können mind'stens sein. Verse 121-127

Mit diesen Worten wendet sie sich an die Amme Gora, die ihrer Herkunft treu bleibt, während Medea auf jede Art und Weise versucht, sich ihrer neuen Heimat anzupassen. Sie ist aber verurteilt, eine Fremde zu bleiben. Emblematisch ist in dieser Hinsicht die Szene, in der sie vergeblich versucht, die Leier spielen zu lernen. Ihre Hand aber sei zu ungeschickt für die weiblichen Künste, wie Iason es betont:

> Siehst du, ich sagt' es wohl, es geht nun nicht!
> An andres Spiel ist ihre Hand gewohnt,
> Den Drachen sang sie zaub'risch in den Schlaf. Verse 901-902

Die Andersartigkeit ihrer – buchstäblich – barbarischen Sprache wird auch metrisch versinnbildlicht. Grillparzer wählt für die Sprache der Griechen den Jambus, das Versmaß des klassischen deutschen Trauerspiels, während er die Barbaren in freien Versen sprechen läßt. Medea, die zwischen beiden Welten steht, spricht je nach ihrem Seelenzustand in abwechselnden Versmaßen, um den Gegensatz von Licht und Dunkelheit deutlich zu machen: Hell ist Griechenland, dunkel das ferne Kolchis:

> Ein Königskind, wie du, bin ich geboren,
> Wie du ging einst ich auf der ebnen Bahn
> Das Rechte blind erfassend mit dem Griff.
> Ein Königskind, wie du, bin ich geboren,
> Wie du vor mir stehst, schön und hell und glänzend,
> So stand auch ich einst neben meinem Vater,
> Sein Abgott und der Abgott meines Volks.
> O Kolchis! O du meiner Väter Land!
> Sie nennen dunkel dich, mir scheinst du hell! Verse 377-385

Aber mehr als Göttin oder Königstochter ist Medea in Grillparzers Auffassung bürgerliche Frau: sie erlebt „eine Ehetragödie im Sinne der unentrinnbaren Differenz zwischen den Geschlechtern, die erste moderne Ehetragödie“[21]. Ein dumpfer und unerbittlicher Ehekrieg mit wechselseitigen Beschuldigungen für das Unglück, die Tragik einer verhängnisvollen, zu früh erloschenen Anziehung, die bei Medea zu leidvollem Groll, bei Iason zu Ablehnung geworden ist. Wie die männlichen Gestalten Grillparzers, alle Helden der Unentschlossenheit, ist Iason schwach, ein Verlierer, unfähig zu lieben und zu leben.

21 H. Politzer, *Franz Grillparzer oder der abgründige Biedermeier*, Wien 1972, S. 130

> Denn wie der Jüngling in der Zukunft lebt
> So lebt der Mann mit der Vergangenheit.
> Die Gegenwart weiß keiner recht zu leben. Verse 883-885

Nicht einmal zu Kreusa empfindet er Leidenschaft. „In heitrer Milde strahlend“[22] verkörpert seine neue Braut den Traum der Kindheit, des weiblichen Entgegenkommens, das Realitätsprinzip. Kreusa er-

22 Verse 283-284

hält die Züge der normalen „guten, anständigen, gemessenen“[23] Frau. Sie liebt Iason, obwohl sie weiß, daß diese Liebe nicht ebenbürtig erwidert wird und respektiert das Leiden der Medea. Kreusa versucht, ein gutes Verhältnis zu ihr zu schaffen und sie ihrer Welt anzunähern. Aber sie wird Medeas unschuldiges Opfer. Wie die Kinder. Mit ihnen erleidet die Mutter ihre letzte Niederlage, weil sie ihr die junge Rivalin vorziehen. Ihre Tötung ist für Medea eine leidvolle Verstümmelung, „der Verzicht auf die Zukunft und daher auf das Leben“[24], ähnlich der *Medea* von Corrado Alvaro[25]:

> Dir scheint der Tod das schlimmste;
> Ich kenn' ein noch viel Ärgres: elend sein. Verse 2312-2313

Grillparzers Medea weiß, daß das Leben ein Leidensweg ist. Wie alle seine Frauengestalten hat sie die Fähigkeit, die Wirklichkeit zu akzeptieren, die den Männern wegen ihrer Eitelkeit fehlt.

In keiner anderen Fassung ist der Kindermord dermaßen in eine menschliche Dimension verlegt und so reichlich motiviert worden. „Verzweiflung, Haß, Abscheu, Furcht“[26] leiten die Hand Medeas, die nie ihre menschliche Würde verliert und bis zum Ende ihre Fähigkeit zu lieben und zu leben wahrt. Im Gegensatz zu Iason nimmt sie auch das Leiden an. „Medea“, behauptet Magris, „kann sagen, daß es besser wäre, nicht geboren zu werden, aber wenn es geschehen ist, kann man nur dieses Unheil aushalten, ohne zu wimmern, wie Iason es tut.“[27]

Da sie „dem alten mythischen Stoff neues Leben einflößt“[28], ist die *Medea* von Hans Henny Jahnn (1920) am Anfang des XX. Jahrhunderts ein Höhepunkt im Rahmen des deutschen Expressionismus. Dem Zeitalter der Maschine wird der Wunsch nach Neugeburt, der Rückkehr zur Welt der Mütter, zum ›Urschrei‹ gegenübergestellt.

Dieses Stück ist von dem erotischen Wahn beherrscht, der zu metaphysischem Schrecken vor dem Tod, der Verwesung, dem Nichts wird. Die Kinder stehen daher vom Anfang an im Mittelpunkt, als Verkörperung der unberührten Reinheit und des natürlichen Eros. Sie werden von der Mutter umgebracht, als sie sie eng umschlungen entdeckt, eines in den Armen des anderen. Was Aufsehen erregte, aber auch den Mord zu einer Tat des mütterlichen Mitleidens zurückführt: Medea entzieht sie den schuldigen Händen Iasons und rettet sie vor der Verunreinigung. Der Vergleich zwischen Griechenland und der Barbarei erhält in diesem Drama eine originelle Färbung und wird zum Paradigma möglichen Zusammenlebens und der Integration. Medea bekommt buchstäblich die Dunkelheit ihrer Andersartigkeit: sie erhält eine schwarze Hautfarbe.

> Du bist ein Tier! Ungriechische Barbarin. Wie deine Haut so schwarz ist auch dein Werk.[29]

23 F. Grillparzer, *Medea*, italienische Ausgabe, hrsg. von M. Longo und übersetzt von C. Magris, Venedig 1994, S. 206

24 R. Svandrlik, *Metamorfosi del mito: la figura di Medea nel Vello d'oro di Grillparzer*, in: *Realtà sociale e gioco letterario nella letteratura tedesca*, II, hrsg. von L. Borghese, R. de Pol, L. Grevel, R. Svandrlik, Genua 1988, S. 48

25 *La lunga notte di Medea*, 1947

26 K. Kenkel, a.a.O., S. 81

27 Siehe Anm. 23, S. 14

28 L. Secci, *Il mito greco nel teatro espressionista tedesco*, Rom 1969, S. 207

29 Reclam Ausgabe, Stuttgart 1966, S. 41

Die Sprache Kreons, durchdrungen von Tiermetaphorik, spiegelt den Wortschatz des Hasses und der Ablehnung der Andersartigkeit wider (»Ich liebe Ausländer nicht«), die sich damals in Deutschland durchgesetzt hatte und auf die verhängnisvollen weiteren Entwicklungen hindeutete.

Trotz der Behaupung des Verfassers, der die Rettung der Menschheit in der Integration, in der Verschmelzung sieht,[30] wie sie von den beiden Mischlingen, den Göttern ähnlich, verkörpert wird, ist die Tötung der Triumph der Liebe gegen die Wollust und die Unfähigkeit zu lieben:

> So hat endlich Liebe triumphiert, und nicht die Brunst.
> Kann größer noch mein Sieg sein, als er ist? Seite 73

Mutterliebe und Muttermacht setzen sich durch:

> Mein sind die Kinder jetzt!
> Der Leib ist mein, denn seine Schönheit
> hab ich Helios abgetrotzt.
> Tot ist nur Iasons Same. Seite 73

Noch einmal entfernt sich Medea mit den Leichen der Kinder von der Welt, die zur Selbstzerstörung verurteilt ist:

> Ist Sterben doch leicht,
> schwerer zu leben. Seite 76

Es ist die Verurteilung der westlichen Kultur, die in Griechenland ihren Anfang genommen und sich für das absolute Maß der Menschlichkeit gehalten hat.

Pier Paolo Pasolini zeigt in seinem Film aus dem Jahre 1970 dieselbe Haltung, die kürzlich Rossana Rossanda in Bezug auf die *Medea* von Christa Wolf zusammengefaßt hat: „Wild, daher unverschmutzt, Barbarin und zwar authentisch".[31] Und in uns näheren Zeiten fällt Heiner Müller sowohl in der Pantomime *Medeaspiel* (1974) als auch im dreiteiligen Text *Verkommenes Ufer. Medeamaterial. Landschaft mit Argonauten* (1983) dasselbe endgültige Urteil wie seine Landsfrau Christa Wolf in *Kassandra* über die selbstmörderische patriarchale westliche Welt und ihren Übermut. Medea tötet ihr Kind, weil sie sich weigert, die menschliche Geschichte und ihre ununterbrochene Kette von Gewalt und Unterwerfung fortzusetzen. In dem zweiten Werk ist der Kindermord die Jahrhunderte alte Rache der Frau gegen den Mann und ihr Versuch, aus der männlichen Weltordnung auszutreten. Zum Vorschein kommt aber auch eine Art von Neid auf die Gebärmacht der Frauen, die sie fremd und furchterregend macht.[32] Eine männliche Phantasie.

30 H. H. Jahnn, *Zur Medea*, in »Die Scene«, Bd. XIX (1929), S. 316: „Meine letzte Hoffnung einer positiven Menschheitsentwicklung wird durch den Bastard getragen. Daher in meinem Drama die Gottähnlichkeit der Kinder des Ehepaares Jason-Medea."

31 »Il Manifesto« 10. Okt. 1996, S. V

32 Vgl. G. Schulz, *Medea. Zu einem Motiv im Werk Heiner Müllers*, in R. Berger / I. Stephan (Hrsg.), *Weiblichkeit und Tod in der Literatur*, Köln; Wien 1987, S. 241-264

Eine jüdische Mutter[33] ist der erste Text aus weiblicher Hand, dem wir in dem letzten Teil unserer Wanderung durch die Jahrhunderte begegnen. Seine Verfasserin ist Gertrud Kolmar, eine der wichtigsten poetischen Stimmen dieses Jahrhunderts. Geboren in einer wohlhabenden Familie des assimilierten Bürgertums, wurde sie, wie viele ihrer Glaubensgenossen, von dem wachsenden Antisemitismus, vom Nationalsozialismus gezwungen, sich mit ihrem verdrängten Jüdischsein auseinanderzusetzen.

33 G. Kolmar, *Eine jüdische Mutter*, Frankfurt/M.; Berlin; Wien 1981, Nachwort von B. Balzer, S. 172

Die 1965 posthum erschienene Erzählung ist zwischen 1930 und 1932 geschrieben worden, kurz vor der Machtübernahme Hitlers, nach der Kolmar ihre jüdische Zugehörigkeit mit immer wachsender Stärke betont. Sie nähert sich den Heiligen Schriften, beginnt den Shabbat und die anderen jüdischen Feiertage zu feiern und schreibt ihre letzten Gedichte, die verlorengegangen sind, in Hebräisch, bevor sie nach Auschwitz deportiert wurde und dort verschwand. Ungewöhnliche Themen befinden sich in diesem Text, dessen Sprache, an der großen Tradition der deutschen Lyrik geschult, ihren Rhythmus und ihre Originalität enthält.

Wenn auch eine Erzählung in dritter Person, finden wir eine Art der „Annäherung von innen“: Überlegungen und Gemütszustände der Protagonistin werden ausgedrückt, als spräche sie selbst und es ist, als ob diese Medea das Wort zum ersten Mal ergreifen würde. Die Mischehe zwischen der Barbarin und dem Griechen wird zur Verbindung eines Christen mit einer Jüdin.

Trotz der Ehe, derentwegen Martha Jadassohn mit ihrer Familie bricht, und der Geburt einer Tochter bleibt sie eine Fremde in der Familie ihres Mannes und in der Umgebung, in der sie lebt. Keine Deutsche, sondern immer doch Jüdin, obwohl sie nichts mit der Tradition ihrer Väter verbindet. Sie mißfällt dem Schwiegervater: „Sie paßte ihm auch als Jüdin schlecht und als unbemittelte Jüdin schon gar nicht“.[34] Aber auch ihr Gatte sieht sie als beunruhigend Fremde. Die verwitwete Martha findet eine Stellung als Tierphotographin – ein Zug der alten Wildheit – und lebt in totaler Isolierung, die sie aber auch vor dem wachsenden Antisemitismus nicht verschont. Ihr Leben wird völlig erschüttert, als die Tochter Ursa vergewaltigt und beinahe umgebracht wird. Sie kann nicht mehr als ununterbrochen und fürchterlich schreien; Martha selber setzt dieser Qual ein Ende, indem sie Ursa eine tödliche Dosis Schlafmittel verabreicht. Da sich die Polizei nicht zu eifrig in der Entdeckung des Täters zeigt, entscheidet sie sich, ihre private Rache mit Hilfe eines zu diesem Zwecke herangezogenen Liebhabers durchzuführen. Als dieser sich nach anfänglicher Anziehung entsetzt von ihr entfernt, stellt sie fest, daß sie ihn liebt. Um ihn wiederzugewinnen, geht sie soweit, auf ihre Rache zu verzichten und ihr Kind zu vergessen. Sie tötet es damit zum zweiten Mal. Aber umsonst. Endgültig von dem Mann zurückgewiesen, wirft sich Martha in die Spree.

34 Ebd., S. 15

Die jüdische Assimilation scheint endgültig gescheitert zu sein. Obwohl Martha in Deutschland geboren ist, seine Sprache und Kultur angenommen hat, wird sie in einen Zustand der Andersartigkeit verwiesen, den unglückseligsten und ältesten: den der Jüdin, deren Entfremdung zur Umwelt ihr Leben bestimmt. Als „Wilde“ und „Megäre“ sieht sie der Gatte, und als exotisches und gefährliches Sexualobjekt der Liebhaber:

> „Du hattest auch Liebhaber, ja?“
> „Nein.“
> „Doch. Aber mich liebst du nicht.“
> Sie schwieg.
> „Aber du schläfst mit mir gerne?“
> „Ja ...“
> „Du bist eine Dirne.“
> Sie schüttelte stumm den Kopf.
> „Du bist eine Jüdin.“ Seite 121

Von der Autorin mit mythischen Attributen beschrieben,

> Wie der machtvolle, feste Leib einer alten Göttin, aus Schicklichkeitsgründen mit modischen Fähnchen umhüllt, Seite 107

wird sie vom Gatten wegen der Ausschließlichkeit ihrer Mutterliebe und ihrem Drang zur Selbständigkeit als „Medea“ bezeichnet. Als sie sich weigert, die Tochter taufen zu lassen, rät der Mann seinen Eltern ab, darauf zu bestehen, weil sie, der Medea ähnlich, soweit gehen könnte, das eigene Kind zu töten. Sie selber sagt:

> Wenn man sein Kind sehr lieb hat, dann kann man alles. Man kann sich von ihm ermorden lassen. Man kann es auch töten. S. 57

Eine neue Variation des Themas ›Kindermord‹ wird zum erstenmal aus einer weiblichen Perspektive gezeigt: in der Abtreibung. Jenseits der vielgenannten autobiographischen Verknüpfungen mit der Dichterin, ist es eine Anspielung auf den Schwangerschaftsabbruch, der bei Martha den Erkenntnisprozeß über ihr Tun auslöst. Ein weiterer mittelbarer Bezug auf Medea ist die Andeutung auf das Colchicum autumnale, eines jener Heilkräuter, die ihren Namen nach dem Heimatland der heilbringenden Medea, Kolchis, erhalten haben.

Der Stoff aber ist im Deutschland der dreißiger Jahre angesiedelt. Die ungleiche Ehe erscheint als gescheiterte Assimilation, die mit dem Verlust der eigenen Identität bezahlt worden ist. Wir finden alte und neue antisemitische Vorurteile, die einer Jüdin unangemessen erscheinen.

Zwischen den vierziger und den fünfziger Jahren taucht die Gestalt von Medea im Werk von drei Schriftstellerinnen wieder auf. Sie gehören alle jener Übergangsgeneration an, die unabsichtlich, aber radikal eine Reihe der Fragestellungen vorweggenommen hat, „die heute gern als Merkmal der ›Frauenliteratur‹ verstanden werden“.[35] Trotz der tiefen Unterschiede voneinander scheinen Marie Luise Kaschnitz, Anna Seghers und Elisabeth Langgässer einem negativen Reiz zu erliegen. Sie zeigen sich empfänglich für die dunkle Seite der mythischen Figur, und dies nicht zufällig in der tragischsten Zeit unseres Jahrhunderts.

35 I. Stephan, R. Venske, S. Weigel, *Frauenliteratur ohne Tradition?*. Neun Autorinnenporträts, Frankfurt/M. 1987, S. 9

Als Frau eines berühmten Archäologen zeigt Marie Luise Kaschnitz im Mythos eine regressive Suche nach dem ewig Gleichen und ewig Menschlichen und nach origineller Kreativität zugleich. Sie schickt ihrer Sammlung *Griechische Mythen* (1944) im Vorwort ausdrücklich voraus:

> Was immer mich beim Lesen der griechischen Sagen und ihrer späteren Umdichtungen am unmittelbarsten berührte, habe ich neu aufzuzeichnen und auf meine Art zu deuten versucht. Rückblickend erst sah ich, daß alle diese Götter, Halbgötter, Heroen und Fabelwesen etwas gemeinsam hatten. Dieses Gemeinsame lag in dem Wandel ihres Bildes im Lauf der Zeiten.[36]

36 M. L. Kaschnitz, *Griechische Mythen*, in: *Gesammelte Werke*, hrsg. von Chr. Büttrich und N. Miller, I. Bd., *Frühe Prosa*, Frankfurt/M. 1981, Vorwort

In der *Die Nacht der Argo* betitelten Erzählung steht im Mittelpunkt das Schiff Argo, das weibliche Züge annimmt und sich zum Schluß als Mutterschoß entpuppt, der seine Geschöpfe wieder in Besitz nimmt, indem er ihnen den Tod gibt. Iason findet man nach einer stürmischen Nacht

> von den Trümmern ihres stolzen Leibes erschlagen im Schlaf.

Medea wird in ihrer dunklen, unheimlichen Größe gesehen:

> Etwas seltsam Düsteres lag über ihrem Wesen, eine wilde Fremdartigkeit ... beide Zitate Seite 593

Sie wird mit der fruchtbaren und unerbittlich zerstörenden Natur identifiziert:

> Wenn der Mond auf den Berg von Krisa glänzte, dachte er an die Nächte der Reise mit ihrem Schweigen und ihrem Gesang, an die Inseln, an welchen die Argo vorübergerauscht war, und die einsamen Küsten fremder Länder. Nicht immer gelang es ihm, nur die heiteren Bilder der Fahrt festzuhalten, auch die Schrecknisse tauchten in seiner Erinnerung auf, und aus den Schatten der Vergangenheit trat auch Medeas Gestalt. Doch erschien sie ihm nun nicht mehr so düster wie ehemals. Er erinnerte sich ihrer ersten, scheuen Hilfe, ihres leidenschaftlichen Dranges, seine Liebe zu gewinnen, ihrer traurigen Sehnsucht nach der lichten Unsterblichkeit, die auch ihren Kindern versagt bleiben sollte. Er hörte die Wellen am Strande rauschen, und wie Medeas Züge allmählich verblaßten, trat sie zurück in das All, wurde ein Teil der Natur,

> der er sich verbunden hatte und die immer weiter lebte und wirkte, hell und dunkel, helfend und vernichtend zugleich. Seite 593

Sie steht außerhalb von Zeit und Raum und wird einfach mit der Natur gleichgesetzt; dies zeigt die Züge der Andersartigkeit am meisten:

> ... in der Schwermut, die sie oft überkam, wurde das Fremdartige ihres Wesens deutlicher. Seite 591

Wenn sie auch nicht dämonisiert wird, ist sie doch unfreiwillig Täterin des Kindermords. Freigesprochen »wegen Körperverletzung mit Todesfolge«, wird sie zur Seite geschoben.[37] Den Themenkomplex behandelt die Verfasserin später im Hörspiel *Jasons letzte Nacht* (1962).

37 Ungedrucktes Manuskript von I. Stephan, der mein herzlicher Dank gilt.

Das Schiff Argo steht ebenfalls im Mittelpunkt einer Erzählung von Anna Seghers *Das Argonautenschiff* (1948)[38]. Auch in diesem Werk hat Medea eine zweitrangige Rolle, ist an ihre unheimliche Andersartigkeit gefesselt, „sie glich einer schwarzen Blume". Wenn Argo die zweideutigen Züge der mächtigen Mutter zeigt, die zugleich gut und böse ist, steht der gealterte Jason im Vordergrund. Ein müder Held, der die Ängste, Enttäuschungen und Unsicherheiten der Exilierten in ihrer entfremdeten Heimat nach vielen heldenhaften Unternehmen verkörpert:

38 A. Seghers, *Post ins Gelobte Land.* Erzählungen, Berlin/Weimar 1990, S. 191.

> In alten Zeiten, sogar noch in meiner eigenen Jugend, glaubten die Menschen in diesem Land an Götter. Gewiß, sie haben auch einzelne, besonders starke Menschen beinahe wie Götter verehrt ... Stärker als Menschen und Götter, höher als beide, hoch über allem war das Schicksal. Seite 185

Iason versinnbildlicht nicht mehr das Vertrauen an das ewige Werden, im Gegenteil erscheint er als verschlüsselter Ausdruck der Desillusionierung. Er wird vom Schiff der Argonauten getötet. Es war das Wichtigste seines Lebens, das er nach einer langen Suche wiedergefunden hatte. Wer sich von der eigenen Berufung blenden läßt, verliert das wahre Leben aus den Augen, könnte die bittere Botschaft sein. Der einsame Held ist zum Untergehen verurteilt. Es scheint noch einmal in dieser Erzählung das alltägliche, solide Werk der Frauen unentbehrlich für den Aufbau der neuen Welt zu sein, in der es keinen Platz für das kriegerische Heldentum gibt.[39]

39 Was im Widerspruch zur kritischen Legende des „männlichen Blicks" der Dichterin steht.

In dem posthum erschienenen Roman von Elisabeth Langgässer, *Märkische Argonautenfahrt* (1950), steht Medea dunkel im Mittelpunkt des Erzählens, als Gottheit der Unterwelt, zweideutiges Gegenbild der Heiligen Maria. Nicht anders als die beiden anderen, versinnbildlicht diese Medea die Ängste dunkler Zeiten, in denen die Kräfte des Bösen die Oberhand gewonnen und jede Spur der Menschlichkeit gelöscht zu haben scheinen. Wie Gertrud Kolmar verleiht

Elisabeth Langgässer der Reue einer mörderischen Mutter Ausdruck. Abtreibung dort, eine Todeserbschaft hier. Es hilft nichts, daß die Mutter sich mit mystischem Eifer zum Katholizismus bekennt, ihr Kind (es hat auch einen jüdischen Vater) wird wegen seiner jüdischen Abstammung verfolgt und nach Auschwitz deportiert. Ohnmächtiges Schuldgefühl und mystischer Wunsch nach Erlösung leiten im Roman Langgässers einen quälenden und reißenden Dialog ein, den ihr Kind – Cordelia Edvardson – erst nach vielen Jahren fortsetzen kann. Ihre märchenhafte Autobiographie *Gebranntes Kind sucht das Feuer* (1989)[40] stellt die Erzählung der Tochter der Medea dar. Für diese Variante gibt es keinerlei Vorlagen.

40 Originalausgabe: *Bränt barn söker sig till elden*, Stockholm 1984

Zwischen 1978 und 1989 findet im Rahmen der Frauenbewegung eine eifrige Auseinandersetzung mit der patriarchalen Kultur statt, und es ist ein großes Interesse der Schriftstellerinnen für eine Gestalt wie Medea festzustellen, das noch heute nicht nachzulassen scheint. Eine *Arbeit am Mythos Frau*[41], die sich eine Annäherung an den Mythos als »Lebensgründung«[42] vorgenommen hat, um die Mythologie als lebensschöpferische, von den regressiven Verkrustungen befreite Tätigkeit wieder zu entdecken. Wie Ingeborg Bachmann wünschte, muß man den Austritt aus der patriarchalen Weltordnung vollziehen, um eine neue Sprache zusammen mit Gegenbildern zu erschaffen. In den Werken der Österreicherinnen Elfriede Jelinek und Marianne Fritz und der Deutschen Dagmar Nick und Helga Novak kommt vielleicht keine spontane mytho-poetische Phantasie zum Vorschein, sondern die Absicht, die uns überlieferten Materialien weiblich umzugestalten, zu verändern, auf den Kopf zu stellen. In diesen letzten, tief von der Erfahrung der Frauenbewegung gezeichneten Werken, ist Medea von der patriarchalen Beschuldigung des Kindermords entlastet und wird zur starken Identifikationsfigur.

41 Dorothea Schuschen, *Arbeit am Mythos Frau*. Weiblichkeit und Autonomie in der literarischen Mythenrezeption Ingeborg Bachmanns, Christa Wolfs und Gertrud Leuteneggers; Peter Lang, Frankfurt.M., Bern, New York, Paris 1987

42 K. Kerenyi, *Die Mythologie der Griechen*, a.a.O., Bd.I, S. 7

In *Die Schwerkraft der Verhältnisse* (1978) von Marianne Fritz ist Medea eine psychisch labile Frau, wegen ihrer weiblichen Unterordnung sich selbst entfremdet. Sie tötet ihre verstörten Kinder, die zum Außenseiterdasein bestimmt sind.

Die Vampirinnen Emily und Carmilla in *Krankheit oder moderne Frauen* (1984) von Elfriede Jelinek scheinen das verfälschte Verhältnis zu dem Mythos im grotesken Sinne auf die Spitze zu treiben. Obwohl sich Carmilla vom Blut ihrer Kinder nährt, wird sie nie zu Medea werden,[43] wie ihr ihr Mann sagt. Nach der Verfasserin – mißtrauisch gegenüber der Frauenbewegung und Zerstörerin von literarischen Mythen und Gemeinplätzen – scheint Medea nicht mehr ihre positive Macht zurückerobern zu können. Da alles schon geschrieben und gedacht worden ist, bleibt dem Künstler des XX. Jahrhunderts nichts übrig als die Waffe der Entmythisierung und die Übung der „Wortklauberei“[44], wie Emily sagt. Das Schriftstellern kann nichts mehr als Zitieren sein.

43 E. Jelinek, *Theaterstücke*. Reinbek bei Hamburg 1992, S. 243: „Eine Medea wirst du trotzdem nicht! Du bist und bleibst eine Hausfrau."

44 Ebd., S. 232

45 H. Novak, *Grünheide, Grünheide.* Gedichte 1955-1980, Darmstadt; Neuwied 1983, S. 96

Das Gedicht *Brief an Medea* (1977)[45] von Helga Novak drückt die radikalsten Stellungnahmen der deutschen Frauenbewegung aus. Medea wird paritätisch geduzt, ungewöhnlich durch ihre Schönheit gekennzeichnet (»Medea, du Schöne«) und von dem Kindermord entlastet, der eine Einbildung des bestochenen Euripides gewesen ist:

vierzig Talente hat er dafür erhalten
von der Stadt Korinth.

Es sind die Korinther gewesen, die Medeas Kinder gesteinigt und nachher „ihre blutigen Hände an deinem Rock" abgetrocknet haben. Eine alte und immer wiederkehrende Aktion der Macht, die fest in den Händen der Männer ist:

46 Dieselbe Haltung teilt die Emily von Jelinek: „Ich bin eigentlich Schriftstellerin. Ich habe nicht Kinder, nicht Zeit, nicht Rat, nicht Mann", a.a.O., S. 209

Gewalt von oben hat keine Scham

Medea kann die Fülle der Freiheit erst nach dem Tod ihrer Kinder erfahren:

dabei hätte ich dich gut verstanden
wer nichts am Bein hat
kann besser laufen [46]

Eine drastische Aussage, die einerseits als Anklage der Doppelbelastung der berufstätigen Mütter in der patriarchalen Gesellschaft klingt und andererseits als paradoxe Umwälzung der Mystik der Mütterlichkeit, die das Leben der Frauen bedingt und bestimmt hat. Die Biologie lastet als unvermeidbares Schicksal auf ihnen weiter:

bloß die Frauen kriegen neuerdings
Kinder auf Teufel komm raus
anstatt bei Verstand zu bleiben
(darin sind sie dir ähnlich)

Das Bedauern über den unabwendbaren weiblichen Zustand scheint durch die Anerkennung eines gemeinsamen Schicksals schwächer zu werden. Für die Frauen, die mühsam damit angefangen haben, ihre eigenen Worte zu finden, versinnbildlicht Medea den Diskurs der Mütterlichkeit, der dunklen Verbindung des Lebens mit dem Tod. Aber er enthüllt auch unerbittlich die nicht eingestehbare, aber anwesende Fluchtphantasie vor dem endgültigen Mutterzustand, den stets verdrängten Wunsch danach, von der immerwährenden Bürde der doch geliebten Kinder befreit zu werden.

In diesem kurzen und eindringlichen Gedicht ohne Reim, ohne Zeichensetzung, kommen Tod und seine Überwindung, die soziale Rolle und wirkliches Sein noch einmal zusammen. Es schließt mit der Anspielung auf die prominenteste Medea des Jahrhunderts, die erhabene Sopranistin, Schauspielerin und tragische Frauenfigur, Maria Callas:

andererseits haben wir
uns schon einigermaßen aufgerappelt
was ich dir noch erzählen wollte: die Callas ist tot.

Die Bestechung des Euripides und der Kindermord seitens der Korinther werden von der Schriftstellerin im Hörspiel *Stadtgespräch Nummer eins* (1973, übertragen 1988) wieder aufgenommen. Darin ist Medea nicht als Kindermörderin gefährlich, sondern als Fremde, die sich für die Sklaven einsetzt und den Aufstand der Iloten bewirkt. Und noch mehr, weil sie ihre Wahrheit in einem Buch aufgeschrieben hat, das sich alle aneignen wollen. Es zeigt die subversive Fähigkeit der selbständigen, nicht der Macht unterworfenen Schreiberei. Medea ist nicht nur unschuldig, sie ist sogar Opfer eines Rufmords, weil sie selbst nicht einmal erscheint oder spricht: Es ist das Wort der Anderen, das sie zur Mörderin macht und sie als Schuldige der Geschichte übergibt.

Durch die Fortsetzung ihrer „Arbeit an Medea“ mit unterschiedlichen Ergebnissen beweist Novak den metamorphischen und polysemen Wert des Mythos. In dem nachfolgendem Gedicht *Pate X* aus der Sammlung *Legende Transsibirisch* wird das Goldene Vlies zur Metapher der verborgensten und unerfüllbaren Wünschen:

auf ihm kann man fliegen
in Gedanken von Land zu Land
ohne einander loszulassen
in der Herzkammer ist es versteckt

Unendliche Sehnsucht, die der Brutalität des Besitzes gegenübergestellt wird.

Medea, ein Monolog (1988) von Dagmar Nick zeigt eine Dimension, die einen Neuanfang einzuleiten scheint. Nachdem Medea Korinth hinter sich gelassen hat, wählt sie zum erstenmal ein Schicksal bewußter Einsamkeit. Sie begegnet Prometheus, der Verkörperung der Prinzipien von Gewalt und Unterordnung, die die Geschichte durchziehen. Er wählt die unmenschliche Unsterblichkeit:

Nicht mehr lange, und das Ungeheuer Prometheus wird entfesselt vom Felsen springen, um uns für immer erhalten zu bleiben mit seiner Erfindergabe, seiner Unersättlichkeit, seinem Leichtsinn! Wie wird er die Erde mit seinen Bastarden bevölkern nach alter göttlicher Sitte! Welche Maßlosigkeit steht uns bevor. Chiron, die Weisheit, die uns so lang überlebt hat, wird sterben. Die Fragen sind anders zu stellen. [47]

47 D. Nick, *Medea, ein Monolog*. Aachen 1991, S. 43

Dem von Chiron vorgezeichneten Weg folgend, wählt Medea dagegen die Fülle des Lebens. Nachdem sie jeden Rachewunsch abgelegt hat, zieht sie der tödlichen patriarchalen Weltordnung die Ordnung des Lebens vor.

48 Ebd., S. 55: „Was ich wollte, war archaischer zu sein als die älteste Überlieferung."

Durch die Wiederaufnahme der Quelle des Mythos[48] gibt Dagmar Nick Medea das absolute Wort in einem Monolog ohne Gesprächspartner, um die Vergangenheit neu zu entwerfen und eine neue Zukunftsperspektive zu entwickeln:

> Ich weiß, daß ich fortgehen soll. In eine andere Landschaft.
> Zu anderen Menschen.
> Ich habe noch eine Weile zu leben. Seite 44

Der Roman *Freispruch für Medea* von Ursula Haas (1987) nimmt die Tradition des Kindermords durch die Korinther und der erkauften Einwilligung Euripides' auf, hat aber dem überlieferten Stoff ein letztes Kapitel hinzugefügt. Nachdem sie Korinth verlassen hat, wo sich Iason und Kreusa vermählt haben, flüchtet sie nach Athen, dessen König Egeus sie heiratet. Schwanger mit dem Sohn Medos begibt sie sich mit dem Gatten nach Georgien, in ihre Heimat. Nach der Heimkehr ist Medea vielleicht bereit, ihre Reise wieder anzufangen.

Vor dem entscheidenden Roman von Christa Wolf ist das eine der letzten Stimmen, die damit die lebendigen poetischen Möglichkeiten des mythischen Stoffes neu entfaltet hat, wenn Christa Wolf sagt: „Die Qual der Wahl vor der Überfülle der Versionen und Interpretationen paart sich mit der Notwendigkeit, unwillkürlich zu sein."

Ihr Roman hat uns gelehrt, daß Medea, nachdem sie ihre eigene Stimme wiedergewonnen hat, selbstbewußt, keine Andersartige mehr, den Dialog mit den Männern aufnehmen kann. Nach der Überwindung der tödlichen Unbeugsamkeit der Einsamkeit kann die Welt auf Grund der Zweisamkeit und der Vielfalt neugeschrieben werden. Von den Monologen zur Polyphonie.

Weiterführende Literaturhinweise:

E. Frenzel, *Stoffe der Weltliteratur*, Stuttgart 1988 (7. Auflage), S. 482-486

W. Kleinhardt, *Medea*. Originalität und Variation in der Darstellung der Rache. Eine vergleichende Studie ausgewählter Texte, Hamburg, Phil. Diss. 1962;

E. Staiger, *Rasende Weiber in der deutschen Tragödie des achtzehnten Jahrhunderts*, in: *Stilwandel*. Studien zur Vorgeschichte der Goethezeit, Zürich-Freiburg, 1963, S. 25-74;

U. Friess, *Buhlerin und Zauberin*. Eine Untersuchung zur deutschen Literatur des 18. Jahrhunderts, München 1970;

K. Kenkel, *Medea-Dramen*. Entmythisierung und Remythisierung, Euripides, Klinger, Grillparzer, Jahnn, Anouilh, Bonn 1979;

O. Rinne, *Das Recht auf Zorn und Eifersucht*, Zürich 1988;

J. R. Gascard, *Medea-Morphosen*. Eine mytho-psychohistorische Untersuchung zur Rolle des Mann-Weiblichen im Kulturprozeß, Berlin 1993

Italienisch: R. Svandrlik, *La scrittura di Medea*. In: *Il riso di Ondina*, Urbino 1992, S. 117-132, deren Interpretation mir wichtige Anstöße gegeben hat.

Annette Kuhn

Sie spricht mit ihrer eigenen Stimme

Medea bei Christine de Pizan

Mit den Worten: „Nimm' die Spitzhacke deines Verstandes und grabe tief ..." hatte die erste moderne Schriftstellerin und feministische Frauenforscherin, Christine de Pizan (1365–1430), ihre Zeitgenossinnen und die Frauen aller kommenden Zeiten dazu ermutigt, die eigene Geschichte auszugraben, um daraus Bausteine für die Zukunft zu gewinnen.

In dem 1405 erstmalig erschienenen *Buch von der Stadt der Frauen* legte sie – mittels ihrer spitzfindigen Patriarchatskritik – die Bausteine frei für die Errichtung einer ›Stadt‹, in der auch Frauen angstfrei leben, wirken und sich entfalten können. Ein bedeutender Baustein dieser ›Stadt‹ ist die Geschichte der Medea.

Alle Zitate aus dem *Buch von der Stadt der Frauen* sind der von Margarete Zimmermann bearbeiteten Ausgabe: Christine de Pizan, *Das Buch von der Stadt der Frauen.* 4. Aufl., München 1996, entnommen.

Um ihrem Bau der ›Stadt der Frauen‹ ein festes Fundament zu geben, ermutigt Christine de Pizan ihre literarische Hauptfigur, die zaghafte Christine, die zugleich das fiktive Ich der Christine de Pizan verkörpert, unbequeme, ungehörige Fragen zu stellen. So inszeniert sich die spätmittelalterliche Schriftstellerin, die uns heute so modern vorkommt, als eine von „leidenschaftlicher Liebe zur Ergründung der Wahrheit" (I, iii, 41f.) besessene Fragende.

Auf die eindringlichen Fragen der Christine antwortet zunächst »Frau Vernunft«, dann auch »Frau Rechtschaffenheit«, jeweils mit einer Geschichte über Medea. Damit bedienen sich diese beiden allegorischen Frauengestalten eines beliebten Stilmittels des späten Mittelalters: des Exemplums oder Lehrbeispiels. Zugleich beziehen sie sich, wenn auch nur indirekt, auf eine im hohen und späten Mittelalter beliebte Vorlage, auf die Medea-Erzählung in den *Metamorphosen* des Ovid.

Wie bei Ovid, so wird bei Christine de Pizan von der „Tochter des Königs Aietes von Kolchis und Persien" erzählt, die „sehr schön, hoch und gerade gewachsen [war] und äußerst liebliche Gesichtszüge besaß" (I, xxxii, 101). Christine de Pizan setzt dann aber völlig neue Akzente. Im Mittelpunkt der Erzählung der Frau Vernunft steht Medea als die „über alle Maßen hinaus kluge und wissende" Königstochter, „erfahren in Künsten und Wissenschaften" (I, xxxii, 101). Frau Rechtschaffenheit erzählt die Geschichte von der „maßlose[n] und allzu beständige[n] Liebe" der Medea (II, lvi, 220).

Was will Christine de Pizan mit diesen beiden Erzählungen zum Ausdruck bringen?

Mit ihren vielen beispielhaften Erzählungen von hervorragenden Frauen legt Frau Vernunft die Fundamente der ›Stadt der Frauen‹. Dazu gehören ihre Erzählungen von Frauen „von großer Gelehrsamkeit", wie der „hervorragende[n] Dichterin" Cornificia oder von der Römerin Proba und von Sappho, „der höchst scharfsinnigen Dichterin und Philosophin". Als letztes Beispiel in dieser langen Reihe der Exempla folgt die Geschichte „von Medea und einer anderen Königin namens Circe" (I, xxxii, 101).

Christine de Pizan schließt sich damit der patriarchalen Mythentradition an, in der Circe und Medea gerne zusammen, entweder als Schwestern oder als Tante und Nichte, dargestellt werden. Allerdings deutet sich hier schon der völlig andere Kontext der Medea-Erzählung der Frau Vernunft an. Sie stellt Medea zwar im Sinne dieser traditionellen Vorlagen als eine Zauberin, eine über das gewohnte Maß hinaus in Kunst und Wissenschaft erfahrene Frau dar. Mit ihrer Zauberkunst bewirken Medea und Circe jedoch nur Gutes. Die negativen Attribute der Zauberin, das Bild der bösen Hexe, kommt in den Erzählungen der Frau Vernunft nicht vor. Im Gegenteil.

Der Akzent der Erzählung der Frau Vernunft liegt zunächst auf dem Übermaß an Wissen und Erfahrung der Medea, das sie befähigt, in Einklang mit den den Menschen sonst verborgenen Kräften der Natur zu handeln: „Bezüglich des Umfangs ihrer Kenntnisse ... stellte sie alle anderen Frauen in den Schatten: sie wußte um die Eigenschaften aller Kräuter und um allen möglichen Zauber, und es gab keine erlernbare Kunst, die sie nicht beherrscht hätte. Mit Hilfe einer ihr bekannten Zauberformel brachte sie es fertig, die Luft zu trüben und zu verdunkeln, aus den Gräben und Höhlen der Erde Winde sich erheben, Unwetter sich in der Luft bilden zu lassen, den Lauf der Flüsse anzuhalten, Gifte zuzubereiten, mühelos Feuer entstehen zu lassen, um alles Beliebige zu verbrennen, und dergleichen mehr. Sie war es, die Jason durch ihre Zauberkunst dabei half, das Goldene Vlies zu erobern" (I, xxxii, 101).

Die Aufzählung dieser Eigenschaften Medeas und ihre Beurteilung als wohltätig ist kühn. Denn schon zur Zeit der Christine de Pizan haben die ersten Prozesse gegen die als Hexen verdächtigten, heilkundigen Frauen eingesetzt, von denen es heißt, sie könnten Unwetter entstehen lassen, Ernten vernichten, den Lauf der Flüsse aufhalten oder Dürre über das Land bringen. Die Beschreibung des Wissens der Medea um die Geheimnisse der Natur entspricht auch – fast bis ins Detail – dem Frauenbild, das in den satirischen Dichtungen des späten Mittelalters und der frühen Neuzeit verbreitet wurde und das beredtes Zeugnis von den Ängsten der Männer vor den übermäßig klugen Frauen abgab. Hier ist beispielsweise an die Geschichte von der eigensinnigen Frau zu denken, die ihr Leben lang so widerspenstig war, daß sie noch nach dem Ertrinken gegen den Strom schwamm, eine geläufige Erzählung, die sich auch in der Predigtliteratur wiederfindet.[1]

Um die Eigenschaften der – bei den Klassikern dämonisierten – Medea in einem positiven Licht erscheinen zu lassen, wendet Chri-

1 Vgl. Claudia Ulbrich, *Unartige Weiber*, Präsenz und Renitenz von Frauen im frühneuzeitlichen Deutschland. In: *Arbeit, Frömmigkeit und Eigensinn*, hg. v. Richard von Dülmen, Frankfurt/Main 1990, S. 13-43

stine de Pizan die Methode der Antiphrase an, d.h. sie kehrt die vertrauten Denkmuster und Werturteile ihrer Zeit um. Für Christine de Pizan ist Medea eine wohltätige Zauberin.

Daß sie sich der Tragweite und Gefährlichkeit dieser Ansicht bewußt ist, geht aus einer anderen Stelle ihres *Buch[es] von der Stadt der Frauen* hervor. Ohne direkten Bezug auf die Erzählung von der Zauberin Medea versichert Christine de Pizan ihrer Leserschaft, daß sie keineswegs Frauen zum Erlernen von Zauberkünsten ermutigen wolle: „denn nicht von ungefähr hat die Heilige Kirche sie der Allgemeinheit verboten" (II, xxxvi, 184). Doch genau an diese Auflagen hält sich Christine de Pizan selbst nicht. In ihrer Sicht bestimmt allein die Vernunft und Erfahrung der Frauen darüber, was unter geheimes, verbotenes Wissen fällt. „Daß Frauen jedoch durch das Wissen um das Gute Schaden nehmen sollen, ist Unfug", heißt es bei Christine de Pizan (ebenda).

Durch die Geschichte der in Künsten und Wissenschaften erfahrenen Medea belehrt Frau Vernunft die noch zweifelnde, wenig selbstbewußte Christine, „daß sich der weibliche Verstand auf die kompliziertesten Gegenstände versteht" (I, xliii, 118). Auf die von den Gelehrten diskutierte Streitfrage, ob es sich bei den Künsten der Medea um ›Wissenschaft‹ im Sinne der männlichen Wissenschaftsdiskurse handele, läßt sich Christine de Pizan bzw. Frau Vernunft klugerweise nicht ein. Frauen seien von diesen Wissenschaftsdiskursen auf Grund ihres Geschlechts ausgeschlossen. Folglich sei diese Frage „ohne Bedeutung für den Bau unserer Stadt" (I, xliii, 119), heißt es da lapidar. Daß es sich aber aus männlicher Wissenschaftssicht bei Medea um ein gefährliches, verbotenes Wissen handelt, ist Christine de Pizan bewußt. In der männlichen Mythentradition hat Medea durch ihr Wissen Macht über Leben und Tod. In dieser Mythentradition gehört sie zu den Frauen, die, wie Eva und Pandora, den Beweis liefern sollen, daß Wissen und Wissenschaft allein in Männerhand gehören.

Mit ihrer Erzählung von Medea schafft Christine de Pizan einen Gegenmythos zu der patriarchalen Mythentradition der Medea, der Giftmischerin, der rachsüchtigen Ehefrau und der vielfachen Mörderin.

Mit ihrem Gegenmythos will sich Christine de Pizan nicht in die patriarchale Mythentradition einschreiben. Vielmehr strebt sie durch die Bloßlegung des patriarchalen mythologischen Kerns die Wieder-Entdeckung einer anderen Mythentradition an, einer Mythentradition, die auf eine ursprünglichere Wahrheit auch der Medea-Geschichte hinweist. Damit stellt sie ihre Erzählung von dem großen wohltätigen Wissen der Medea in die bisher völlig verdrängte mythologische Tradition von „bedeutenden Wohltaten", die „weiblichen Ursprungs" sind: „Wenn ich dir von allen bedeutenden Wohltaten erzählen wollte, die weiblichen Ursprungs sind, dann ließe sich ein dickes Buch damit füllen", heißt es hierzu bei Frau Rechtschaffenheit

(II, xxxv, 182). In dieses noch nicht geschriebene, dicke Buch gehöre auch die Erzählung über die liebende Medea.

Mit ihrer Erzählung „über die liebende Medea" muß Frau Rechtschaffenheit Antwort auf eine weit schwierigere Frage als die nach der weiblichen Intelligenz, der weiblichen Kreativität und Erfindungskraft und der Spezifik der weiblichen Vernunft geben. Denn Christine will wissen, „ob es der Wahrheit entspreche, daß es in Liebesdingen kaum treue Frauen gibt, wie zahlreiche Männer behaupten" (II, liv, 217). Dabei bezieht sie sich wiederum auf Ovid. Denn Ovid gilt als die Autorität schlechthin in Fragen der Liebe. Mit ihrer kurzen Erzählung über die liebende Medea stellt Christine de Pizan – wiederum mit Hilfe der Methode der Antiphrase – die komplexen Regeln des höfischen Liebesspiels auf den Kopf, Regeln, die sich auch die bürgerlichen Schichten im Frankreich des 14. und 15. Jahrhunderts zu eigen machen.

In ihrem im gleichen Jahr 1404/1405 geschriebenen Buch *Der Schatz der Stadt der Frauen*[2] hat Christine de Pizan schon ein Ratgeberbuch für Frauen verfaßt, das sich als eine Alternative zu den Verhaltensregeln versteht, die besorgte Hausväter für ihre Töchter oder Ehefrauen in vergleichbaren Unterweisungsschriften aufstellen.[3] Denn nach Christine de Pizans Rat soll sich die gute und liebende Ehefrau keineswegs duldend und schweigend den Vorstellungen und Geboten ihres Ehemanns fügen. Ihr *Buch von der Stadt der Frauen* enthält keine praktischen Anweisungen für die kluge Ehe- und Hausfrau. Hier soll vielmehr auf einer philosophischen Ebene eine weibliche Tugendlehre sichtbar werden. Die radikale Widerlegung der Liebesmoral des Ovid und seiner anthropologischen Prämissen gehört zu den philosophischen Voraussetzungen einer weiblichen Tugendlehre für die Bewohnerinnen der symbolischen »Stadt der Frauen«. Sie bildet auch die Grundlage für die Aufnahme der Medea in die »Stadt der Frauen« als eine tugendhafte, weise und liebende Frau.

In den Werken des Ovid, auf die sich Christine de Pizan eigens bezieht, *Liebeskunst* und *Heilmittel gegen die Liebe* (I, ix, 53), warnt Ovid die Männer vor den Gefahren der weiblichen Sexualität und den weiblichen Verstellungskünsten. Ovids Werke sind bestimmt von dem Bild der zügellosen, von sexuellen Begierden getriebenen Frau, die vom irrationalen und unkontrollierbaren Wunsch, verführt zu werden, erfüllt ist. Dieser herrschenden Männermoral und dem Männerblick auf die Frau als die Inkarnation des Bösen entzieht Christine durch ihr beharrliches Fragen das Fundament. In diesem Sinne stellt sie die vernünftige und naheliegende, allerdings für eine Frau ihrer Zeit völlig ungehörige Frage, ob denn die Frauen vergewaltigt werden wollen.

2 Christine de Pizan, *Der Schatz der Stadt der Frauen.* Weibliche Lebensklugheit in der Welt des Spätmittelalters, Freiburg 1996

3 Vgl. Claudia Probst, *Ein Ratgeberbuch für die weibliche Lebenspraxis.* Christine de Pizans *Livre des Trois Vertus*, Pfaffenweiler 1996

Christine de Pizan wird nicht müde, auf die Widersprüchlichkeit und Widersinnigkeit der herrschenden Liebesmoral hinzuweisen, die in Bezug auf die Geschlechter stets zweierlei Maß anwendet. In diesen argumentativen Zusammenhang gehört die Erzählung der Frau Rechtschaffenheit von der „liebenden Medea". Nach den *Metamorphosen* des Ovid hatte sich Jason von der leidenschaftlichen, maßlosen Liebe der Medea blenden lassen: „Die Liebe, sie rät zum einen, zum anderen mein Sinn. Ich sehe und lobe das Bessere, folge dem Schlechteren doch! O Königsjungfrau, was glühst du so für den Fremdling und denkst an Hochzeit weit in der Ferne?"[4] Entsprechend dieser dualistischen Logik folgte er „dem Schlechteren", als er sich zur Ehe überreden ließ.

4 Ovid, *Metamorphosen*, übers. v. Erich Rösch, 3. Aufl., München 1994, S. 7, 19-22

Der patriarchale Kern dieser Logik, die den Gegensatz zwischen Liebe und Ehe, Leidenschaft und Vernunft konstruiert, soll durch „lebensnahe Argumentation und Beispiele" (I, xlviii, 128) aufgebrochen werden. Auch Christine de Pizan spricht zwar von einem widersprüchlichen Spannungsverhältnis zwischen der „maßlosen" und der „allzu beständigen" Liebe der Medea. Hier wird jedoch der klassische Konflikt zwischen Vernunft und Gefühlen, Einsicht und Leidenschaften, Liebe und Ehe aus der weiblichen Perspektive dargestellt. Für die Zauberin Medea, die in Künsten und Wissenschaften erfahrene Frau, die über alle Maßen liebt, gelten andere Maßstäbe. Für Medea ist dieser Konflikt in eine andere Vorstellung von Gerechtigkeit und weiblicher Tugend eingebunden. Frau Rechtschaffenheit hält anstelle eines Szepters ein funkelndes Lot in ihrer rechten Hand.

In ihrer Erzählung über die liebende Medea trifft Medea ihre eigenen Unterscheidungen zwischen Recht und Unrecht, Gut und Böse, es sind andere als in der patriarchalen Liebeslehre (I, v, 45). Um auf die heikle Frage der Christine an die Frau Vernunft: „Edle Frau, was fiel Ovid ein, dem vornehmsten der Dichter, ... daß er in mehreren Werken die Frauen so sehr verunglimpfte ...?" (I, ix, 53) Antwort zu erhalten, muß Christine noch tiefer graben und „mit der ganzen Kraft [ihres] Fußes zutreten": „Vorausgesetzt, es wäre möglich, die bislang respektierten Orientierungsmarken ein ganz klein wenig zu überschreiten, so würde ich Euch liebend gern ganz bestimmte Fragen stellen – wenn ich nur sicher sein könnte, Euch nicht zu verärgern! Denn der Bereich, den ich ansprechen möchte, hat zwar seinen Ursprung in einem Naturgesetz, aber er liegt doch etwas außerhalb des Geltungsbereichs der Vernunft" (II, liv, 217). Hier ist die männliche Vernunft gemeint, die sich nicht nach dem Maß der Frau Gerechtigkeit richtet.

Das andere Maß, an dem Christine de Pizan das eigensinnige, eigenmächtige Verhalten der Medea mißt, liegt zwar außerhalb des Geltungsbereichs der männlichen Vernunft, es hat aber seinen Ursprung in einem Naturgesetz, das die Männer im Gegensatz zu Medea nicht mehr zu erkennen vermögen. Erkenntnisse der Naturgesetze sind ursprünglicher als die männliche Vernunft; sie sind einer weiblichen Wissenstradition vorbehalten, von der das wohltätige Wirken der Zauberin Medea zeugt. In ihrer Erzählung von der liebenden Medea zeigt Frau Rechtschaffenheit, daß Medea in einer alten, dem Patriarchat vorgängigen Wissenstradition steht und wie sich dieses Wissen der Zauberin Medea mit der Liebe der Medea zu Jason verbindet.

Christine de Pizan deutet hier vorsichtig das andere Maß an, das für das Verständnis der weiblichen Tugend in der Erzählung über die wissende und liebende Medea angelegt werden muß. Die Lehre, die aus ihrer Erzählung von der liebenden Medea zu ziehen ist, überschreitet zwar „die bisher respektierten Orientierungsmarken [der Vernunft, Anm. A. K.] ein ganz klein wenig"; sie steht aber nicht in Widerspruch zur Vernunft und zur Tugend der Frau. Die zweite Erzählung über die liebende Medea baut auf der Erzählung der Frau Vernunft von dem „überwältigenden Wissen" der Medea auf, von Medea, der Zauberin, die allein durch ihr Wissen Jason rettete. Frau Rechtschaffenheit erinnert ihre Leserinnen an den Sachverhalt: „das Goldene Vlies könne weder durch menschliche Tapferkeit noch durch Waffengewalt errungen werden, denn es sei verzaubert. Schon viele Ritter, die sich darin versucht hätten, seien dabei zugrundegegangen, und er, Jason, wolle doch sicher nicht sein Leben aufs Spiel setzen und riskieren, es im Nu zu verlieren" (II, lvi, 220). Die liebende Medea setzte aber ihr Wissen erst nach langen Überlegungen und Gesprächen mit Jason ein. Das Maß für ihre Entscheidungen setzte sie selbst: Vernunft und Liebe zu Jason bestimmten ihre Handlung. Sie sah, „daß Jason sehr schön, von königlicher Abstammung und großem Ruhm war, und es schien ihr, er sei der geeignete Ehemann für sie und niemand auf der Welt ihrer Liebe würdiger als er. Aus diesem Grunde beschloß sie, sein Leben zu retten ..." (II, lvi, 221). Ihr geheimes Zauberwissen verlieh ihr auch die Macht , ein eigenes Maß für ihre Liebesentscheidung zu setzen.

Frau Rechtschaffenheit erzählt somit auf ihre Weise die vertraute Geschichte der Medea, die sich auf die Ehe mit Jason einließ, weil sie ihn liebte, verschweigt aber die Momente der patriarchalen Gesellschaft nicht, die dieses Bündnis von Anbeginn gefährdeten. Medea war ohne Mitgift und auf die Beständigkeit der ehelichen Beziehung angewiesen; Jason ließ sich zwar auf dieses Geschäft ein, weil ihm sein Leben wenig wert war („er habe sich nun einmal auf dieses Abenteuer [den Raub des Goldenen Vlieses, Anm. A. K.] eingelassen und wolle nicht mehr zurück, selbst wenn er dabei sein Leben verlöre" (II, lvi, 220f.); „zur Belohnung versprach Jason ihr, sie ohne eine andere Mitgift zur Frau zu nehmen und ihr für immer in unverbrüchlicher Liebe verbunden zu sein" (II, lvi, 221). Für ihn gelten die Maßstäbe einer patriarchalen Gesellschaft, die Maßstäbe des ungleichen Tausches. Daß er vertragsbrüchig wird, stößt in der patriarchalen Gesellschaft auf Verständnis. Frau Rechtschaffenheit entlarvt diesen doppelten Maßstab. Die Tatsache, daß der Ehevertrag in einer patriarchalen Gesellschaft, der auf ungleichen Tauschbedingungen beruht, von ihr nicht akzeptiert wird, kommt in den geringschätzigen Worten der Frau Rechtschaffenheit deutlich zum Ausdruck: „nachdem er bekommen hatte, was er begehrt, verließ er sie [Medea, Anm. A. K.] um einer anderen Frau willen. Sie aber, die sich eher hätte foltern lassen, als ihn auf diese Weise zu hintergehen, war darüber so verzweifelt, daß ihr Herz von dieser Stunde an weder Glück noch Freude kannte" (II, lvi, 221).

Christine de Pizan entlarvt den doppelten Maßstab der männlichen Liebesmoral als Kern des Übels. Medea teilt auf der einen Seite das Schicksal der zahllosen betrogenen Frauen in der patriarchalen Gesellschaft. Auf der anderen Seite führt Frau Rechtschaffenheit mit dieser Erzählung den Beweis, daß die Prämissen der Liebesmoral des Ovid falsch, daß die Behauptung der Männer, es gebe in Liebesdingen kaum treue Frauen, unzutreffend sei und daß kluge und liebende Frauen wie Medea alternative Handlungsweisen und größere Tugend aufwiesen.

Die Medea-Erzählung der Frau Rechtschaffenheit belegt noch einmal die Lehre der Christine de Pizan, daß es zwar für Frauen ein Unglück bedeute, betrogen zu werden, daß aber das Los des Betrügers weit schlimmer sei. Medea wird als ehrenhafte Bürgerin in die ewige ›Stadt der Frauen‹ aufgenommen, ganz im Gegensatz zu dem vertragsbrüchigen Jason, der diesem Maßstab nicht zu entsprechen vermag. „Aber die Menschen auf der Erde benutzen andere Maße, von denen sie zu Unrecht behaupten, diese hingen mit meinem zusammen und stammten von ihm ab" (Frau Gerechtigkeit, I, vi, 46).

„Mit meiner Stimme sprechen: das Äußerste.
Mehr, andres hab ich nicht gewollt."
Christa Wolf, *Kassandra*

Die beiden kurzen Erzählungen über Medea werfen noch viele Fragen auf. Stellt Christine de Pizan wirklich das patriarchale Liebeskonzept insgesamt in Frage? Gelingt es ihr, eine andere Traditionsgeschichte sichtbar zu machen, die Frauen befähigt, aus ihrer eigenen Geschichte zu lernen und in ihrer eigenen Sprache zu sprechen? Gelingt es ihr, einen weiblichen Gegendiskurs zu initiieren, der vernünftigere und humanere Lösungen für die zentralste aller sozialen Fragen, für die Gestaltung gerechter Liebesbeziehungen zwischen den Geschlechtern anspricht? Kann die Liebe zwischen Mann und Frau zum Fundament einer sozialen Gemeinschaft werden, die, wie die symbolische ›Stadt der Frauen‹, Glück, Frieden, Gerechtigkeit verspricht?

Auf dem Höhepunkt der Medea-Erzählung, als Medea dem passiven, von Gewissensfragen unberührten Jason ihre selbstverantwortete, gut überlegte Entscheidung, ihn zu retten, zu heiraten und zu lieben, mitteilt, heißt es: „Sie unterhielt sich lange und in aller Ruhe mit ihm" (II, lvi, 221). Dieser Satz ist von zentraler Bedeutung. Allein Medea führt den Diskurs; sie spricht mit ihrer eigenen Stimme; sie macht von der ihr verliehenen Gabe der klugen Rede Gebrauch. Während Jason als stumm, als sprachlos dargestellt wird, gibt Christine de Pizan ihren Leserinnen und Lesern zu verstehen: Frauen aller Zeiten üben Diskursmacht aus, „ob das nun den männlichen Schandmäulern passen mag oder nicht" (III, ii, 251).

Kann die Erzählung der Medea als Beispiel für einen gelungenen weiblichen Diskurs gedeutet werden? Zeugen nicht die beiden Erzählungen der Medea in einem weit höheren Maße von dem Scheitern des weiblichen Diskurses, von der Sprachlosigkeit der Frau und der Aussichtslosigkeit des weiblichen Sprechens in einer männlichen Gesellschaft? Was hat der „kluge Gebrauch der Sprache", das vernünftige, liebevolle Reden in diesen Erzählungen der Medea genutzt, die angesichts der Untreue des Jason „weder Glück noch Freude kannte"? Haben wir es nicht mit einer realitätsfernen Utopie zu tun? Oder hat etwa die Zauberin Medea mit ihrer eigensinnigen Sprache sich einer alten Frauensprache bedient und historische Spuren des klugen Gebrauchs der weiblichen Sprache aufgedeckt?

Ich möchte mit der These von dem realutopischen Gehalt des weiblichen Diskurses, der exemplarisch in der Medea-Erzählung zu entdecken ist, schließen. Die beiden kurzen Medea-Erzählungen bilden einen kostbaren, aber nur einen Stein in dem komplexen Gebäude einer ›Stadt‹, in der Frauen ihre eigene, vielstimmige Sprache sprechen. Das *Buch von der Stadt der Frauen* stellt auf symbolischer Ebene einen weiblichen Sprachkörper „von einzigartiger Schönheit und immerwährendem Bestand auf dieser Welt" (I, iv, 43) dar.

In einer zeitgenössischen Illustration[5] [Abbildung S. 102] zu einer der Medea-Erzählungen der Christine de Pizan sehen wir, wie der untreue Jason, modisch gekleidet, mit beschwingten Schritten, Medea verläßt. Medea wird als die unglückliche, betrogene Geliebte, starr und unbeweglich, sprachlos, dargestellt, „als Gefangene ihrer hochmodischen, überlangen Schleppe".[6]

Dieses Bild der Frau, die sich im patriarchalen Gewand verfängt, korrigiert Christine de Pizan. Sie will zwar die leichtgläubigen Frauen vor Männern wie Jason warnen: „Flieht, flieht, liebe Frauen, und meidet solche Annäherungsversuche [der Männer, Anm. A. K.], denn hinter ihrer lächelnden Fassade verbergen sich äußerst gefährliche, todbringende Gifte" (III, xix, 288 f.). Zugleich will Christine de Pizan den Frauen aber auch zu einer Stimme, einer eigenen Sprache ver-

5 Margarete Zimmermann, *Wege in die Stadt der Frauen.* Texte und Bilder der Christine de Pizan, Zürich 1996, S. 105

6 Ebenda, S. 104

helfen, damit sie sich vor Gericht, d.h. in der patriarchalen Rechtsordnung, verteidigen können.

In der patriarchalen Logik mußte Medea zum Symbol des Bösen werden. Mit ihrer Vorstellung von der Vereinbarkeit von Sexualität, Liebe, Ehe und Treue, Vernunft und Leidenschaft stellte Medea eine unzumutbare Anforderung an die Liebesfähigkeit, an die Moralität und an den Gerechtigkeitssinn der Männer dar. Sie gehörte nicht, wie Euripides erkannte, zu den duldenden Ehefrauen: „Zu den gewöhnlichen hilflosen Frauen / Gehör ich nicht, den stillen Dulderinnen".[7] Euripides gestand aber Jason das Recht zu, seinen Vertrag zu brechen, um seine ›Ehre‹ zu retten. In seiner patriarchalen Sichtweise verknüpft er die ›Unfähigkeit‹ der Medea, die alles erduldende Gattinnenrolle zu spielen, mit der Notwendigkeit der männlichen Ehrenrettung, die den Untergang der Medea legitimiert: „Dir war nicht beschieden, mir die Ehe zu brechen und im Glanz des Lebens meiner zu lachen".[8] Ein unverfälschter Ausdruck patriarchaler Logik.

Die „Zauberin Medea" verkörpert in den Erzählungen der Christine de Pizan eine eigene diskursive Logik, die sich nach dem Maß der Frau Gerechtigkeit richtet. Die Bezugsgröße für diesen Diskurs ist die Sprache der Frauen. Es ist die Sprache der als Hexen, als un-

7 Euripides, *Medea*, S. 83 in: *Tragödien*, übers. v. Ludwig Wolde, München 1959,

8 Ebenda

treue Ehefrauen, als Zauberinnen, als Huren und als Geliebte in der patriarchalen Rechtsordnung angeklagten Frauen. Es ist die Sprache der Frauen, die lernen müssen, sich vor patriarchalen Gerichten zu verteidigen.

In Christine de Pizans Utopie von der ›Stadt der Frauen‹ haben Frauen eine eigene Sprache gefunden, eine Sprache, mit der sie ihre gerechte Sache auch öffentlich vertreten können. Zu den Frauen mit einer eigenen Sprache, einer eigenen Stimme, gehört auch Medea.

Anke Brunn

„... daß die Menschen ohne Angst verschieden sein können!"

Gespräch mit Helga Kirchner und Lothar Vent über ihre Lektüre von Christa Wolfs *Medea. Stimmen*

„Auf dieser Scheibe, die wir Erde nennen, gibt es nichts anderes mehr, mein lieber Bruder, als Sieger und Opfer." Diesen Satz spricht Christa Wolfs Medea.
Erscheint Ihnen dieser Satz als ein Schwarz-Weiß-Gemälde, als Ausdruck tiefer Resignation der Autorin Christa Wolf nach der Epochenwende 1989, bei der ja scheinbar der Westen über den Osten gesiegt hat – oder lesen Sie diesen Satz als ein Fazit des Geschlechterkampfes?

Für mich drückt dieser Satz aus, daß Medea ein Opfer ist und ihr Bruder auch. Darin sehe ich nicht die einzige Aussage des Romans; aber einen Bezug zum Ost-West-Konflikt oder zur deutschen Vereinigung sehe ich an dieser Stelle eigentlich nicht. Ich sehe darin vielmehr den Versuch, mit diesem Roman einen Mythos umzukehren, den Mythos von der Frau als Kindesmörderin. Das ist für mich das eigentlich Interessante an dem Roman: aus der Mörderin wird die Heldin, wenn auch eine zwiespältige Heldin.

Das heißt, daß der antike Stoff in Christa Wolfs *Medea* Sie mehr interessiert hat als die von vielen LeserInnen in dem Roman gesehene Aktualisierung das antiken Stoffes. An welcher Stelle hat Christa Wolf denn Ihr Antikenbild am ehesten retouchiert?

Nicht retouchiert, sondern umgekehrt. Mich hat das Drama des Euripides von der Mörderin Medea schon als Kind fasziniert: diese eindeutig schrecklichen Figuren, diese Mordgeschichte, diese menschlichen Leidenschaften und Grausamkeiten – und das alles in eine klassische Form gebracht. Christa Wolf hat nun einen aufklärerischen Ansatz gesucht, gefunden: So war es ja gar nicht. In Wirklichkeit hat die Medea gar nicht ihre Kinder umgebracht, und in Wirklichkeit ist Jason gar nicht der strahlende Held. Sondern der Held ist ein schwacher, zwiespältiger Mensch, und Medea ist eigentlich das Opfer der Geschichte. Nicht Mord ist ihr Vergehen, sondern ihr Wissen, ihre Fähigkeit zu sehen. Man hat ihr die Kinder ermordet, weil sie zu viel wußte; und sie ist in den Tod gegangen, weil sie zu viel wußte.

Mich fasziniert diese schöne und interessante literarische Form der Kombination von Aufklärung mit dem Versuch, einen neuen, einen frauenfreundlicheren Mythos zu schaffen. Dabei wird ja nicht einmal gesagt, was die Wahrheit ist. Vielmehr entwickelt sich die

Anke Brunn ist Ministerin für Wissenschaft und Forschung in Nordrhein-Westfalen, ihre Gesprächspartner RedakteurInnen beim Westdeutschen Rundfunk, Köln

Wahrheit im Laufe der Geschichte durch die verschiedenen Sichtweisen. So weiß man zwar nach der Lektüre von Christa Wolfs Roman, daß Medea nicht die Mörderin und Jason nicht der Held ist und daß die Kinder und die Frau Opfer sind. Aber man versteht eben auch, daß es nicht nur Helden gibt, die stark sind, sondern daß auch eine Heldin wie Medea ihre Schwächen hat und sie ja auch erkennt. Und daß auch der frühere Held Jason, der nun eher als schwächlich dasteht, durchaus menschliche Züge hat und daß er seine Schwächen selbst erkennt.

> Aus Frauensicht, sagen Sie, dreht Christa Wolf den Mythos um. Medea ist nicht mehr das Horrorbild einer Frau, instinktgesteuert und ihren Intuitionen ausgeliefert, sondern eben eine Handelnde, eine Sehende, eine Aufklärende, eine Wissende. Nun sehen ja manche gerade in dieser Umkehrung ein zu plattes feministisches Erklärungsstück. Die guten Motive lägen doch immer bei den Frauen. Während die Männer als Frauen ausnutzende, machtgierige, sich bei den Frauen Entlastung suchende Figuren dargestellt würden. Was sagen Sie zu einer solchen Lesart?

Es ist doch schön, daß die Helden nicht so heldenhaft sind. Denn Helden sind, wenn man sie genauer betrachtet, doch meistens komische Figuren. Ich denke an den Satz: „Wohl dem Volk, das keine Helden braucht." Mir gefällt, wie Christa Wolf die Geschichte erzählt: Die Seherin ist eben eine Seherin, sie weiß, was sich entwickelt und spürt dabei zugleich auch ihre eigene Schwäche, da sie das Unheil, das sie kommen sieht, nicht abwenden kann. Oder nehmen wir die Stelle, wo es um den Tod ihres Bruders geht. Medea weiß, daß sie nicht seine Mörderin ist, sie weiß aber auch, daß sie eine Mitschuld trägt, da sie seinen Tod nicht abwenden konnte. Sie erkennt ihre Schwäche und bekennt sich zu diesem Zusammenhang von Erkenntnis und Schwäche. Wie Willy Brandt sagte: „Mitschuld durch Schwäche."

> Sehen Sie in diesem antiken Stoff, wie er jetzt von einer modernen Romanschriftstellerin neu erzählt wird, Analogien zu modernen Verhältnissen? Erzählt Christa Wolf uns die Geschichte neu, um damit auch Angebote zu machen für die Betrachtung heutiger Situationen?

Ich glaube, daß Christa Wolf uns auch Angebote für die Auseinandersetzung mit unserer heutigen Welt macht. Die Konstruktion eines Urmythos aus der Welt der Mütter ist durchaus eine Sichtweise, die modernen Überlegungen von Frauen zur Frauenemanzipation entgegenkommt. ... Aber das allein ist es nicht. Es ist ja auch ein wenig die Ost-West-Geschichte darin, ebenso wie die Geschichte des Fremden in der Stadt, die Geschichte von Stadt und Land, von Natur und

Kultur. Deshalb kann man durchaus verschiedene Sichtweisen in dieser Medea-Geschichte finden. Und deshalb ist der Medea-Roman eben Literatur und nicht Kolportage.

> Betrachten wir einmal den Ost-West-Gegensatz, der Ihnen ja auch aus dieser Bearbeitung des Mythos entgegenschlägt. Steht Korinth für die westliche und Kolchis für die östliche, die DDR-Gesellschaft?

Richtig ist, daß Kolchis ja offensichtlich im Osten von Korinth liegt. Aber das ist meiner Meinung nach auch schon alles. Dieses Kolchis ist Medeas Geburtsland, ihr Heimatland, der Ort ihrer Kindheit – aber es ist nicht so morsch wie die DDR. Und deshalb erkenne ich nur wenige Züge der DDR in Kolchis. Ich erkenne wohl eine Kritik des Westens in der Darstellung Korinths, zum Beispiel in bezug auf die Anmaßungen, mit denen Wessis oft Ossis begegnen oder überhaupt in bezug auf den Umgang mit den Fremden im Land, mit all denen, die dazugekommen sind. In dem Zusammenhang sehe ich da schon anwendbare Argumente oder Muster für die Debatte. Doch der Roman selbst gibt solches nicht einfach her – sonst wäre er wohl auch nicht so interessant, und ich hätte wahrscheinlich nach der zehnten Seite aufgehört zu lesen.

> Versucht Christa Wolf denn nicht doch zu platt, ihre ideologische Kritik an bestimmten Errungenschaften des Westens oder an bestimmten ideologischen Schwächen des Westens zu äußern? Sie stellt Korinth dar als eine Zivilisation, als einen Staat, dessen Menschen sich den ›Barbaren‹ überlegen fühlen, einen Staat, der aber gleichzeitig auch auf einem doppelten Frevel begründet ist: Auf dem Mord eines Mädchens und der Unterdrückung der dort ursprünglich ansässigen Bevölkerung. Äußert sie darin nicht sogar auch Kritik am westlichen Amerika, das die indianische Urbevölkerung ausgerottet hat, um die eigene Kultur dort zu errichten?

Bei Christa Wolf sind letztlich beide Staaten, der Geburtsstaat der Medea und der Staat, in dem sie als Fremde lebt, auf Frevel gegründet. In beiden Staaten ist ein unschuldiges Kind ermordet worden, um die ›männliche‹ Herrschaft aufrechtzuerhalten. Medea rebelliert gegen beides, muß aber erkennen, daß ihre Rebellion beide Male vergeblich ist und daß sie selbst am Ende Opfer wird – sie, die man ursprünglich als Täterin hatte kennzeichnen wollen. Am Ende erlebt Medea sogar noch, daß der Mythos von ihr als der Kindsmörderin durch ein Ritual für alle Zeiten festgeschrieben werden soll. Ich denke, daß die von manchen angesprochene Plattheit nicht im Roman liegt, sondern daß es sich um eine platte Deutung handelt, hier einen modernen Ost-West-Gegensatz hineinzukonstruieren.

Jason und Medea, die beiden Hauptakteure, die miteinander in liebender und ehelicher Verbindung gestanden haben, könnte man in diesem Buch ja auch als Verkörperung zweier politischer Haltungen lesen: Die Haltung eines Mannes zur Politik und zur Herrschaft und die einer Frau. Wenn man die beiden gegenüberstellt, könnte man es vielleicht so fassen, daß Jason für die Anpassung an Machtmechanismen steht und Medea diejenige ist, die sich nicht einläßt, die auf ihrem aufklärerischen Anspruch beharrt und sich in distanzierender, beobachtender Position sieht. Lesen Sie Medea auch mit dieser politischen Brille?

Ja, ein bißchen schon. Aber eben nicht nur. Deshalb ist Literatur ja Literatur! Man kann sie so und auch anders lesen.

Hat Christa Wolf mit der Medea nicht zu sehr personalisiert, indem sie ihre Sündenbocktheorie mit antiken Kostümen versieht? Hat sie nicht zu wenig die gesellschaftlichen Verhältnisse berücksichtigt und sich zu sehr auf Personen konzentriert – vielleicht auf die Mann-Frau-Charakteristika?

Ich sehe in dieser literarischen Form eher ein Spiel, in dem mit bestimmten Bildern und Facetten ein neues Gebäude – vielleicht ein Kartenhaus – gebaut wird. Wenn man etwas kritisieren könnte an dieser Medea-Geschichte, dann vielleicht das Schematische, das aber ja andererseits auch das Konstruierte der Geschichte erkennbar bleiben läßt. An keiner Stelle der Medea-Geschichte verliert man den Eindruck, daß sie ein literarisches Konstrukt ist, ein böses Spiel.

Erfährt man nicht bei Christa Wolf auf sehr eingängige Weise, wie geschlechts-psychologisch geprägt sich politische Haltungen entwickeln und wie sie gelebt werden? Die beiden Verkörperungen Medea und Jason scheinen dafür doch gute Beispiele zu sein. Jason, der z.B. an einer Stelle sagt: „Mein Nachruhm war sicher, als ich als Erster den Fuß auf die Küste Kolchis setzte." An den Nachruhm zu denken, wenn man politisch handelt, erscheint als sehr männlicher Zug; während Medea dafür plädiert, daß die Leute sich der Wahrheit ihrer Gesellschaft oder ihres Staates stellen, also zum Beispiel den Gründungsfrevel anerkennen und sich der Erinnerung stellen.

Wenn man sich die Personen genauer anschaut, dann haben sie beide Aspekte in sich. Jason kommt insgesamt nicht so gut weg; ist eine Hilfsfigur, wie in dem antiken Mythos Medea eine Hilfsfigur ist. So ist die eigentlich interessante Figur die Medea. Sie kommt bei näherem Hinsehen aber auch nicht so gut weg. Als Seherin und Heilerin müßte sie ja eigentlich zur Besserung beitragen. Stattdessen aber erkennt sie die Vergeblichkeit ihres Tuns. Indem sie den Dingen auf den Grund geht, deckt sie den Frevel auf, wird dabei aber auch selbst zu einem Bestandteil dieses Frevels. Das sagt sie an den verschiedenen Stellen sogar selbst. Auch der Fluch, den sie am Ende der Geschichte ausstößt, macht sie selbst zum Bestandteil dieser Geschichte und des Frevels, aus dem sie sich nicht befreien konnte.

Sie betonen immer die Rolle der Seherin. Ist Medea aber nicht vor allem eine Frau, die ganz große praktische Kenntnisse hat, und ist sie nicht vor allem ein Mensch? Sie hat diese praktischen Kenntnisse umgesetzt während der Hungersnot nach einer zweijährigen Dürre, als sie den Menschen von Korinth zeigte, wie diese sich ernähren könnten, in dem sie sie auf die Wildpflanzen hinwies oder ihnen nahelegte, das Pferdefleisch zu essen, das den Korinthern offensichtlich heilig war. Da ist sie doch sehr praktisch und wirksam geworden!

Medea hat die praktische Vernunft gegen Macht und Mythos und Vorurteil gesetzt. Das wird sehr schön beschrieben bei der Hungersnot, aber auch an den Stellen, wo es um die Heilung oder Besserung der Glauke geht. Leider sieht man immer auch die Vergeblichkeit ihrer Erkenntnis – aber gerade das macht die antike Seherin aus.

Bei dem Heilungsprozeß der Glauke ging es ja nicht nur um einen körperlichen, sondern auch um einen Erinnerungsprozeß.

Medea hat mit dem körperlichen Heilungsprozeß bei Glauke auch deren geistigen Gesundungsprozeß gefördert. Sie hat Glauke zur Erinnerung verholfen und zu einem Bewußtsein von den verdrängten Dingen. Danach ging es Glauke besser. Um so tragischer ist es, daß Glauke sich doch wieder innerlich von sich selbst entfernen muß, so daß sie wieder krank wird. Sie kann die gewonnene Erkenntnis nicht wahrhaben – und so nimmt sie sich am Ende das Leben. Sie kann den Widerspruch in sich nicht überbrücken. Sie schlüpft in das Kleid, das Medea ihr gegeben hat. Das heißt, eigentlich möchte sie Medea sein. Sie findet keinen Ausweg in ihrer Not und springt in den Brunnen. Die Frage ist: Hat Medea sie nicht doch in den Tod getrieben?

War die Wahrheit, die Medea der Glauke (wieder-)gegeben hat, zu groß?

Es fragt sich natürlich, ob Medea gut beraten war, Glauke so weit aufzuklären. Die andere Frage ist, ob Medea selbst stark genug war für die Wahrheit: Hätte sie den Tod des Bruders nicht verhindern können, wenn sie selbst nicht zu schwach gewesen wäre für die Wahrheit, die sie erkannt hatte? Hat Medea vielleicht auch sich selbst überschätzt, indem sie den Menschen so viel Wahrheit zugemutet hat? Und hat Medea ihre Kinder nicht doch geopfert, indem sie sie verlassen hat? War sie, so gesehen, nicht doch die Kindsmörderin? Hier steht Mythos gegen Aufklärung – und merkwürdigerweise steht Medea für beides.

Aber: Was ist Wahrheit? Ein uraltes literarisches Thema! Wir haben es ja ständig mit Wahrheit und Mythen zu tun und mit der Entwicklung von Mythen, die sich an die Stelle von Wahrheiten setzen. Ich denke, daß gerade die Politik der Wahrheit so weit wie möglich verpflichtet sein muß.

> Da gibt es aber nicht nur den Umgang mit der aktuellen Wahrheit, sondern auch den Umgang mit der Erinnerung an die Geschichte. Und da gibt der Medea-Roman auch ein Beispiel dafür, wie man in Korinth versucht, Erinnerungspolitik zu machen, indem man dieses alle sieben Jahre stattfindende Ritual statuiert, das die Erinnerung an Medea, die Kindsmörderin, erhalten soll. Diese Art der Erinnerungspolitik steht im krassen Gegensatz zu einer ehrlichen Konfrontation mit der Wahrheit. Christa Wolf kritisiert diese Art von Erinnerungspolitik. Es bleibt aber die Problematik offen, wieviel Wahrheit – auch durch Erinnerung – den Menschen zuzumuten ist.

Die Medea-Geschichte beinhaltet die Auseinandersetzung damit, wie die Menschen Wahrheit aufnehmen und wie sie damit umgehen; wie sie sie ertragen können und wie man dennoch möglicherweise einen Ausweg findet. Aber sie endet damit, daß die Macht und die Mehrheitsgesellschaft die Wahrheit, die sie nicht ertragen kann, unterdrückt und durch ein neues Ritual dauerhaft verfälscht, einen falschen Mythos schafft, der mit Sicherheit Unglück stiften muß. Es ist eine begründete Erwartung an die Politik, daß sie dazu beiträgt, solche falschen Mythen durch Aufklärung zu beseitigen. Das ist eine Aufforderung an die Politik, die, so denke ich, die Maxime unseres Handelns sein muß – natürlich auch meines Handelns.

> Wenn man Medea auch als eine Geschichte der Emigration liest, als eine Geschichte über den Umgang mit Emigranten, über das Verhalten einer angestammten, ansässigen Bevölkerung gegenüber Fremden, über Mechanismen von Ausgrenzung und Selbstskeptualisierung – was sagt dann Christa Wolfs Medea für Anke Brunn? Was sagt Medea der Ministerin, die in einer deutschen Gesellschaft lebt, einer Gesellschaft, die ein Einwanderungsland bewohnt, dies aber eigentlich nicht zur Kenntnis nimmt?

Da ist natürlich die Mahnung, in unserer Mehrheitsgesellschaft darauf zu achten, daß die Menschen ohne Angst verschieden sein können, frei nach Adorno. Das wird als Mahnung aus dem Roman heraus deutlich.

Eine letzte Frage: Hat sich Christa Wolf selbst als Medea dargestellt?

Vielleicht ja: vielleicht, um sich selbst in dieser Figur zu stärken, vielleicht auch, um durch diese Figur auszudrücken, daß sie selbst schlecht behandelt wurde von der West-Gesellschaft nach 1989. Und ich glaube, sie hat dazu auch gute Gründe. Ich glaube, daß man mit Christa Wolf doch sehr selbstgerecht umgegangen ist. Und deshalb freut es mich ganz besonders, daß sie mit diesem schönen Roman so großen Erfolg hat.

Anna Chiarloni

Medea und ihre Interpreten

Zum letzten Roman von Christa Wolf

I.

Medea ist keine Hexenmeisterin. Und weniger noch eine Kindsmörderin. Synthetisch gesagt, ist das die Struktur von Christa Wolfs letztem Roman. Diese Interpretation steht im Gegensatz zur gesamten literarischen Tradition, denn der Medea-Mythos wird von Euripides bis zu Heiner Müller als der tragische Ausgang einer Konfrontation zwischen der archaischen, dem Instinktiven verhafteten Welt der Kolchis und der zivilisierten, vernunftgeleiteten Gesellschaft der Griechen dargestellt. Die Geschichte der Medea ist uns aus der Überlieferung des Athener Dramatikers als eine Verflechtung aus Liebe, Eifersucht und Verrat bekannt: durch einen Betrug an Vater und Brüder verhilft Medea Jason und den Argonauten zum Besitz des Goldenen Vlieses und flieht dann mit ihm nach Korinth, wo sie von Jason, der über eine Hochzeit mit Glauke Kreons Thron zu gewinnen sucht, verlassen wird. Medea steckt die Stadt in Brand, verursacht den Tod ihrer Rivalin und bringt am Ende Jasons und ihre Kinder um.

Es hat jedoch auch andere Interpretationen gegeben. Seit Beginn der Romantik, vor allem, erfährt der Mythos im Verhältnis zu Euripides' Text, der die Überlegenheit der griechischen Ratio über die finstere Welt der Barbaren hervorhebt, eine neue Lesart im Sinn eines wachsenden Interesses für den Bereich der Gefühle und einer gewissen Skepsis gegenüber der hellenischen ›techne‹, die als Ausdruck eines zynischen Herrschaftswillens empfunden wird – das gilt z.B. für Grillparzer (1821). Auch in Pasolinis Film *Medea* (1969) wird der Raub des Goldenen Vlieses zum Symbol der modernen Raubzüge in eine ursprüngliche, wehrlose Welt: Jason ist die ›mens momentanea‹, der in den Grenzen der zweckrationalen Praxis handelnde Techniker von heute, während Medea den aus einer unversehrten, dem Metaphysischen noch verbundenen Welt stammenden Aufruhr des Herzens verkörpert.

Doch der Mythos bewegte sich bis heute in der von Euripides gewählten Bahn, die im Kindesmord endet, auch wenn die verschiedenen Ansätze Unterschiede aufweisen. Neben dem doppelten Verrat von Medea an ihren Leuten und von Jason an seiner Frau, die ihm die Karriere verstellt, bleibt die fürchterliche Gewalttat an den eigenen Kindern der erschütterndste Akt der Barbarin aus der Kolchis. Gerade dieses Element jedoch stellt Christa Wolf in ihrem Roman in Frage.

Da sie die vielgestaltigen Überlieferungen des Mythos bis zu den Quellen, die älter sind als die Version von Euripides, zurückverfolgt, entdeckt die deutsche Schriftstellerin eine andere Gestalt: Sie findet eine Frau, die zwar von der Liebe gezeichnet ist, die jedoch weit mehr unter der Unfähigkeit der Einwohner von Korinth leidet, eine Kultur wie die der Kolchis, die ihrer Natur nach nicht zur Gewalt neigt, zu integrieren. Keine Kindsmörderin also, sondern eine starke und großmütige Frau, Erbin lang tradierten Wissens von Körper und Erde, die von einer intoleranten Gesellschaft verstoßen, in ihren Gefühlen verletzt, bis zur Steinigung ihrer Kinder verwundet, schließlich vernichtet wird.

Christa Wolf bearbeitet mythologische Fragmente aus verschiedenen Quellen, doch vor allem Zeugnisse von Apollonio Rhodio aus dem dritten vorchristlichen Jahrhundert. Daß Euripides die Ereignisse manipuliert hat, um die Einwohner von Korinth von der Schuld am Massaker von Medeas Kindern freizusprechen, geht auch aus der antiken Geschichtsschreibung hervor, die sogar das Honorar angibt: fünfzehn Silbergeldstücke (tàlanton), so erinnert Robert Graves, habe der Dramatiker für diese ungenierte Staatskosmetik erhalten, die dem Zweck diente, Korinth während der Dyonysien auf der Bühne des griechischen Theaters im besten Licht erscheinen zu lassen.[1]

Die Zusammenhänge dieser Mythenumdeutung zu Medeas Schaden waren den Sachkennern also bekannt. Verdienst von Christa Wolf ist es, daß sie wieder ans Tageslicht gekommen sind. In einem jüngst erschienenen Interview verweist sie auf eine die menschliche Geschichte kennzeichnende Tendenz, vor allem in Krisenzeiten Sündenböcke zu suchen, eine oft weibliche, auffallende Person – sei es Kassandra oder eine zum Ende auf dem Scheiterhaufen verurteilte Hexe – so mit negativen Eigenschaften zu belasten, daß sie ihres Ansehens gänzlich beraubt wird. Die Parallele zu der 1990 von der westdeutschen Presse gegen die Intellektuellen der DDR geführte Verleumdungskampagne, vor allem gegen Christa Wolf, die des Konsenses mit dem Honecker-Regime angeklagt wurde, ist eindeutig. Ebenso deutlich sind die Anspielungen im Text auf jenen Teil von Deutschland, der unter dem Druck der Sucht nach immer größerem Wohlstand in der Anhäufung von Vermögen das allein geltende Maß menschlicher Würde versteht. Doch das sind kritische Anmerkungen am Rande. Das zentrale Thema des Romans konzentriert sich auf die Frage nach den Ursprüngen der Gewalt, wie sie sich auf Medeas Weg aus einer einfachen Welt in eine weiter entwickelte Gesellschaft manifestiert.

Gewohnt, das Publikum in ihre literarische Werkstatt schauen zu lassen, man denke an *Voraussetzungen einer Erzählung: Kassandra* (1983), hat die Autorin in einem Interview den Verlauf ihrer Nachforschungen während eines Aufenthalts in den USA dargelegt.[2] Von der positiven Bedeutung des Namens Medea »die guten Rat Wissende« ausgehend,[3] die den ältesten Vorstellungen der Kolchis von der Frau als Göttin und Heilerin entspricht, hat Christa Wolf nach den Motiven gefragt, die diese Gestalt zum Emblem einer wilden und

1 Robert von Ranke-Graves, *The Greek Myths*. New York, Penguin Books, 1955, Band 2, S. 241; deutsch: *Griechische Mythologie*, Quellen und Deutung. Reinbek, Rowohlt 1960f

2 Interview Christa Wolf mit Petra Kammann, S. 45ff

3 Die Etymologie ist besonders interessant: die Wurzel med (vergl. lat. medicus: Arzt) kommt im ganzen indoeuropäischen Bereich vor. Sprachlich rückt Medea in die Nähe einer Gruppe von Heroinen wie Agamede, Idya, Polymede, Perimede u.a. Unverkennbar liegt in allen diesen Namen die Idee des Heilens, verbunden mit der Verwirklichung des Gedankens: es sind Frauen, die sich und anderen zu helfen wissen. Kein Zufall, daß auch Agameda, obwohl sie im Roman eine negative Rolle spielt, eine Heilerin ist.

unmenschlichen Leidenschaft gemacht haben. Dem Leser, mehr noch der Leserin wird es nicht schwerfallen, in der einleitenden These eine thematische Verwandtschaft zum theoretischen Feminismus zu erkennen. In der Tat geht die Schriftstellerin von der Annahme aus, daß sich aus dem Matriarchat keine destruktiven Triebe wie die des Kindesmordes durch ihre Mütter herleiten können: „Medea gehört zu jenen Gestalten, an denen die Überlieferung je nach Bedarf viel gearbeitet, viel verändert und umgedeutet hat. Das Bedürfnis des Patriarchats nach Abwertung weiblicher Eigenschaften, dessen Wurzel die Angst ist, hat im Verlauf von Jahrtausenden gerade diese Figur in ihr Gegenteil verkehrt – nie hätte eine noch von matriarchalen Werten beeinflußte Frau ihre Kinder umgebracht. Dann fand ich – unterstützt durch Wissenschaftlerinnen – den Zugang zu den frühen Quellen, die meine Ahnung bestätigten."

Um ihre Medea zu verdichten, benutzt Christa Wolf eine Struktur aus sich überkreuzenden Blickrichtungen: »Stimmen« lautet der Untertitel dieses Romans, in dem sich über 11 Kapitel die Sichtweise von sechs Personen in einer Folge von Monologen abwechselt, in denen sich die höchst aktuelle Schwierigkeit bestätigt, zwischen unterschiedlichen Anschauungen der Welt eine Vermittlung zu schaffen.

Kühn und leidenschaftlich, verführerisch in ihrem Lachen und mit ihrer wehenden dunkelbraunen Mähne bewahrt die Barbarin aus der Kolchis, ihrer Verbannung aus dem Korinther Königspalast zum Trotz, eine stolze, ungebrochene Vitalität, die einem instinktiven, der mütterlichen Ordnung entstammenden Wissen entspringt. Von den ersten Seiten an berührt die Beachtung, die die Autorin zusammen mit der Erinnerung an die Mutter Medeas einem kreatürlichen Gedächtnis widmet, das die Kraft in sich trägt, das Bewußtsein von sich und der Welt zu entwickeln: So skandieren die Gesten der weiblichen Hand, die Wunden lindert, in den Haarschopf der Kinder versinkt oder erinnernd Jasons Körper berührt, im ganzen Text die vertraute Sprache der Sinne.

Dennoch verkörpert Medea nicht eine unklare Versenkung ins Irrationale, sie verteidigt im Gegenteil den Archetyp der Klarheit, den Skandalon weiblicher Klugheit. Geboren in einem wachen und widerstandsfähigen Geschlecht, läßt sie sich von den Regeln des Hofastronomen Akamas nicht umgarnen, der sie einer Liturgie der Macht zu unterwerfen sucht, um die Verbrechen des Palastes geheim zu halten. Medea verneint die Trennung von Amt und Person, weil sie keine andere Autorität neben ihrer eigenen Intuition anerkennt. Dieser sie auszeichnende ›zweite Blick‹ motiviert sie dazu, Merope, der stummen, totenähnlichen Königin, in die Tiefen des Königshauses zu folgen, wo sie das im Untergrund vermauerte Geheimnis entdeckt: Aus Furcht vor dem Verlust seines Thrones hat Kreon seine erstgeborene Tochter Iphinoe umgebracht. Dieses Königreich, welches das Banner ruhmreicher Heldentaten beansprucht, gründet also auf einem Verbrechen. Es ist diese Erkenntis, von der Medea überwältigt wird. Zunächst reagiert Korinth mit Diffamierung, doch nach der Verwüstung der Stadt durch die Pest wird Medea, die dem Gesetz der Macht nicht gefügige, andersgeartete Frau, zum Sündenbock erklärt. Vom Hof aufgehetzt, steinigt die Menge ihre Kinder. Und Korinth – oder besser die Staatsraison – überliefert der Nachwelt mithilfe von Euripides das von der Schuld am Kindesmord verunstaltete Bild der Medea und veranlaßt aus scheinbarer Sorge ein Ritual der Wiedergutmachung jenes Deliktes, das Medea niemals begangen hat.

In den spiegelartigen Reflexen der anderen Stimmen erscheinen die weiteren thematischen Knotenpunkte: so der Mord an Medeas Bruder Apsyrtos durch die Hand des Vaters Aietes, König der Kolchis. Diese Schandtat stellt in der politischen Ökonomie des Romans ein Gleichgewicht patriarchaler Gewalt zwischen der Kolchis und Korinth her. Wie Merope muß auch Idya, Medeas Mutter, die königliche Gewalttat an den eigenen Nachkommen erleiden. Eben diese männliche Grausamkeit hatte Medea zur Flucht gezwungen. Da liegt ein wichtiges Element, das manche Kritiker zu übersehen tendieren, wie wir noch sehen werden.

Andere Aspekte sind die stürmische Liebe zu Jason, der Verrat an der Bindung zum Vater und der Raub des Goldenen Vlieses. Diese Episoden umreißt Christa Wolf mit schneller Feder ohne übertriebene ideologische Gewichtung. Die Argonauten bewahren eine gewisse verspielte Unschuld, es sind weit mehr naive Besessene als zynische Geschäftemacher. Jason verkörpert eher den zum Repertoire antiker Opferkulte gehörenden tiefen, verzehrenden Eros, als daß er Leserinnen und Leser zur Kritik an der Profanation einer jungfräulichen Kultur motiviert. Medea wird so zu einer Gestalt überschwenglicher Leidenschaft, zur Verzauberin von Männern und Schlangen, verlebendigte Erinnerung an eine leuchtende Zeit der Liebe. Wenig Bedeutung hingegen wird der ehelichen Eifersucht und der Einsamkeit der Barbarin aus der Kolchis beigemessen. Zu Beginn des dritten Jahrtausends umgeht Christa Wolf das im Mythos durch Jasons Verrat vorgesehene Bedauern der verlassenen Frau, indem sie Medea mit einem zweiten, sie neu belebenden Liebhaber vereint, dem von der Autorin erfundenen, aus Kreta stammenden Bildhauer Oistros, aus einem Ort also, unterstreicht sie im zitierten Interview, „wo die minoische Kunst bewegende Zeugnisse der frühen matriarchalen Kultur bewahrt hat".

Auch Glauke, Kreons von Jason umworbene Tochter, erhält eine neue Valenz: als junges Mädchen hat sie zwischen Unschuld und Verlangen das Verschwinden ihrer älteren Schwester durch einen psychologischen Mechanismus der Selbstbestrafung verdrängt. Mit einer an Ingeborg Bachmann erinnernden psychoanalytischen Verfahrensweise erforscht Christa Wolf an dieser Figur den komplexen

Mechanismus der Teilhabe von Frauen an der Maschinerie männlicher Gewalttaten. Von Medea dazu gedrängt, das Seil der Erinnerung zu ergreifen, findet Glauke die Kindheitserinnerung an die brutale Gefangennahme ihrer Schwester durch bewaffnete Soldaten wieder. Das sind eindringliche, zwischen Liebe und Haß, Angst und Sehnsucht nach der verlorenen Kindheit schwankende Seiten, auf denen in einem keuchend gesprochenen Monolog die Qual der Frauen angesichts der Gewalt der patriarchalen Gesellschaft, aber auch ihre Schweigepflicht bis hin zum Selbstmord ins Gedächtnis zurückgerufen werden.

Mit diesem Roman stellt sich Christa Wolf als ›starke‹ Intellektuelle unter Beweis, dazu fähig, auf der Suche nach einer existentiell berührenden und das Bewußtsein formenden Wahrheit die Geschichte neu zu schreiben. Auf die Transparenz ihres Namens zurückgeführt, bringt diese Medea guten Rat, indem sie die archetypischen Prinzipien einer moralischen Klarheit wiederentdeckt, die sich – in Anlehnung an Rousseau – mit einer Rückkehr zum Natürlichen verbindet. Wie in *Kassandra* liegt der Akzent nicht auf der Praxis der Differenz, sondern auf der Humanisierung der menschlichen Beziehungen. Daraus entsteht eine dem theoretischen Feminismus gut bekannte Poetik binokularer Optik. Auf die Frage, ob sie eine Rückkehr ins Matriarchat befürwortet, hat Christa Wolf geantwortet: „Um Gottes willen – nein. Wahrscheinlich hat es ein vollkommen ausgebildetes Matriarchat als ›Frauenherrschaft‹ nie gegeben, und ein Zurück in so frühe undifferenzierte Verhältnisse gibt es sowieso nicht. Wir können nur versuchen, die Erfahrung der Jahrtausende beachtend, weiterzugehen. Es muß also immer selbstverständlicher werden, daß der männliche und der weibliche Blick gemeinsam erst ein vollständiges Bild von der Welt vermitteln, und daß Männer und Frauen sie auf ihre je eigene Weise gleichgestellt gestalten. Das würde zu ganz anderen Prioritäten führen als zu denen, die uns jetzt regieren. Zu anderen Wertehierarchien. Aber darüber will ich jetzt nicht spekulieren. Wir sind himmelweit davon entfernt."

II.

Der Roman ist nach einem längerem Schweigen der Autorin als Erzählerin erschienen. Der Grund ist bekannt: vor der Wende hat man Christa Wolf als Nobelpreiskandidatin gepriesen, dann – als die DDR als ein Irrtum der Geschichte bezeichnet wurde – hat man sie im Westen als Staatsdichterin verhöhnt. Daß die Schriftstellerin in ihren jungen Jahren auch eine Kulturfunktionärin gewesen war, wollte jetzt niemand wahrnehmen. Wir Italiener, die in einem Land aufgewachsen sind, wo die kultur-politische Arbeit der Linken lange Tradition hat, waren nicht besonders erstaunt. Eigentlich braucht man sich nur die Zeit des kalten Krieges zu vergegenwärtigen, um die damalige politische Haltung von Christa Wolf richtig einzuordnen. Hingegen wird der historische Kontext oft und gern vergessen. Gleichzeitig hat sich besonders in den letzten Jahren eine neue Geschichtsdeutung verbreitet, die mit einer ahistorischen Diktatur-Typologie arbeitet. Das hat eine gewisse Relevanz im kulturellen deutschen Diskurs und soll näher beobachtet werden, bevor wir auf Christa Wolf zurückkommen.

Nach der Wende, in der Stunde der politischen Abrechnung, verwendet man zu oft[4] – um die DDR-Geschichte zu bezeichnen – die von Nolte eingeführte Überlagerung von Nationalsozialismus und Stalinismus. Es ist ein Verfahren, das, manchmal unbewußt, auf der Sprachebene operiert und den Begriff ›Vergangenheit‹ betrifft. Das hat sicher mit der deutschen Sprache zu tun, die anders markiert ist. Hier gibt es Worte, die einen eindeutigen düsteren Grund haben.

Wenn ich ›past‹, ›passato‹, ›passé‹ sage, öffnet sich mir ein weiter, jedoch neutraler, verschwommener Horizont, der vielleicht einen Hauch von vertrauter Schul- und Familiengeschichte mit sich bringt. Anders verhält es sich mit dem deutschen Wort ›Vergangenheit‹. Die Assoziation ist gleich da: es ist eo ipso die Nazi-Vergangenheit mit allem ihrem Grauen, die mir entgegenschlägt; sie wird von einer kodifizierten, ›erzählenden‹ Lexik begleitet: ›Opfer, ›Häftling, ›Täter, ›Mitläufer, ›Kollektivschuld, ›schweigen, ›verdrängen ... Es sind eben die Wortfelder, die nach 1989 gerne verwendet werden, um einen anderen Kontext zu bezeichnen, d.h. die 40 Jahre DDR.

1989 hat tatsächlich eine Wende in Deutschland stattgefunden, sie bildet eine neue geschichtliche Zäsur; zwischen uns und dem Nationalsozialismus ist tatsächlich eine andere Vergangenheit da, es sind die vierzig Jahre eines geteilten Landes, das ich heute gerne als wiedervereinigt begrüße. Aber mit der Sprache sollte man vorsichtiger sein. Sie ist vorprogrammiert, sie ist ein Speicher, der eine bestimmende Fähigkeit hat: damit kann man frühere Erlebnisse, Eindrücke, Gefühle evozieren. Wenn man sie mißbraucht, entsteht die Gefahr einer Verfälschung. Wenn z.B. Marcel Reich-Ranicki die Millionen DDR-Bürger als ›Häftlinge‹ bezeichnet,[5] wird meines Erachtens durch die Sprache die Geschichte manipuliert.

Dieses Manipulationspotential richtet sich nicht nur gegen Christa Wolf. Eine heftige, oft ungerechte Kritik traf alle Intellektuellen, die bis zum Ende in der DDR geblieben waren. Sie wurden in ihrem Selbstverständnis irreversibel verletzt. Jahrelang waren sie fast die einzigen, die in einem unfreien Land die Stimme erhoben. Nun hat sich das Land befreit, und ihnen wird vorgeworfen, daß sie zu wenig freiheitlich waren. Man verlangt von ihnen, daß sie eine tabula rasa akzeptieren, auf der nichts übrig bleibt von dem, was ihnen teuer war.

Von außen gesehen wirkt diese plötzliche deutsch-deutsche Querele peinlich. Immer wieder hat man das Gefühl, daß die Westdeutschen die DDR fast nicht kannten. Es ist daher kein Zufall, daß in-

4 Neben den vielen Beiträgen, die in *Studies in GDR Culture and Society*, *GDR Bulletin* und *German Monitor* erschienen sind, möchte ich hier den Aufsatz von Daglind Sonolet erwähnen, *Quelle culture pour l'Allemagne unifiée? Les intellectuels allemands face à la culture de la RDA*, in *L'homme et la société*, 2 No. 116 (1995), S. 91-106.

5 Marcel Reich-Ranicki, *Tante Christa, Mutter Wolfen*, »Der Spiegel«, Nr. 14 (4.4.1994) S. 194ff

zwischen die gründlichsten Beiträge über die literarische Situation nach der Wende von der Auslandsgermanistik geleistet wurden.

Beobachten wir die deutsche Presse, dann wissen wir schon vorher, was man findet. Der Riß verläuft eigentlich nicht zwischen Westen und Osten, viel mehr zwischen bestimmten Konstellationen: Einerseits »Spiegel« und »FAZ«, andererseits »Frankfurter Rundschau« und »Süddeutsche Zeitung«.

Auffallend ist auch der rechthaberische Unterton der Rezensenten, ihre Neigung zur moralischen Verurteilung.

Es spricht für sich, daß in vielen Rezensionen der Hinweis auf eine Schuld vorkommt. ›Schuldgefühl‹, ›Rechtfertigung‹, ›Selbstverteidigung‹: Es sind Vokabeln, die den Leser sogleich negativ orientieren. Wenn im zitierten Artikel von Marcel Reich-Ranicki Christa Wolf als „Staatsdienerin" bezeichnet wird, verschlägt mir das den Atem: Er hat keine Hemmungen, diese Wörterkette ›Häftlinge‹ – ›Schuld‹ – ›Staatsdienerin‹ zu verwenden. Hier ist eine gezielte Lexik am Werk, die den Leser überzeugen will, die DDR sei „das Reich des Bösen" gewesen. Und allmählich rückt das Wort ›Vergangenheit‹ in eine neue Position, in die potentielle Position einer negativen Begriffsfigur, die die DDR betrifft. In die Leere der westlichen DDR-Vorstellungswelt schießen zunehmend sprachliche Bilder ein, die früher für die Nazi-Vergangenheit verwendet wurden. Auf ›höherem‹ Niveau wird der Vergleich zwischen der ersten und der zweiten „Diktatur" Thema von zeithistorischen Studien. Implizit entstehen allmählich gewisse Projektionen, denen die inzwischen abgewickelte DDR-Wissenschaft nicht widersprechen kann. Diese Sprachbilder sind es, nicht die Fakten, die die heutige Interpretation der DDR-Vergangenheit bestimmen.

III.

Auch in einer vorbestimmten Medea-Rezeption spürt man die Vorurteile, mit denen einige Interpreten an den Roman herangegangen sind. Der Kern des Textes liegt unbestreitbar in der Umdeutung Medeas. Leserin und Leser werden hier von Christa Wolf zum Nachdenken über die Macht der Literatur gezwungen, da Euripides es tatsächlich geschafft hat, Medea als Kindsmörderin „in unser Gehirn einzupflanzen".[6]

6 Volker Hage, *Kein Mord, nirgends*, »Der Spiegel«, Nr. 9 (19.2.1996), S.202ff

Einige (Männer) meinen, Euripides' Medea gehöre zu den wichtigsten Figuren der europäischen Literatur. Zugegeben: Die uns gewohnte, eifersüchtige, rasende Medea, die Euripides gestaltet hat, ist eine außerordentliche, vielleicht unentbehrliche Darstellung der menschlichen Leidenschaft. In Zeiten eines langweiligen, normativ selbstbeschränkten Mainstream, wer möchte da auf eine solche transgressive Figur verzichten? Aber das ist ein anderes Thema. Denn ›Medea‹ ist eine kommunikative Form, die man mit unterschiedlichen Absichten verwenden kann. Wo ist das Movens für

Christa Wolf? Sie hat sich die Frage nach den destruktiven Wurzeln unserer Zivilisation stellen wollen und ist dadurch auf die vor-Euripidischen Quellen gestoßen. Daher ist es peinlich, wenn Volker Hage gerade diese strenge philologische Arbeit übersieht und dem Leser zuerst das traditionell vertraute Bild serviert – „Medea? Eigentlich eine mörderische Frau.“, als ob es das Wichtigste wäre, dem Kumpel Euripides beizustehen. So wird der Gegenentwurf von Christa Wolf auf eine willkürliche Erfindung, auf einen „banalen Etikettenschwindel“ reduziert. Was bleibt? Ein augenzwinkernder Titel – *Kein Mord. Nirgends* – und einige ironische Bezeichnungen – „eine Alice Schwarzer von Korinth“, ein Buch, das man vom Schreibtisch als „puren Kitsch“ wegräumt. Und fast männlich-rührend klingt der Schluß: „Christa Wolfs Heldin mag eine mutige und sympathische Fremde aus dem Osten sein, eine Asylantin, der vom Gatten und von den Gastgebern übel mitgespielt wird – eine Medea ist sie nicht.“ Fazit: wir wollen unsere alte Medea wieder!

Treffender ist Jens Balzer in der »Zeit«: Christa Wolf habe Medeas Leidensgeschichte vollständig neu interpretiert, und die ›wilde Frau‹ sei hier eine „durchweg philantrop veranlagte Persönlichkeit“ geworden.[7] Fast vollständig faßt der Kritiker die wichtigsten Themen zusammen. Bis zum Satz: „Medeas andere Weise, die Welt zu interpretieren, gefährdet Ruhe und Ordnung“. Dann kommt – völlig unerwartet – die Bemerkung: „Man ahnt schon: Ein Ost-West-Drama spielt sich hier ab, wie aus dem Lehrbuch.“ Balzer steuert nämlich seinen Kommentar in Richtung DDR-BRD-Gegensatz, indem er das Matriarchat mit Kolchis indentifiziert. Ausdrücklich betont er, „daß das Matriarchat (Ost) dem Patriarchat (West) sittlich überlegen ist“. Hat Balzer übersehen, daß auch Aietes – der König von Kolchis – genau wie Kreon ein Mörder ist? In seiner langen, detaillierten Beschreibung der Handlung fehlt tatsächlich dieser Aspekt, der im Roman eine zentrale Relevanz hat: er bedeutet nämlich, daß beide Reiche – Kolchis und Korinth – von machtbesessenen Königen regiert werden. Und an dieser Stelle ist Christa Wolf sehr genau: Medea verläßt ihr Land nicht wegen Jason, sondern „weil dieses Kolchis sich in einer Weise verändert, daß sie dort nicht mehr bleiben kann“.[8] Nun, wenn man in Kolchis die DDR und in Medea die Autorin sieht – und das könnte man annehmen – dann sollte man gewisse Kompositionsmerkmale nicht verschweigen. Ironisch glossiert Balzer: „Medea, die Verleumdete und Verkannte. Niemals wird sie wirklich zur Täterin. Immer ist sie nur unglückseliges Opfer“. Abgesehen von der zwiespältigen Lexik, stimmt das nicht. Noch mehr: Hier wird ein wichtiger Aspekt übersehen. Lesen wir die Stelle, wo Medea über ihren Abschied von der Mutter nachdenkt: „ ... deine Augen habe ich gesehen und nicht vergessen können, ihr Blick brannte mir ein Wort ein, das ich vorher nicht kannte: Schuld.“ [9] Medea ist schuldig, weil sie gegen die Gewalt des Vaters nicht revoltiert. Sie verläßt ihr „ver-

7 Jens Balzer, *Tobt nicht, rast nicht, flucht nicht,* »Die Zeit« vom 23. 2. 1996), S. 63

8 Christa Wolf im Gespräch mit Tilmann Krause, »Der Tagesspiegel«, Nr. 15611, 30.4.1996, S. 21

9 Christa Wolf, *Medea*, S. 15

10 Ebd., S. 104

11 Ebd., S. 22

12 Ebd., S. 113

13 a.a.O.

lorenes, verdorbenes" [10] Land und hielt das Grauen „unter Verschluß" [11], bis sie vor der Leiche Iphinoes steht. Erst jetzt erkennt sie, daß es vor der Gewalt beider Könige keine Rettung gibt: „Und ihr, dieses Mädchen Iphinoe und du, Apsyrtos, ihr seid die Opfer. Sie ist mehr deine Schwester, als ich es je sein kann." [12] Kein Ost-West-Drama, viel mehr eine Verbrüderung im Leiden, die die Gleichgesinnten über die Grenze verbindet.

Solche Stelle zu übersehen, scheint mir mehr als kurzsichtig. Am Ende reduziert Balzer die Perspektive auf „Sieger und Opfer".[13] Eine Haltung, die den Prozeß des gegenseitigen Verständnisses zwischen West- und Ostintellektuellen erschwert. Selbstverständlich, wenn große Themen behandelt werden, kann es Streit geben. Balzer meint z.B., die Analyse der wirtschaftlichen Entwicklung in Korinth, d.h. der westlichen Welt, sei viel zu einfach, zu historisch-materialistisch bedingt. Natürlich hat er eine andere Perspektive. Aber das ist nicht das Problem, im Gegenteil. Nützlich ist eben die Diskussion: Fortschritte lassen sich nur erzielen, indem gegensätzliche Theorien zur Sprache gebracht werden. Gerade deshalb ist eine ehrliche intellektuelle Auseinandersetzung heute in Deutschland nötig. In der Mitte Europas hat plötzlich die Wende zwei Kulturen zusammengeworfen. Wichtig wäre es, daß jeder dem anderen die Möglichkeit gäbe, seine eigene Geschichte zu erzählen. Damit eine Erinnerungsgemeinschaft entsteht, die differenzierte Erfahrungen unterscheidet, erduldet und aufbewahrt.

Anita Raja

Worte gegen die Übel der Welt

Überlegungen zur Sprache von Christa Wolf

1

Schon in den frühen Schriften C. Wolfs fällt die leidenschaftliche Lust am Erzählen auf, gleichzeitig aber auch ein erklärtes Mißtrauen gegenüber der Sprache, eine radikale Kritik an ästhetischen Formen. Jedes Übel, das in der Welt anzutreffen ist, nistet sich auch in den Worten ein, mit denen wir diese Welt beschreiben. Jede ästhetische Form nimmt die Erfahrung, die sie gestaltet, in den Schraubstock, erstickt sie. „Wie man es erzählen kann, so ist es nicht gewesen", sagt die Schriftstellerin in *Nachdenken über Christa T.* (1968). Dies bedeutet: die ästhetischen Formen, über die wir verfügen, sagen uns nie, *wie es wirklich war.* Denn in der Welt herrscht eine Todessehnsucht - eine Neigung zur Nekrophilie, die durch Vereinfachung, Verarmung und Erstarrung der Muster wirksam wird. Indem das Erzählen enthüllt, verhüllt es unausweichlich. Das innere Gesetz des Erzählens zwingt dazu, das zu verschweigen, was die Funktionalität des Wortes, des Satzes und der Erzählung stören würde.

2

Dieser Standpunkt klingt bereits in den Erzählungen der sechziger Jahre an und tritt dann in *Nachdenken über Christa T.* mit großer Deutlichkeit in Erscheinung. Wer war Christa T.? Wer ist sie gewesen? Wie kann man ein Leben in einer Erzählung einfangen? Je mehr dieses Leben schreibend verfolgt wird, um so mehr verliert es die Wärme des Lebendigen und entfernt sich. Jedes Bemühen um Annäherung wird durch das ästhetische Erfordernis der Distanz vereitelt, d.h. durch die Tatsache, daß jedes Erzählen auf das bereits abgelaufene Leben folgt und dieses wie einen Grabstein bedeckt. Schreiben birgt in sich den gleichen entfremdenden Willen wie die institutionellen Formen, in denen das Leben des einzelnen, statt sich in seiner ganzen Fülle, Vielschichtigkeit und Vielstimmigkeit zu entfalten, sich verzichtend, stockend und erstickend die Flügel stutzen läßt.

3

Liest man das Werk C. Wolfs im Lichte dieser Überlegungen, so ist folgendes hervorzuheben:

a)

ein gezieltes Bemühen, den Fallen der Poetik aus dem Wege zu gehen, um das volle Leben in der Erzählung einzufangen;

b)

weitestmögliche Annäherung an das, was als *natürliche Grenze* der Fähigkeit des Sagens erscheint, und der Versuch, diese Grenze zu durchbrechen. Dabei ist der Tatsache Rechnung zu tragen, daß die

Autorin, die sich eindeutig für den Weg des Antinaturalismus entschieden und sich den Regeln des sozialistischen Realismus entzogen hat, das Beste der Kritik an der Romanform des 20. Jahrhunderts berücksichtigt, indem sie es allerdings ihren eigenen Erfordernissen anpaßt, so daß atypische Texte entstehen, in denen die Freude am Erzählen auch ohne Rückgriff auf die Regeln des Romans des 19. Jahrhunderts unversehrt bleibt. Trotz seines ausgesprochen experimentellen Charakters ist dieses Vorgehen stets meisterhaft vollendet, ohne daß die Schwelle der Lesbarkeit jemals gesenkt würde. Der Grund hierfür liegt natürlich darin, daß das Experimentieren nicht Selbstzweck ist, sondern durch die inneren Ansprüche des Erzählens bedingt wird.

4

Betrachten wir die Elemente in den Schriften C. Wolfs, die meines Erachtens in die aufgezeigte Richtung gehen:

a)

Das kodifizierte Pronominalsystem – die Rede in der ersten oder dritten Person – wird von innen heraus durchbrochen und in einigen Werken völlig überwunden. Die Kernfrage, an der C. Wolf arbeitet, ist das, was sie „Die Schwierigkeit, ›ich‹ zu sagen" (*Nachdenken über Christa T.*) nennt. ›Ich‹ ist ein Personalpronomen, das auf ein unwiederholbares Einzelnes, aber auch auf eine Pluralität verweist. ›Ich‹ sagen ist innerhalb der Grenzen der „Grammatik des Sagbaren" unmöglich, da das ›Ich‹ ein Schichtengefüge gleichzeitig anwesender Stimmen ist, die sich häufig gleichzeitig äußern, die in verschiedenen Zeiten und historischen Phasen des Lebens Gestalt angenommen haben oder die – Symptom der Unzufriedenheit oder der Krankheit – zum Ausdruck drängend, zum Schweigen gezwungen wurden. Hieraus ergibt sich die atypische Funktion des Personalpronomens in den Schriften von C. Wolf. Das erzählende ›Ich‹ kann ein ›Du‹ oder ein ›Sie‹ werden. Das ›Wir‹, mit dem das ›Ich‹ sich identifiziert, kann ins ›Ihr‹ übergehen, wenn die Gleichsetzung nicht mehr gegeben ist. Bezeichnend ist in diesem Sinne das Werk *Kindheitsmuster* (1976). Die Schreibende, die das Geschriebene, mit dem sie ihre Vergangenheit erzählt, gestalten muß, sieht sich vor die Notwendigkeit gestellt, sich dreizuteilen. So resultiert die Rede aus der Zerlegung ein und derselben Peron in drei Personen:

1) das Ich der erzählenden Stimme;
2) das Du, mit dem das Ich sich an sich selbst wendet;
3) die dritte Person: Nelly. Die erwachsene Person, die in der zweiten Person schreibt, sich erinnert und über sich berichtet, kann sich nicht mehr als ›Ich‹, als einheitliche Persönlichkeit mit einheitlichem geistigen Gefüge begreifen. Das einzige im Text vorkommende ›Ich‹ im herkömmlichen Sinn wird von einer dritten Person, dem Mädchen Nelly, ausgesprochen.

b)
Auch der erzählte Stoff erfährt die Einwirkung der Pluralität, d.h. der verschiedenen Schichten der erzählenden Person. Zuweilen wird er in dichten, in sich geschlossenen, alles zusammenhaltenden Satzgefügen, dann wieder in fragmentarischen Satzteilen und Perioden abgehandelt. Auch die gewöhnlichsten Wörter sind häufig von Satz zu Satz wie in einzelne Schichten aufgeschnitten und gleiten so durch die mit dem Fortschreiten der Zeit angehäuften Bedeutungen. Der Satzbau ist entweder vielfältig verflochten, mit weitläufigen Perioden, die sich schwindelerregend vom Hauptsatz entfernen, oder er ist in Nebensätze gegliedert, die den Fluß der Rede unterbrechen. Die objektivierende Erzählung geht manchmal sofort in die direkte Rede über, bis hin zu kühnen Lösungen mit plötzlichem Wechsel von einer Person zur anderen. In flüssiger ungebundener Rede sind direkte und indirekte Rede häufig miteinander verflochten und voneinander abgeleitet. Das Erzählte besteht gewöhnlich aus Splittern aus den verschiedenen Lebensabschnitten der Person. Nur ihre scheinbar zufällige Verbindung gewährleistet die Einheit und verknüpft ›dies‹, ›hier und nun‹ mit ›jenem‹ und ›anderem‹. Es wird hier der Versuch des Experimentierens mit einer „Grammatik der vielfachen gleichzeitigen Bezüge" unternommen. Das Schreiben trennt, unterscheidet, und doch bestehen ›dies‹ und ›anderes‹ nebeneinander, denn dieses Schreiben ist Nachvollzug der Zersplitterung der Wirklichkeit, der Verwirrung der Tatsachen, der möglichen Verknüpfung von ›diesem‹ und ›anderem‹.

c)
Die Werke stellen stets ihre Machart zur Schau. Auch hier wird häufig ein vollkommenes Gleichgewicht zwischen Aussetzung der Skepsis, Einfühlung und Entfremdung erreicht. Das Ich der Autorin tut sein Schreiben kund, verbirgt es nicht. In allen ihren Büchern bringt C. Wolf das Schreiben unmittelbar in die Abfolge der zu erzählenden Tatbestände ein (*Kindheitsmuster; Kein Ort. Nirgends; Kassandra*). Der Höhepunkt dieses Vorgehens wird in *Voraussetzungen einer Erzählung: Kassandra* (1983) erreicht. Mit diesem Werk soll den Leserinnen und Lesern auch der Werdegang der Erzählung als deren integrierender Bestandteil in die Hand gegeben werden, d.h. das gesamte literarische Labor, in dem das Werk gestaltet wird, der Wirkstuhl, an dem das Wort anhand von Plan und Handlung arbeitet, wobei die Darstellung dieses Werkens, die viel mehr als der bloße *Faden* der Erzählung ist, ihre volle Bedeutung erlangt. Kurz gesagt, die Herstellung des Werkes wird zur Erzählung, die für die eigentliche Erzählung notwendig ist. Die Vierte Vorlesung der *Voraussetzungen* ist in diesem Sinne exemplarisch. Auf der einen Seite ist sie Schreiben, das über sich selbst aussagt; auf der anderen entsteht durch die Handlung des Schreibens *neues Schreiben*. Gewöhnt an theoretisches Denken – so bei der Entwicklung der These, bei der in strenger Progression

nach genauen Vorgaben Material geprüft wird, das für die Beweisführung nützliche berücksichtigt alles, was nicht zweckdienlich ist, hingegen ausgeschaltet wird – stehen wir verwirrt vor einer Art spiralförmigen Verfahrens, das die verschiedensten Stoffe aufrollt, ohne auch nur ihre chronologische Reihenfolge zu beachten. C. Wolfs Arbeit am Text bewahrt keines der Elemente, die jede ›wissenschaftliche‹ Vorgehensweise kennzeichnen, sondern zielt auf das Erzählen eines *plötzlichen Begreifens*. Ja. Plötzliches Begreifen infolge des Herabstürzens einer gewaltigen Menge von Stoffen, die sich in einer erneuerten Sprache, mit einem neuen Gespür für das Dasein und seine möglichen Formen neu anordnen.

5

Der positive Bezugspunkt der gegebenen Formen ist, abgesehen von wenigen Ausnahmen, die weibliche Person. Für die Frauen ist die Suche nach dem lebendigen Wort, das sich der Nekrophilie der Systeme entgegensetzt, mit dem rauhen Weg durch die „männliche Festung" verbunden, d.h. durch das Gebäude von Vorschriften und Verboten, mit deren Hilfe das Patriarchat im Laufe der Geschichte seine todbringende Herrschaft aufbaute. Dieser Weg des Suchens führt von der Unterordnung unter die Macht zum Streben nach Protagonismus innerhalb dieser Macht, dann zur Entdeckung einer eigenständigen Stimme, die sich zuerst als Krankheitssymptom äußert, dann als Entdekkung der eigenen unabhängigen Fähigkeit zu sehen und zu sprechen.

Anfangs scheint für die weibliche Persönlichkeit das Problem darin zu bestehen, die eigene Entscheidungsfähigkeit durchzusetzen und alles entschlossen abzulehnen, was die Freude, auf der Welt zu sein, erstickt, was das Leben nimmt. Danach wird alles viel komplizierter. Die vermeintlich erschlossenen Freiräume, die Orte des Lebens zu sein scheinen, offenbaren immer auffälligere Widersprüche. Das Falsche, das Verzerrte, haltlose Überzeugungen, Pseudowahrheiten, die an die Stelle der Wahrheit treten, scheinen allerorts um sich zu greifen; sie beherrschen Gefühle, Gedächtnis, Gemütsbewegungen, gute Absichten und machen diese zum Schein. Bis schließlich in *Kassandra* und in *Voraussetzungen* die errungene Autonomie des Schreibens – und dies gilt insbesondere für die Frau – mit dem Bemühen zusammenfällt, der Sprache der männlichen ›Festung‹ immer radikalere Fragen entgegenzuhalten, um so die Blindheit und Todeslust der Polizeigewalt zu bekämpfen. In *Voraussetzungen* gelangt die Autorin zu folgender Schlußfolgerung: Schreiben kann nichts anderes bedeuten, als durch immer radikalere Fragestellungen die Polizeisprache der ›Festung‹ in Abrede zu stellen, abzulehnen. Zweifellos handelt es sich um einen ungleichen Kampf, und die weibliche Person erscheint in ihrer Auflehnung und Wiedergeburt immer unsicherer in bezug auf die Frage, ob es wirklich ein Woanders gibt, das sie am Ende ihres Weges aufnehmen kann. Jedoch mindestens bis zu *Störfall* erhält sich die Kraft der weissagenden Stimme, die die Zeiten der Geschichte zusammenfügt und gemäß einer ›anderen‹, d.h. einer sich dem Machtdenken entgegenstellenden Anschauungsweise, neuordnet.

6

Diese Stimme ist in *Medea* nicht mehr anzutreffen. Während Kassandra es letztendlich ablehnt, sich in ein scheinbar verheißungsvolles männliches Woanders zu flüchten, aber dennoch die Hoffnung bewahrt, daß dieses Woanders – eine wenn auch nur ideelle Gemeinschaft, für die man sprechen und aus der heraus man sprechen kann – durch Versuch und Irrtum erneut angestrebt werden kann, wird dieses Thema in *Medea* ins Extrem geführt. Hier handelt es sich nicht mehr um Suche, und vielleicht fehlt auch die Überzeugung, sich mitteilen, sich erklären zu müssen. Während Kassandra eine Person ist, die ihre Autonomie noch erringen muß, ist Medea von der Anlage her eine selbständige Person. Sie hat keinerlei Zweifel hinsichtlich der Frage nach der Natur der Macht. Sie weiß bereits, daß ihre Fähigkeit, die Gedanken anderer gänzlich zu durchschauen, sie für die Mächtigen zu einem unerträglichen Spiegel und damit zum Sündenbock macht. Sie ist eine Frau, die mit dem klaren Verstand derjenigen handelt, die weiß, daß sie bereits ausgegrenzt ist. Dieser Umstand wirkt sich nicht unerheblich auf Stil und Aufbau der Erzählung aus.

In *Kassandra* war das erzählende Ich als an allem beteiligter Mittelpunkt ausgebildet, als Kreuzweg verschiedener, vielfältiger Lebenswege und unterschiedlicher Zeiten. Dieses ›Ich‹ erprobte verschiedene Lebensphasen, die kaum etwas miteinander gemein hatten (die Zeit der Skamander, die Zeit des Elternhauses), ein ›Du‹, das dazu diente, das andere aus eigener Kraft zu sagen, gleichzeitig Teil seiner selbst (Myrine, Polyxene, Aenéas); die anderen existieren nicht als andere, sondern als Spuren im Bewußtsein Kassandras.

In *Medea* sprechen hingegen sechs Stimmen, sechs verschiedene Ichs, die jeweils die eigene Version der Tatbestände erzählen. Verschwunden ist sogar „Das Nebeneinander der Standpunkte" aus *Sommerstück* (1989), einem Buch, in dem jede Konvention fällt, in dem man gleichzeitig

1) die erzählende allwissende Stimme
2) das erzählende Ich-Wir
3) die dritte Person sein kann, und dies in dem äußersten Versuch, sich zusammen in einer standhaltenden Gemeinschaft zu verstehen.

In *Medea* ist jede mögliche Gemeinschaft zerbrochen; jede mögliche Kommunikation ist zum Scheitern verurteilt. Medea ist nur Gegenstand der Reden der anderen, die ihr den Verlauf ihres jeweiligen Erzählens, ihren Willen zur Geschichte und ihre Bruchstückhaftigkeit aufzwingen, ohne die Möglichkeit einer Verquickung zu einer einzigen Stimme, die fähig wäre, weiter zu blicken. In die Ecke ihres Ichs gedrückt, kann Medea nur in der Einsamkeit ihre Wahrheit und ihre

Würde verteidigen. So verwandelt sich in den letzten Zeilen das Sagen in die abgehackten Formeln der Verfluchung, letzte, äußerste Kommunikationsmöglichkeit der Besiegten („Was bleibt mir? Sie verfluchen. Fluch über euch alle. Fluch besonders über euch: Akamas. Kreon. Agameda. Presbon. Ein gräßliches Leben komme über euch und ein elender Tod. Euer Geheul soll zum Himmel aufsteigen und soll ihn nicht rühren. Ich, Medea, verfluche euch. Wohin mit mir. Ist eine Welt zu denken, eine Zeit, in die ich passen würde. Niemand da, den ich fragen könnte. Das ist die Antwort.") Medea ergeht es wie der Franza in *Der Fall Franza* von I. Bachmann (Ihre letzten Worte: „Die Weißen, sie sollen verflucht sein." sind in *Voraussetzungen* ... zitiert). Am dramatischen Ende eines Lebens steht die klare Feststellung, daß es auf der Welt keinen Ort und keine Zeit gibt, in denen Medea sich wohlfühlen könnte. Der Beweis? Auch jede mögliche Gemeinschaft, in der die Karte möglicher Orte und möglicher Zeiten aufgezeichnet werden könnte, ist weggefegt. In *Medea* gibt es keinen Ort mehr, kein ›Wo‹, keine Gemeinschaft, mit der man sich verbunden fühlen könnte; bestenfalls gibt es eine Form der Solidarität mit anderen Frauen. Während Kassandra sich weigert fortzugehen, weil sie bleiben will, um Zeugnis abzulegen, bleibt Medea, weil es kein Woanders mehr gibt. Und wenn niemand mehr deinen Fragen zuhört, wenn es keinen Ort gibt, in dessen Namen man sich die Fragen stellt, hat es dann noch Sinn, sie zu stellen?

Konstant und lebendig bleibt der zweite Schwerpunkt in C. Wolfs Werk, wenn der größte Pessimismus als äußerste Funktion des Schreibens in Erscheinung tritt. Schreiben heißt, den blinden Fleck jedes Suchens und jeder Fragestellung zu den dunklen Seiten der Lebenserfahrung zu erreichen. Schreiben heißt Abstieg bis zur Wurzel des Zerstörungstriebs (*Störfall*, 1987), um dem Schrecken ins Antlitz zu blicken und dann trotz allem zu versuchen, mit erneuerter Lust, am Leben zu bleiben, wieder an die Oberfläche zurückzukehren. Obwohl am Ende der Fluch steht. „Wir glauben an die Wirkung solchen Fluchs und müssen alles tun, daß er aufgehoben werde. Schreibend, ja, aber wie denn unter dieser glühenden Vernunft-Sonne, in diesem rigoros bewirtschafteten, vermessenen und enträtselten Gelände, unsrer Güter beraubt, darunter unsrer Worte, die bannen könnten. Auch dies eine Frage, der sich nur weiter fragend näherkommen läßt." (*Voraussetzungen*). Fragen, auch wenn wir sie nur an uns selbst richten. Jede Frage, auch die radikalste, hat den Stellenwert einer Behauptung. Auch die äußerste Verneinung ist genau in dem Augenblick, in dem es ihr gelingt, sich zu äußern und sich damit aus der die Welt der ›Festung‹ kennzeichnenden Blindheit zu befreien, „etwas, das nicht verlorengehen darf."

Arbeiten
bildender Künstlerinnen
und Künstler
zu Christa Wolfs *Medea*

Sigrun Hellmich

Medea altera

Eine Ausstellung im FrauenMuseum in Bonn

Die Gründe, weshalb Christa Wolf mit Medea eine zweite große tragische Frauenfigur der antiken Mythologie in unser Gedächtnis zurückholt, sind andere als 1983 bei *Kassandra*. Die Zeiten haben sich geändert. Wie wir uns geändert haben, steht zur Diskussion. Unsere Perspektiven sind auf jeden Fall andere.

Damals wie heute liegt der Zündstoff in den Schnittstellen von Mythos und Gegenwart. Damals wie heute reagieren bildende Künstlerinnen und Künstler in Ost und West begeistert auf die Kraft der Dichtung von Christa Wolf, auf die Brisanz und ahnungsvolle Klarheit ihrer Fragestellungen, während 1983 und auch heute ein Teil der (Literatur) Kritik ungewollt oder gewollt oberflächlich mißversteht oder neuralgische Punkte nicht sehen will.

Damals paßte nicht die Bitterkeit, heute nicht das begeisterte Wiedererkennen einer im Zerrspiegel der Überlieferungen unkenntlich gemachten, frühen mythologischen Frau. Bildhaft und leidenschaftlich formt die Dichterin eine Gestalt, die uns sehr nahe kommt und nicht mehr entläßt, wohl weil sie uns – aus den Tiefen der Erinnerung hervortretend – die Begegnung mit einer Utopie gewährt. Das ist viel in ungewissen Zeiten, für manche zuviel.

Siehe S. 49ff

„Sie ist eine Gestalt auf einer Zeitengrenze", sagte Christa Wolf in einem Interview. Sie ist nicht zu begreifen, wenn man die Erklärung in einer linearen Handlung sucht. Erst in ihren Brüchen offenbart sie sich und wirft das Licht auf die zurück, die sie zu kennen glaubten.

Der Roman *Medea. Stimmen* ist auf eine Weise angelegt, die ihre Entsprechung in der Ausstellung findet, die im FrauenMuseum in Bonn entstanden ist.

Medea selbst und fünf Stimmen aus ihrem Umfeld schildern monologisch ihre Sicht auf den Konflikt zwischen Medea und den Korinthern, der sie zur Verbannten werden läßt. Jedem der 11 Monologe ist ein Zitat vorangestellt. Teils stammt es von heutigen Autoren, teils aus den Medea-Werken von Euripides und Seneca. So werden Zeit-, Denk- und Deutungsebenen überlagert oder miteinander konfrontiert. Ähnlich dem Prinzip der Collage in der bildenden Kunst ergeben die Fragmente ein neu geordnetes Bild von Medea, eine andere Medea, ›Medea altera‹. Christa Wolf kann so auch vorführen, wie und warum uns die wissende heilende Frau als unheimlich und gewalttätig überliefert wird.

Die Ausstellung greift das kompositorische Prinzip des Romans auf und führt es in den Raum hinein. Nun haben die gegenwärtigen Stimmen ganz das Sagen.

Gerda Lepke, Angela Hampel, Helga Schröder und Günther Uecker, vier der neun Künstlerinnen und Künstler, die sich an der vom Verlag Gerhard Wolf Janus press herausgegebenen Grafikmappe *Medea altera* beteiligten, zeigen hier weitere Arbeiten, die in unmittelbarer Reaktion auf das Buch von Christa Wolf entstanden sind. Hinzugekommen ist Andrea Simon.

Doch keine dieser Arbeiten ist als Illustration gemeint. Sie sind vielmehr eigene Positionen zu einer neuen Sicht auf eine alte Geschichte, die Vergangenes und Gegenwärtiges gleichermaßen erhellt. Auf diese Weise treffen ganz unterschiedliche künstlerische Temperamente und Gestaltungsauffassungen in einer Ausstellung aufeinander, die an anderer Stelle im »Betriebssystem Kunst« so nicht zustande kommen könnte.

Die Integrationsfigur ist Medea, der Christa Wolf mit wunderbarer sprachlicher Ausdruckskraft Stimme und Gestalt gegeben hat: eine ungewöhnliche, schöne, nicht mehr ganz junge ›wilde‹ Frau, „die auf ihrem Kopf besteht", wissend, daß die Konsequenzen sie vernichten können.

Die Ausstellung hat ihren Hintergrund aber auch in den langjährigen Kontakten und Freundschaften von Christa und Gerhard Wolf mit sehr verschieden arbeitenden KünstlerInnen, dokumentiert u.a. im Katalog zur Austellung »Unsere Freunde, die Maler«. Da spielen gedankliche und seelische Verwandtschaften ebenso eine Rolle wie Persönliches und vor allem, das weite Feld, auf dem sich Wort und Bild begegnen können.

Die Dresdner Künstlerin Gerda Lepke zeigt farbige Zeichnungen und ein 36seitiges originalgrafisches Buch mit Offsetzeichnungen, in das sie ihr besonders wichtige Passagen des Medea-Textes von Christa Wolf einbezieht. Daß Medea ihr Thema sein könnte und muß, ergibt sich aus ihrem mehr als drei Jahrzehnte zählenden künstlerischen Werk fast folgerichtig.

Neben der Landschaft ist die bewegte, zumeist weibliche Figur ihr besonderes Sujet. Das ist ihr Zugang zu Medea, zu den geistigen Dimensionen des Stoffes.

Da faszinieren Gesten, Haltungen und Habitus. Da wird die zweidimensionale Bildfläche zum Aktionsraum, in dem Sichtbares und das, was in der Luft liegt, mit sich nähernden und entfernenden, sich überlagernden, erregten und rhythmisch geordneten Linien Gestalt annimmt. Farbige oder grafische Flächen setzen Kontrapunkte. Eine immerwährende Balance zwischen Festlegen und Offenlassen hält die Figuren in Atem. Sich Wiederholendes wird immer neu gesehen. Nichts bleibt wie es ist. Und doch begegnen einem viele und vieles wieder. Manchmal muß man keinen Namen nennen und manchmal muß man sie deutlich aussprechen: Mänade. Narkissos, Diana,

Aktaion, Nyx und jetzt Medea. Die freie Arbeit zu mythologischen Stoffen, zu antiker, mittelalterlicher und barocker Plastik zieht sich durch das ganze Werk von GERDA LEPKE.

Ihr originalgrafisches Medea-Buch folgt einer eigenen Dramaturgie. Der bewegende Auftakt der in die Geschichte schreitenden Frauenfigur wird sogleich mit dem tragischen Höhepunkt konfrontiert: „Steinigung – Tot. Sie haben sie ermordet. – Steinigung." – Schwarze Leerseite. Die zwei Zeichnungen kehren auf den Kopf gestellt und in der jeweils anderen Farbigkeit auf den letzten Seiten des Buches wieder. Aber sie sind nicht das Ende. Auf die schreitende Medea des Anfangs antworten die aus dem Bild gehende und die in sich ermattete, in sich ruhende Frauengestalt.

Auf den Innenseiten entfalten Zeichnungen in Schwarz, Weiß, Terrakottabraun und Blau auf transparenten und opaken weißen, cremefarbenen und schwarzen Papieren ein bewegtes Leben. Man muß immer wieder blättern und wird immer wieder etwas mehr sehen.

Auch der in Mecklenburg geborene und heute in Düsseldorf lebende GÜNTHER UECKER schuf mit 12 Radierungen einen geschlossenen grafischen Zyklus. Das erste Blatt zu Medea ist das in der Mappe *Medea altera*: spröde, aggressiv, dramatisch spannt das gespaltene Oval der Vulva das Blattformat bis zum Rand aus, stigmatisieren die Hiebe des Pickeleisens auf die Metallplatte auch nach dem Abdruck noch fühlbar das Papier. Ein archaisches Zeichen löst sich übermächtig aus dem Dunkel der Vergangenheit.

Es differenziert sich in drei weiteren Blättern, die mit dem vorangestellten Schriftblatt MEDEA den Auftakt der eigenen, ebenfalls im Verlag Gerhard Wolf Janus press herausgegebenen, Mappe bilden. Es folgen fünf Blätter, die – ungewöhnlich für den durch seine Nagelbilder und -objekte bekannten Uecker – Figürliches andeuten: weibliche Körperformen, sparsame Linien vor sanft bewegten Aquatintaflächen. In weiteren zwei Blättern treten abstrakte Linienformationen in Dialog mit verdichteten Tönen im Plattenfond. Im letzten Blatt schließlich öffnet sich der Hintergrund und wird gekreuzt durch dichte, von links oben nach rechts unten verlaufende, an fallendes Haar erinnernde Linien. Auf allen Blättern läßt die Plattengröße dem Papier keinen freien Rand. Die Textzitate haben Christa und Gerhard Wolf gemeinsam mit Günther Uecker nachträglich zugeordnet.

UECKER, der für einen befreundeten Komponisten bereits eine Bühnenausstattung für ein Medea-Stück entwarf, das aber nicht realisiert wurde, nennt seine Radierungen „spontane Notate zu einem femininen Urbild". Daß der Name MEDEA auf dem erwähnten ersten Blatt spiegelverkehrt in großen Versalien buchstabiert wird, ist so metaphorisch wie einfach. Beachtet man nicht die Umkehrung der Seiten beim Druckvorgang, dann kann einem das unterlaufen. Aber

UECKER entscheidet bewußt: Das ›verkehrte‹ Bild der MEDEA erhält in der abermaligen Spiegelung wieder seine ›Richtigkeit‹.

Die jüngste Künstlerin der Ausstellung gibt Medea ganz unvermittelt ein Gesicht.

ANDREA SIMON, in Meißen geboren, absolvierte an der Dresdner Kunsthochschule das Abendstudium für Malerei, studierte dann in Hamburg und setzt nun ihre Ausbildung an der Städelschule in Frankfurt fort.

Ihr Interesse an Menschen, an den Beziehungen zwischen ihnen, führte sie zur großen Literatur dieses Jahrhunderts. Zu Pablo Nerudas *Großem Gesang* entstand ihr erster Zyklus mit Lithografien. Seitdem ist diese Technik neben der Malerei ihr adäquates Ausdrucksmittel. Sie druckt meistens mit vier Steinen und verändert die Farben bei jedem Druckvorgang. Sie experimentiert und verändert, bis der schlüssige Zustand erreicht ist. Jedes grafische Blatt ist ein Unikat.

In ihren zwei Lithografie-Serien zu Medea variiert ANDREA SIMON drei Motive in unterschiedlichen Farbstimmungen: Die schlanke Halbfigur der Medea zeigt sie groß und nah an den linken Bildrand gerückt. Das Haar füllt das Format und sperrt den Hintergrund ab. Das zweite Blatt zeigt Lyssa und Medea wie die Zweigeteiltheit-Zweieinigkeit einer Frau. In der Tiefe des dritten Blattes werden zwei Figuren eins mit sich und der sich schützend um sie wölbenden Natur. Sie gehen aus dem Bild, als würden sie zurückgehen. Ein Aus-Weg scheint gefunden. Andrea Simon ist selbst eine Suchende, am Anfang eines künstlerischen Weges. Mit expressiver Farbigkeit und energischer schwarzer Zeichnung formt die Künstlerin Physiognomien zwischen Bestimmtsein und Offenheit, Erregtheit und Ruhe. Die Distanz ist aufgehoben, die Möglichkeit der Identifikation liegt ganz nahe.

Die Bremer Künstlerin HELGA SCHRÖDER verzichtet dagegen ganz auf figürliche Elemente.

Statt dessen treibt sie ihre Arbeit in einer fortwährenden Metamorphose von Schrift- und Bildzeichen voran. Mal bilden lesbare Buchstaben oder Textzeilen eine Bildlandschaft, mal löst sich der Duktus des Schreibens ganz auf in Farbe und Form.

Schriftzeichen verschiedener Sprachen, die ursprüngliche Einheit von Schrift und Bild sowie die Wahlverwandtschaft zu literarischen Texten motivieren diese künstlerische Arbeitsweise immer aufs neue. Auch an den in dieser Ausstellung gezeigten Arbeiten wird deutlich, warum es gerade auch immer wieder die Texte von Christa Wolf sind, die sie zu bildlicher Bearbeitung bewegen.

Auf dem Blatt in der *Medea altera*-Mappe konstituieren die Buchstaben MEDEA einen Frauenkopf. Er ist eingewebt und überlagert von lesbaren und spiegelverkehrten Textzeilen. Die Farben des Himmels und der Erde sind da, Schlüsselfarben des umfangreichen Werkes von Helga Schröder, zu dem auch künstlerische Buch- und Raumobjekte gehören.

Die aus 165 gewölbten und an einer Ecke gefalteten blauen Blättern bestehende *Meer-Wand* wird durch zwei Textfelder unterbrochen. Mit den Zitaten bringt Helga Schröder die Flut der sich mit dem Mythos ›Wasser‹ verbindenden Assoziationen in direkten Bezug zu Medea. Das schwarze Meer ist ihr Meer. Die serielle Resonanz der blauen Blätter weckt die unbestimmte Erinnerung an die elementaren Kräfte des Wassers: Im Wasser hat das Leben seinen Ursprung, mit Wasser kann es vernichtet werden. Wasser verbindet und trennt, kann reinwaschen, heilen und krank machen. Wasser wird in den Ursprungsmythen vieler Völker mit dem Wesen der Frau verbunden. Im Schriftrollenobjekt hüllt Helga Schröder das Blau des Meeres in den Mantel der Zeit, den die Namen der Personen des Medea-Romans bedecken.

Die acht Tafeln der dritten Arbeit imaginieren die Erinnerungslandschaft Kolchis, die Heimat Medeas.

Anders als in Ausstellungen üblich, entzieht die Dresdner Künstlerin Angela Hampel ihre Arbeit zunächst der direkten Betrachtung. Die 63 gleichformatigen Zeichnungen ihrer MEDEA-Collage werden in einem abgegrenzten, abgedunkelten Raumgeviert nur sichtbar, wenn man das sparsame Licht der angebotenen Lampe im Raum bewegt. Man kann nicht alles auf einmal sehen. Diese Welt in der Welt fordert, daß man sich die Mühe macht, auf sie zuzugehen. Und man wird nicht nur Vertrautes finden, sondern auch Fremdes und Abstoßendes: Köpfe, losgelöste Körperteile, banale Gerätschaften und Tiere, Reales und Irreales, Märchenhaftes, Groteskes und Martialisches. Frauenköpfe, frontal oder im Profil, sind mit Utensilien oder Tieren verwachsen. In der Frau mit einem auf dem Teller liegenden Fisch auf dem Kopf ist Medea zu vermuten, in einigen erkennt man Selbstporträts. Eine Königin füllt mit den Brüsten zwei Gläser. Auf anderen Blättern finden sich zwei Babyköpfe, zwei Tassen, zwei Gebisse, Messer, Schlüssel, abgeschnittene Finger, mit der Nadel zusammengesteckte Zungen – Paariges und Unpaariges, Zuordenbares und Absurdes. Manches ist gut ins Bild gesetzt, manches abrupten Schnitten ausgeliefert, mit strengen schwarzen Linien gezeichnet oder mehr oder weniger sichtbar zusammengeklebt, collagiert.

Aus den Teilen fügt sich ein Ganzes, das doch auf seinem bruchstückhaften Charakter beharrt, wie die Bilder aus einer Zeit, von der uns nicht nur die Quantität der vieltausend Jahre trennt oder wie die Entwürfe für ein Stück, das noch zu inszenieren wäre – eine eigene, wieder andere Medea.

Angela Hampel wurde Mitte der 80er Jahre bekannt durch ihre expressive, stark farbige, unbändige Malerei, die immer auf dem

Figürlichen insistierte. Der malerisch-gestische Befreiungsakt von gesellschaftlichen Zwängen und künstlerischen Konventionen ging einher mit der Artikulation der eigenen Identität. Die Lektüre von Christa Wolfs *Kassandra* löste die intensive Beschäftigung mit archetypischen Frauengestalten aus: neben Kassandra Penthesilea, Salome und Medea. Die wilden, geheimnisvollen Frauen ihrer Bilder verschaffen sich mit vehementen Bewegungen Raum, tragen ihr Innerstes auf der Haut, glühen rot, gelb und blau, kommen mit Schlangen und wehendem Haar daher und haben oft den Habitus der Künstlerin. ANGELA HAMPELS Blatt für die *Medea altera*-Mappe steht dafür ein.

Alle Arbeiten dieser Mappe und alle Arbeiten der Ausstellung nähern sich der Medea-Figur von Christa Wolf und sie gehen eigene Wege, sprechen mit eigener Stimme, nicht nur im Chor, eher so, daß man sich miteinander verständigen kann, auch wenn man nicht die gleiche Sprache spricht. Es geht um Positionen zwischen den Zeiten, nicht weniger und nicht mehr.

Die lange Geschichte der bildkünstlerischen Darstellung der unheimlichen Medea wird abgebrochen, nicht mit dem Bild der angepaßten sittlichen Frau, sondern mit der, die in Frage stellt und sich der Konsequenzen bewußt ist. Das ist freilich auch heute noch für manche unheimlich.

Medea altera

Eine Mappe

mit Grafiken

von

Angela Hampel

Martin Hoffmann

Joachim John

Helge Leiberg

Gerda Lepke

Annette Peuker-Krisper

Nuria Quevedo

Helga Schröder

Günther Uecker

Format der Mappe:
56 x 42 cm

Angela Hampel Medea altera
Algraphie

Martin Hoffmann Draußen, hinter dem Riß
Offsetdruck nach Collage

Joachim John o. T.
Radierung

Helge Leiberg Füße
Lithographie

Gerda Lepke Medea sagt, wer die Leute zwinge, an ihr Heiliges zu rühren, mache sie sich zum Feind
Algraphie

Annette Peuker-Krisper o. T.
Radierung

Nuria Quevedo o. T.
Radierung

Helga Schröder Ist eine Welt zu denken, eine Zeit, in die ich passen würde
Radierung

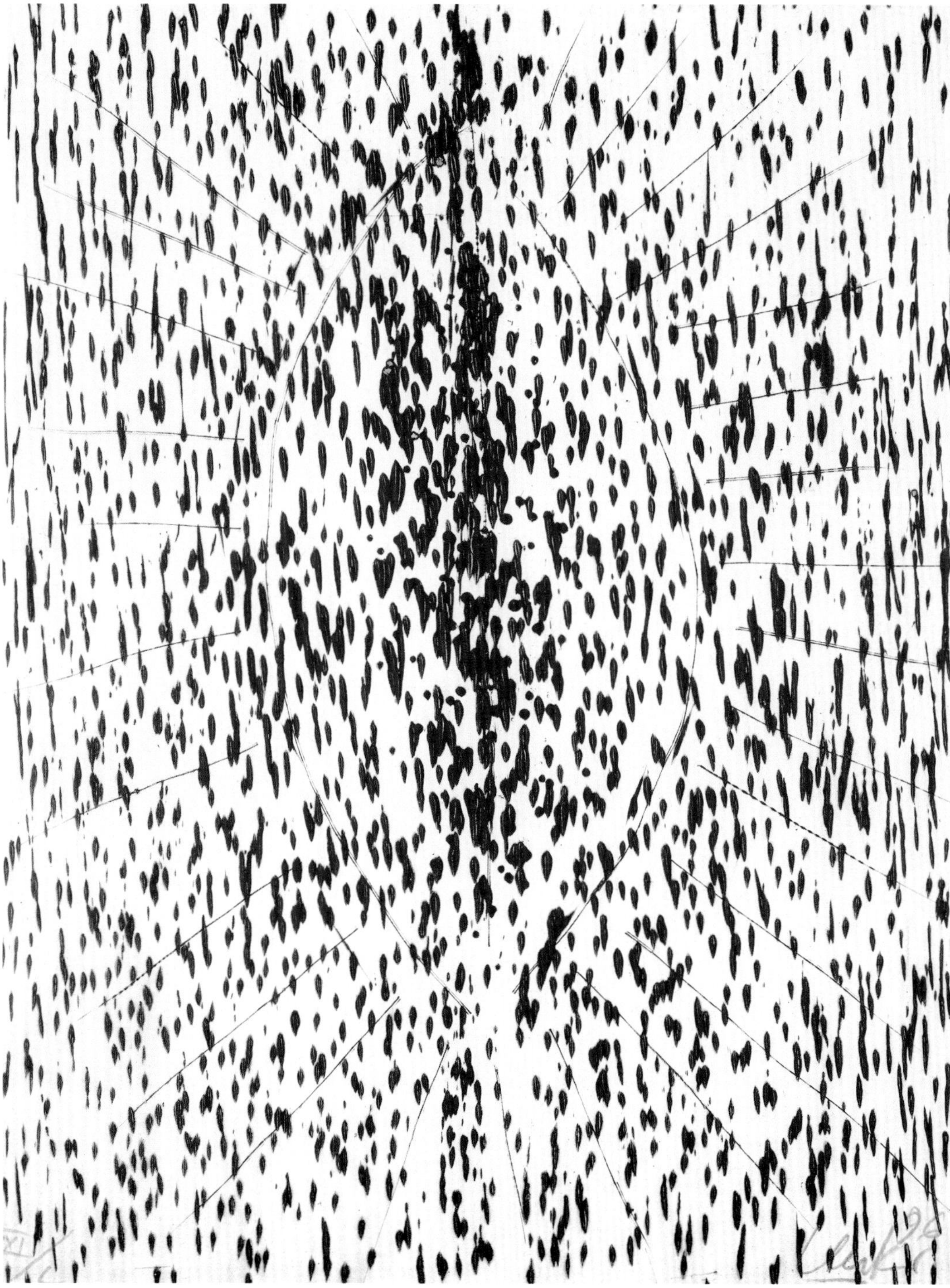

Günther Uecker o. T.
Radierung

Günther Uecker

MEDEA

12 Radierungen

Günther Uecker, gefragt nach einem grafischen Blatt zu Christa Wolfs *Medea Stimmen*, brachte mehrere Kupferplatten mit in die Berliner Werkstatt des Druckers Dieter Bela.

Platten, die nicht, wie üblich, mit der Radiernadel behandelt worden waren, die er vielmehr auf seine Art mit Beil und Pickeleisen bearbeitet hatte, in einem spontanen Arbeitsgang.

Fünf Radierungen – eine bestimmten wir der Mappe *Medea altera* zu – die er dann mit einer zweiten Folge zu dem nun vorliegenden Zyklus von zwölf Radierungen rundete: die Antwort des Künstlers auf einen gegenwärtigen Text nach dem großen archetypischen Vorbild.

Wir lassen die Blätter von Günther Uecker mit Stimmen aus Christa Wolfs Medea-Roman in offenen, auch wechselbaren, Dialog treten.

Format der Mappe: 54 x 40 cm

Wir sprechen einen Namen aus und treten, da die Wände durchlässig sind, in ihre Zeit ein, erwünschte Begegnung, ohne zu zögern erwidert sie aus der Zeittiefe heraus unseren Blick ...
Falsche Fragen verunsichern die Gestalt, die sich aus dem Dunkel der Verkennung lösen will ... Oder müssen wir uns in das Innerste unserer Verkennung hineinwagen ... das Geräusch der einstürzenden Wände im Ohr. Neben uns, so hoffen wir, die Gestalt mit dem magischen Namen, in der die Zeiten sich treffen ...

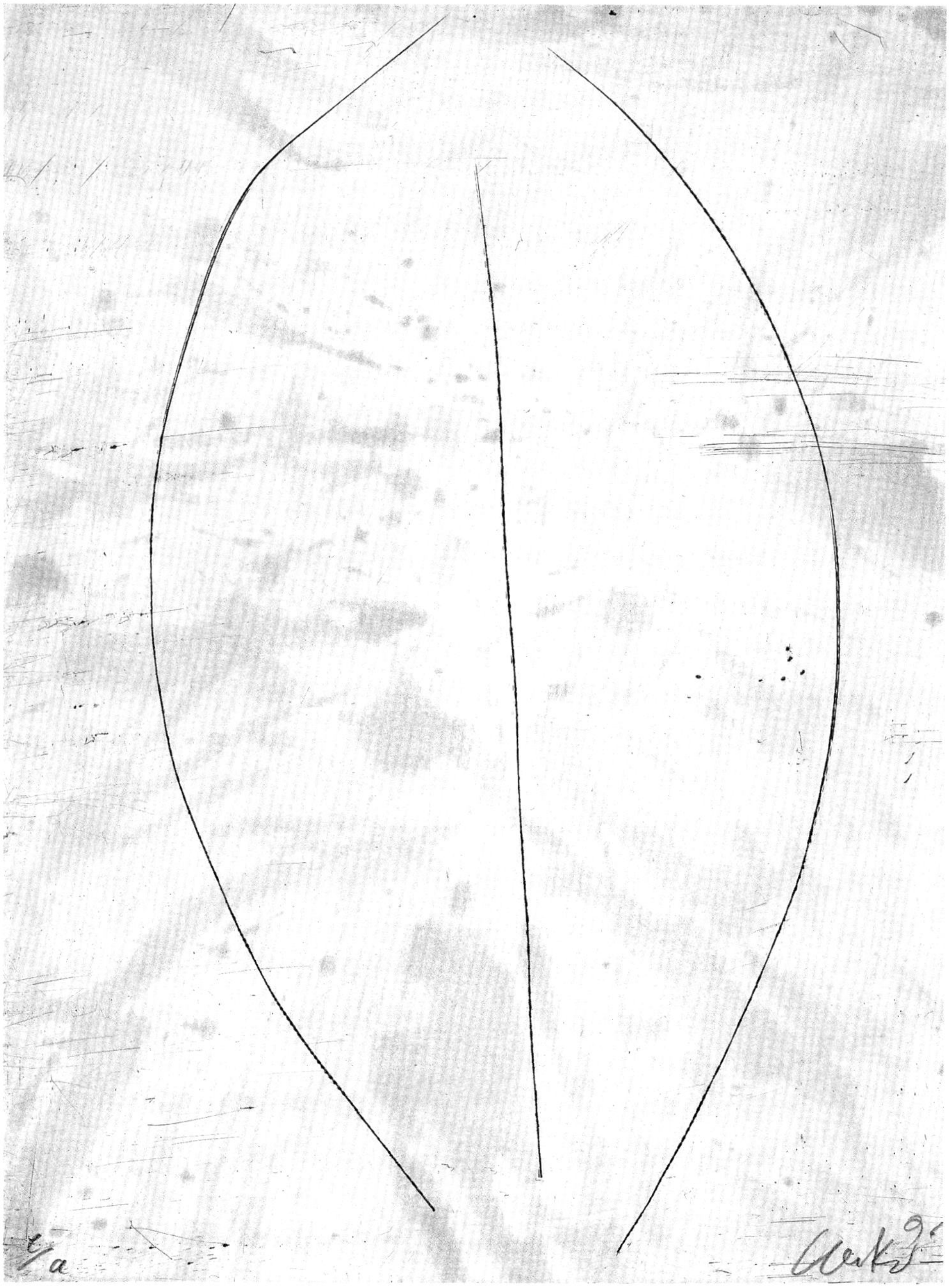

Auch tote Götter regieren. Auch Unglückselige bangen um ihr Glück. Traumsprache. Vergangenheitssprache. Hilft mir heraus, herauf aus dem Schacht ...

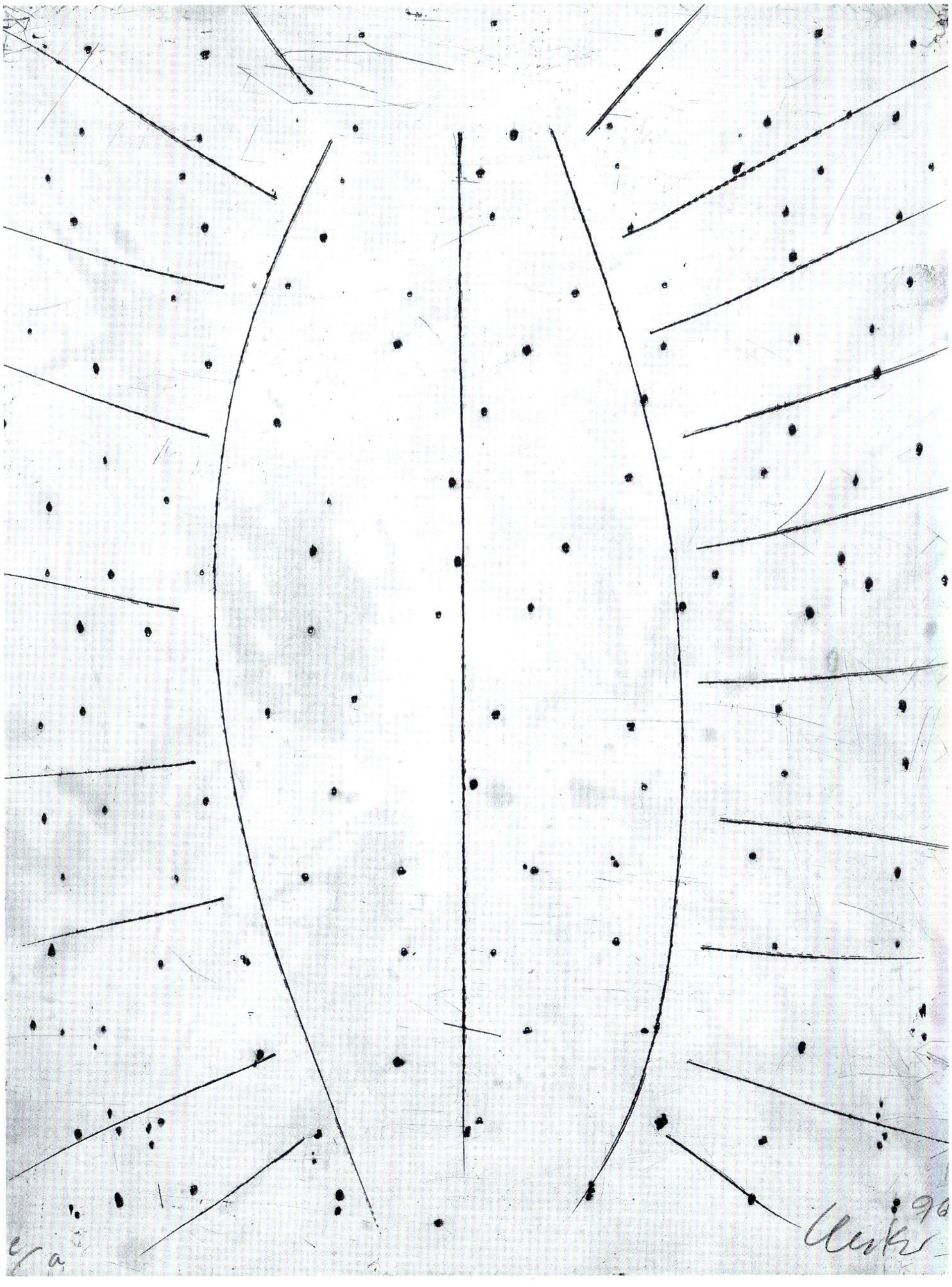

Sieh her. Da kreuzt diese winzige Linie, die sich vertieft hat, die andere ... Schmerz hinterläßt auch eine wüste Spur.

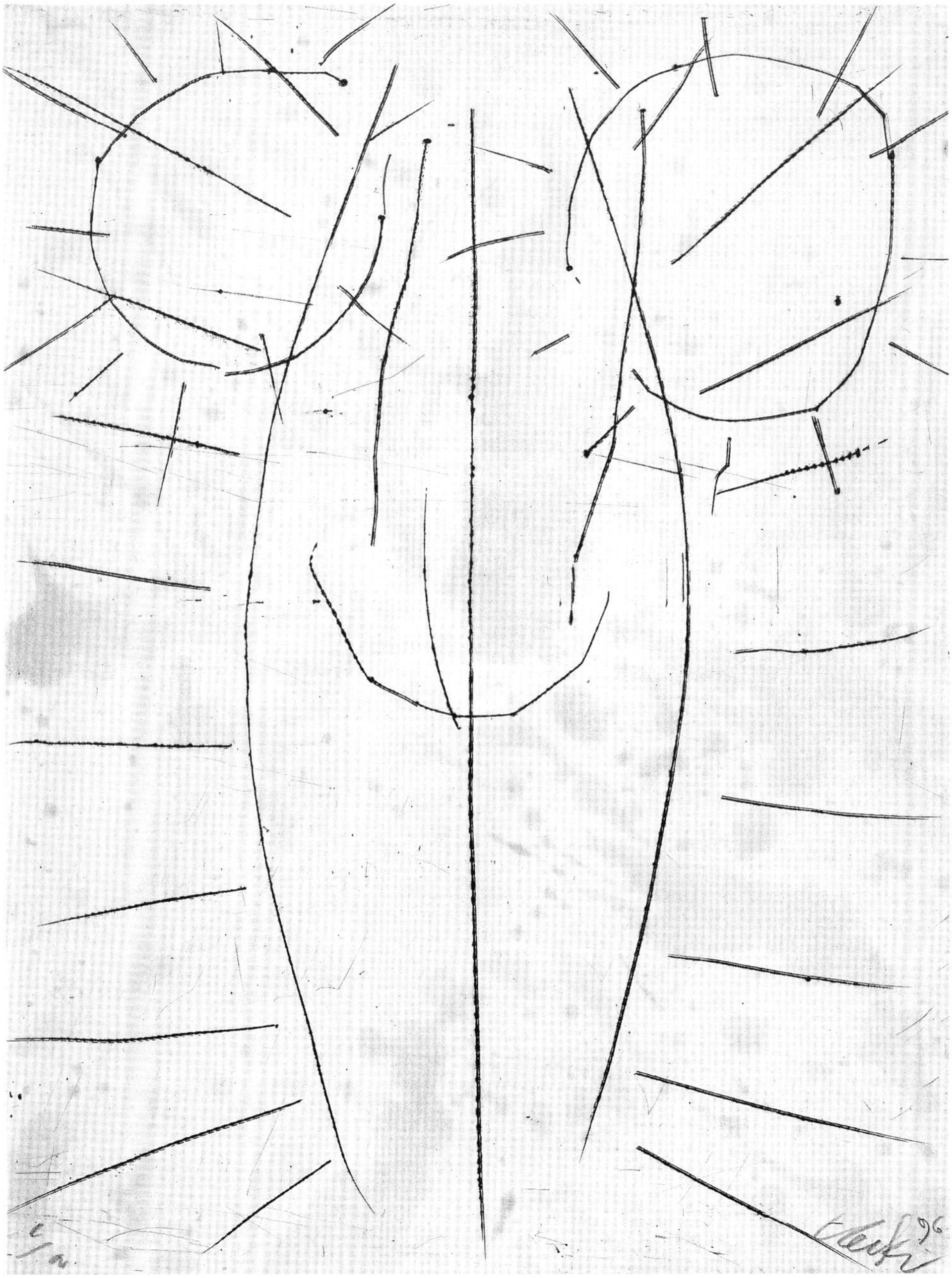

Halb willentlich überlasse ich mich dem Fieber,
das mir Bilder zuträgt, Fetzen von Bildern,
Gesichter ... Linien, die ich verfolgen konnte,
bis sie sich zu Zeichen zusammensetzten,
zu Figuren ...

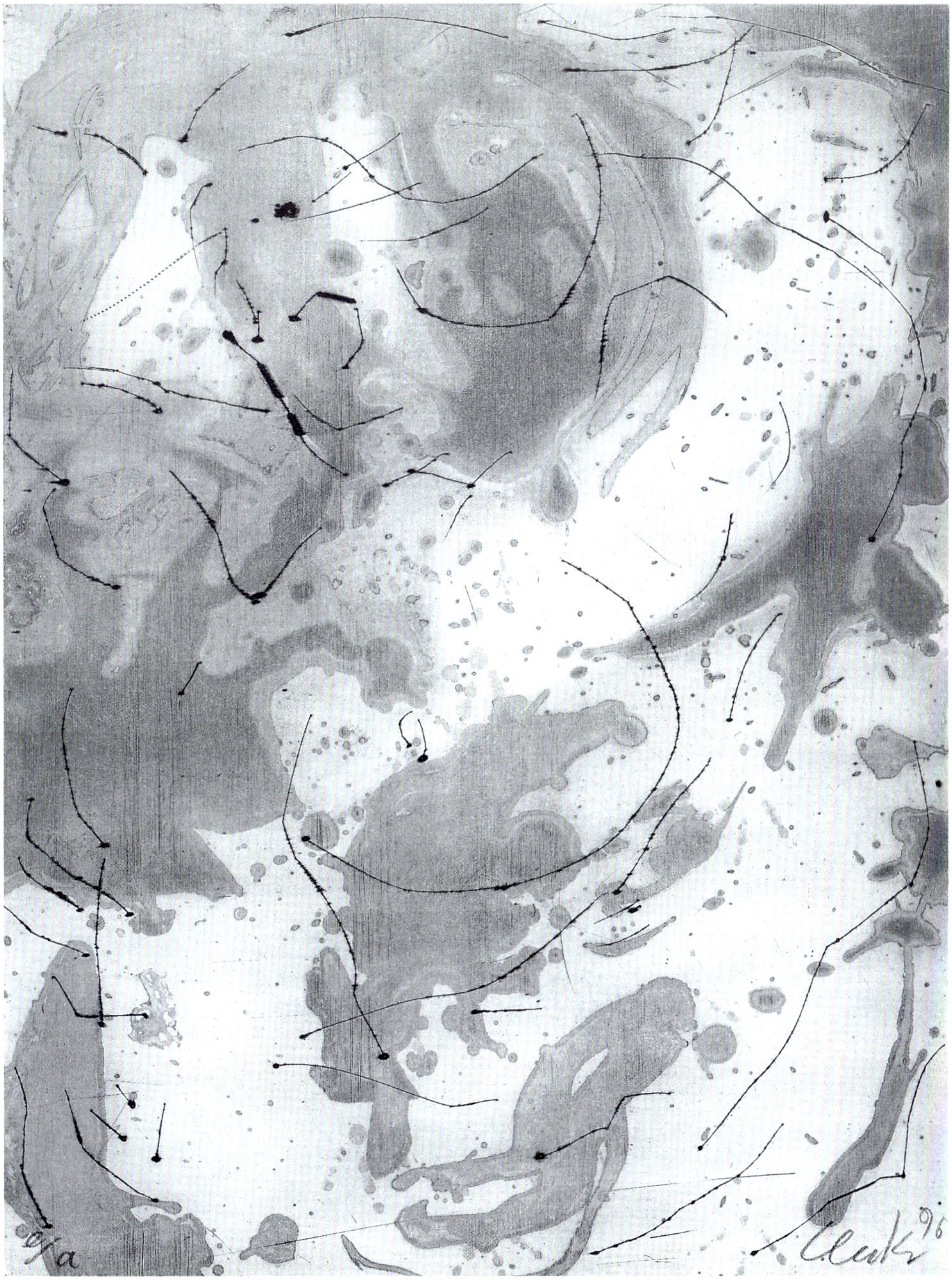

Schwer, langsam, aber endgültig habe ich mich von dem Glauben gelöst, daß unsere menschlichen Geschicke an den Gang der Gestirne geknüpft sind. Daß dort Seelen wohnen, ähnlich den unseren, die unser Dasein betrifft, und sei es, indem sie die Fäden, die es halten, mißgünstig verwirren.

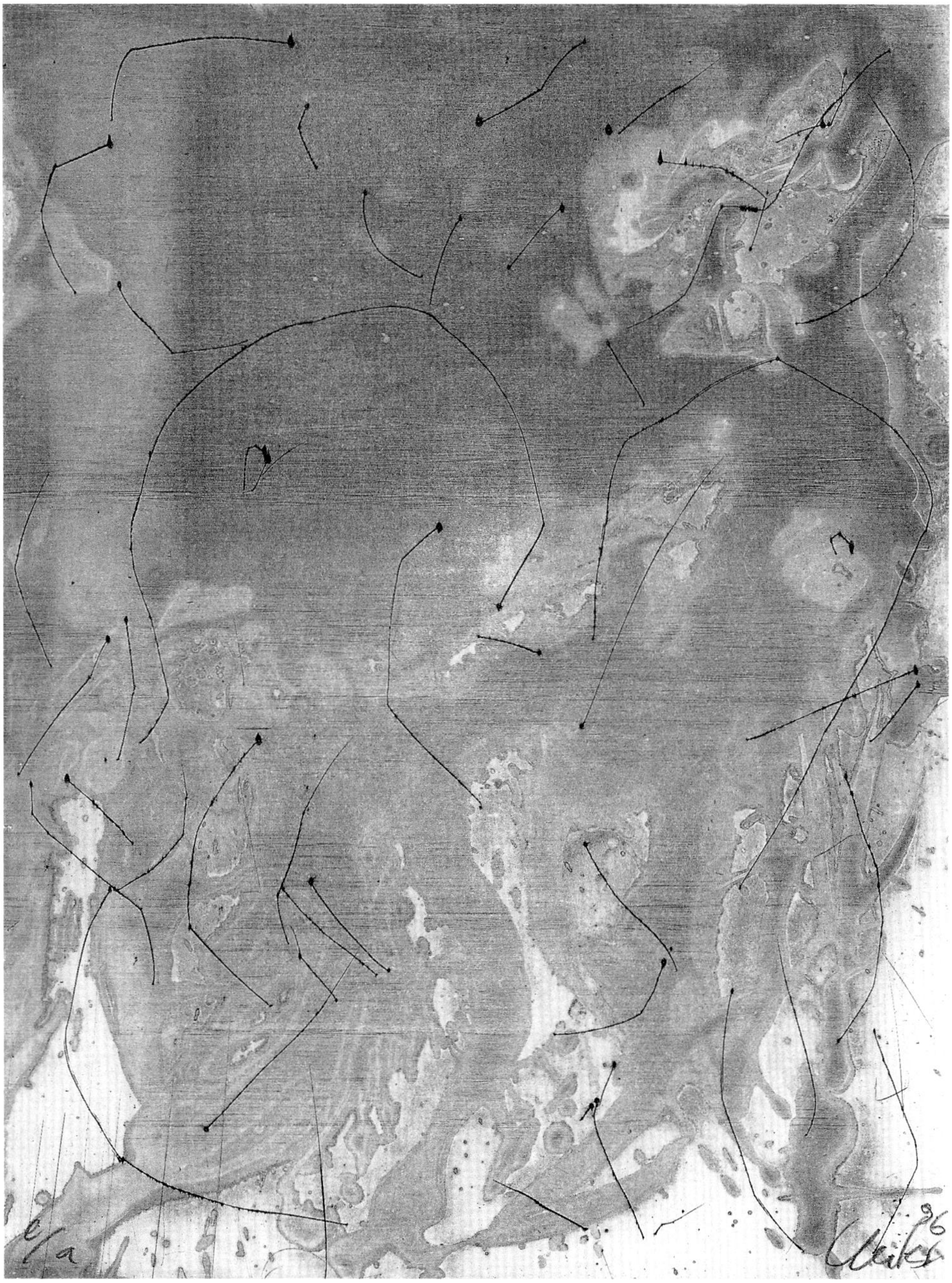

Mich befiel eine unlöschbare Trauer,
die jetzt wieder erwacht, wie auch
mein Gedächtnis aufgerissen wird und all
diese Erinnerungsbrocken auf einmal
freiliegen, so wie jedes Jahr neue Steine
auf dem Acker nach oben getrieben werden.

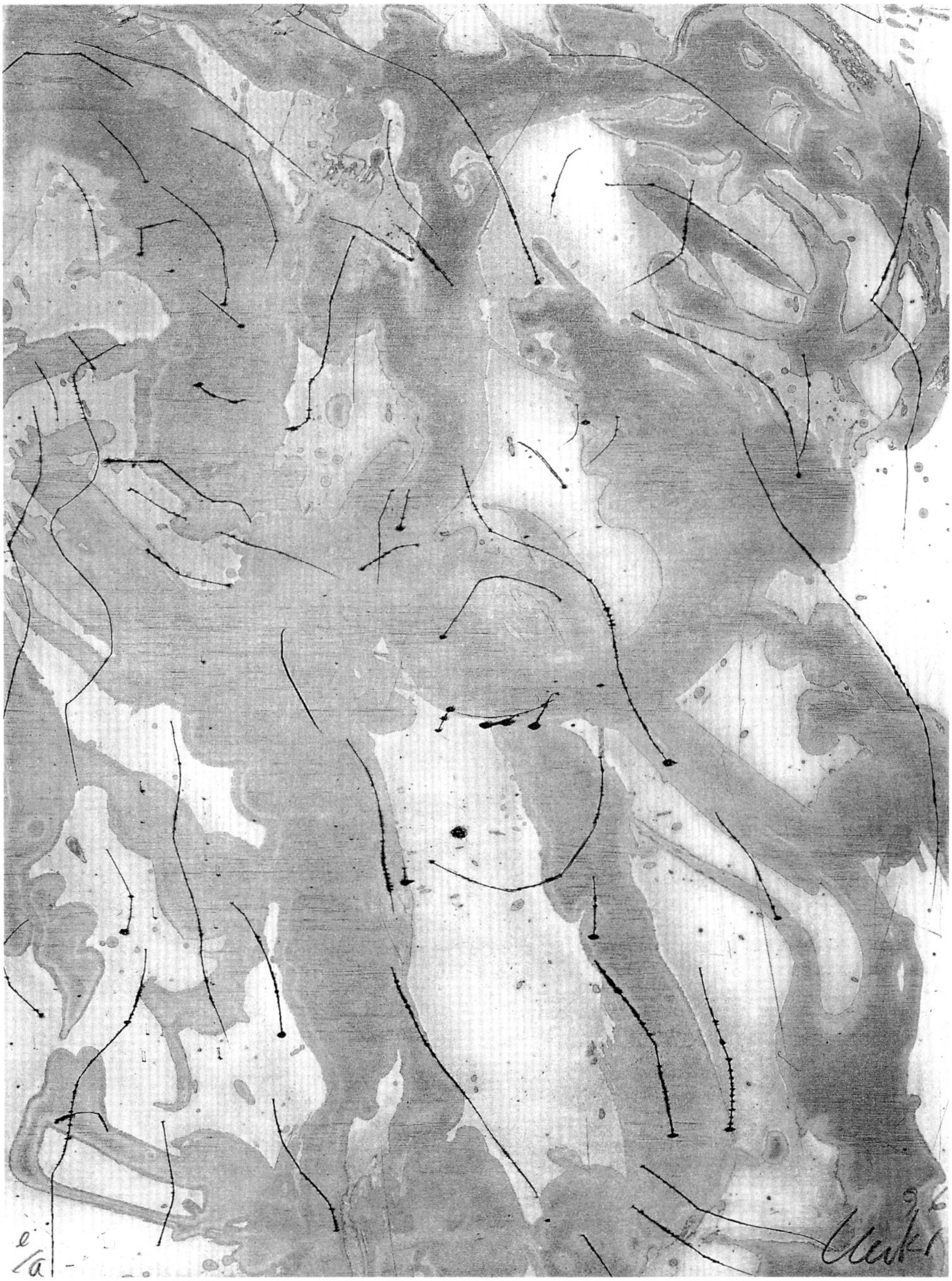

Es war ein schöner Morgen. Ein Traum, der sich beim Erwachen auflöste, hatte eine Schleuse geöffnet, ein Wohlsein strömte in mich ein, ohne Grund, aber so ist es ja immer.

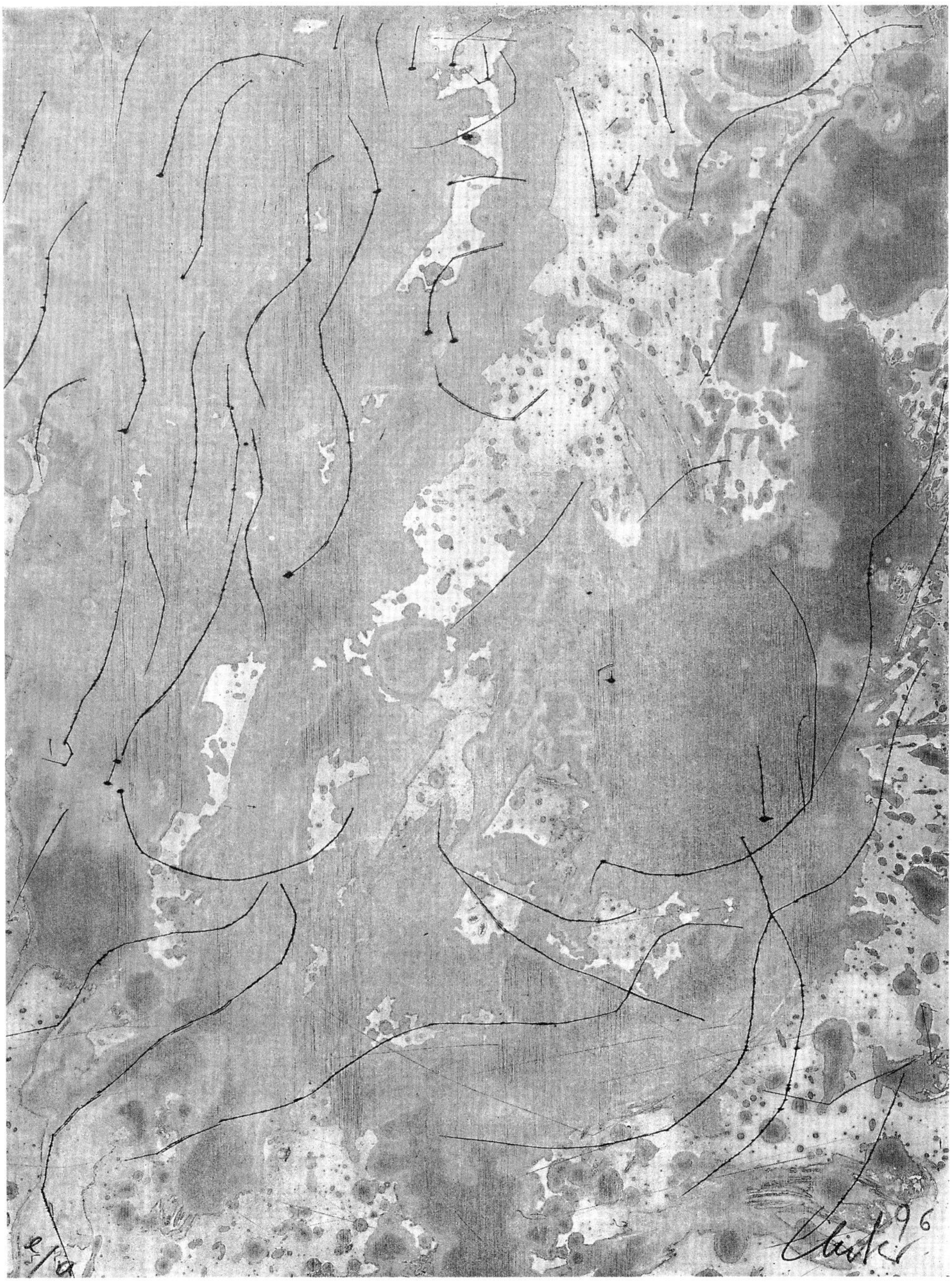

Medea nannte mich beim Namen, als nehme sie mich zum erstenmal wahr, sie hielt mich in Armlänge auf Abstand und sagte dann sehr ernst, beinah feierlich, so als habe sie eben einen Entschluß gefaßt: Jason, ich esse dein Herz.

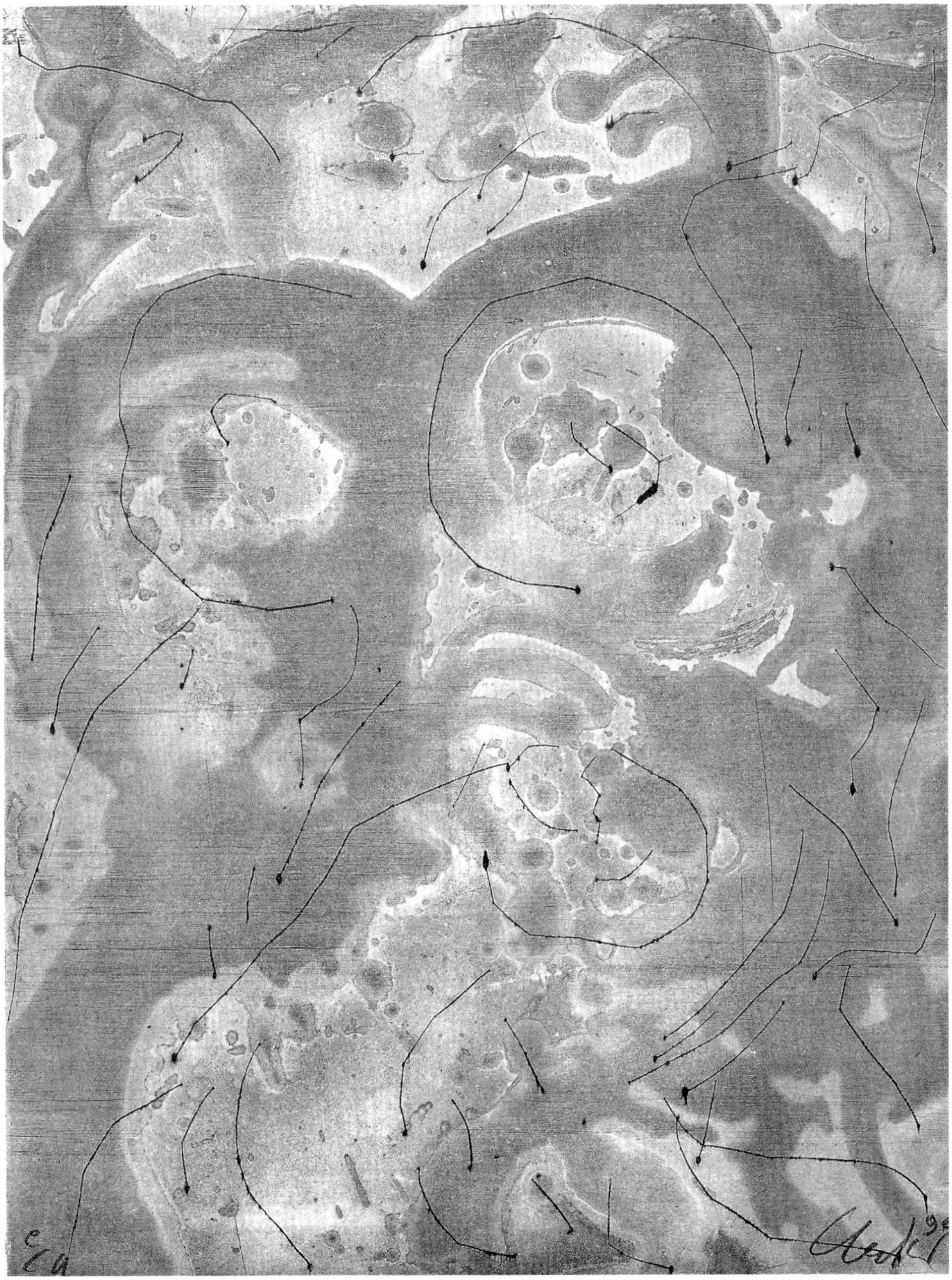

Als du kamst, Jason, warst du ein dunkler Schatten
gegen den Sternenhimmel, du hattest eine gute Stunde,
du sagtest das Richtige im richtigen Ton, du tatest
das Richtige auf richtige Weise, du mildertest meinen
Schmerz, den du nicht kanntest und den ich für
unstillbar hielt.

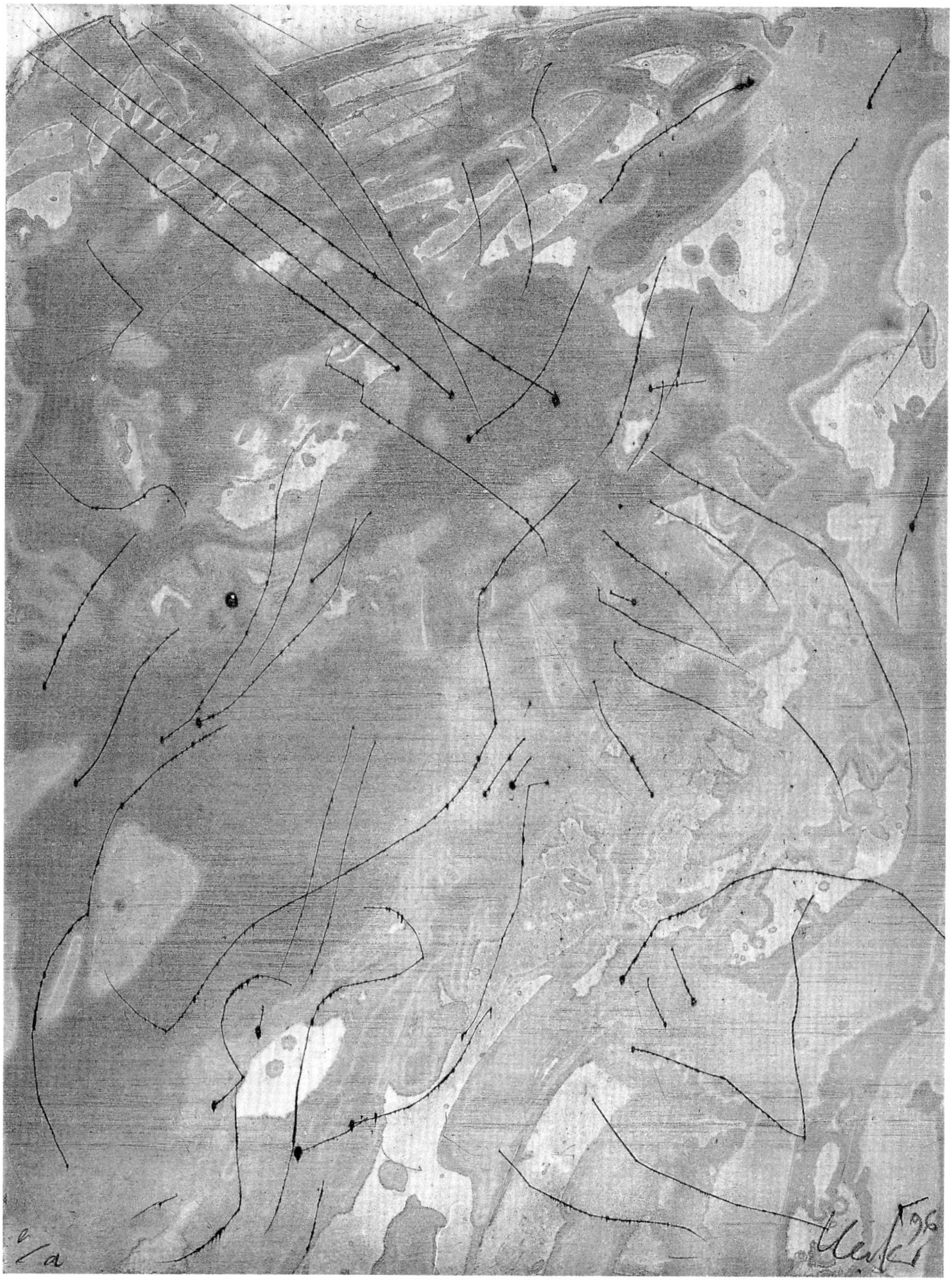

Wir können uns begütigen. Gut machen können wir nichts. Darauf ist es nicht angelegt ...

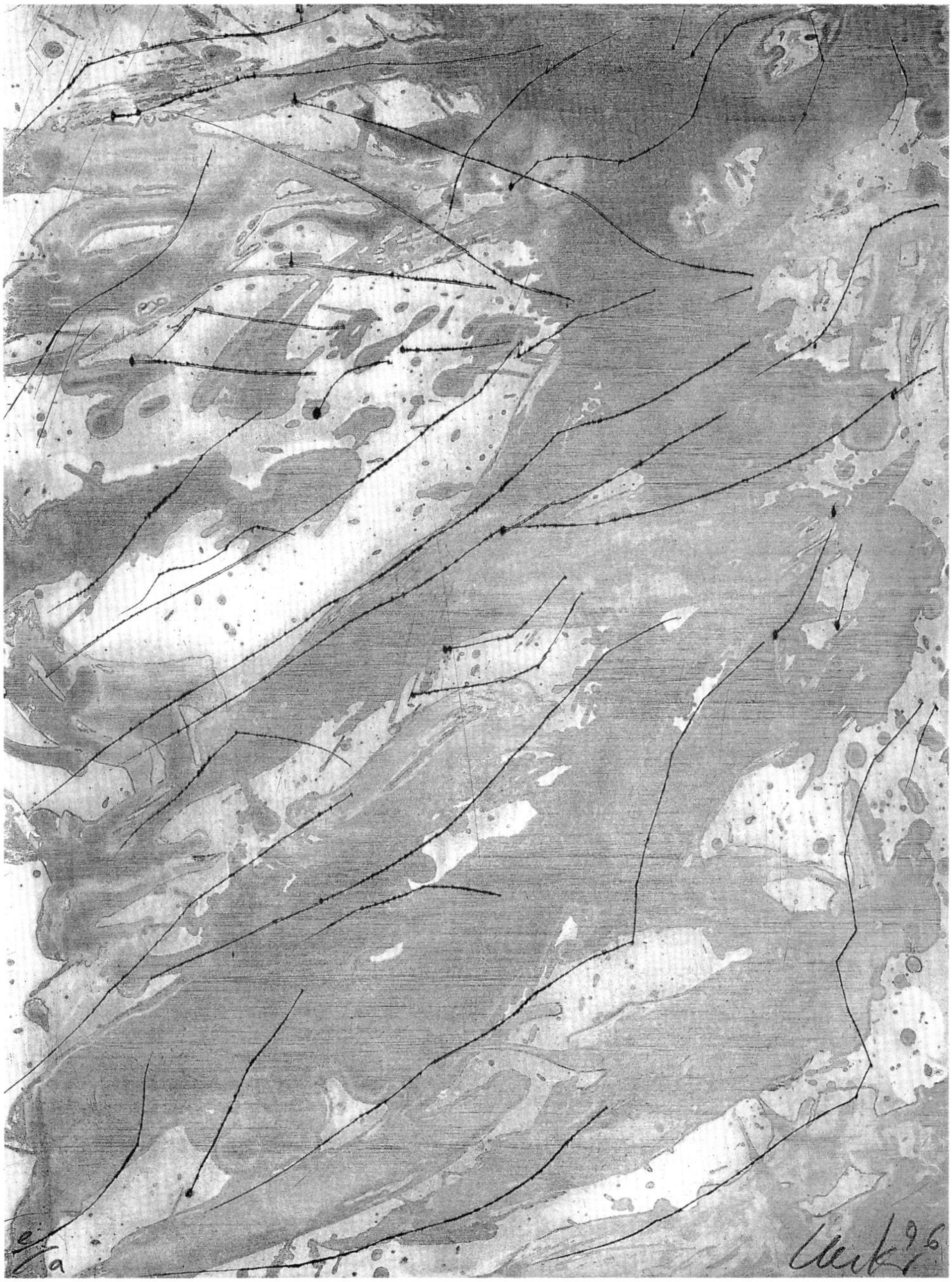

Aber was werden wir vorfinden. Auf dieser
Scheibe, die wir Erde nennen, gibt es nichts
andres mehr als Sieger und Opfer. Nun verlangt
es mich zu wissen, was ich finden werde,
wenn es mich über ihren Rand hinaustreibt.

Und jeden Morgen die Bangigkeit, ob die Gewichte
noch stimmen, ob ihr Einklang nicht über Nacht
gestört, ihre vorgeschriebenen Bahnen nicht
um ein weniges verrückt wurden und dadurch
der Erde eine jener Schreckenszeiten bevorstehe,
von denen die alten Geschichten reden.

Angela Hampel

Medea-Projekt-Raum

63 Zeichnungen

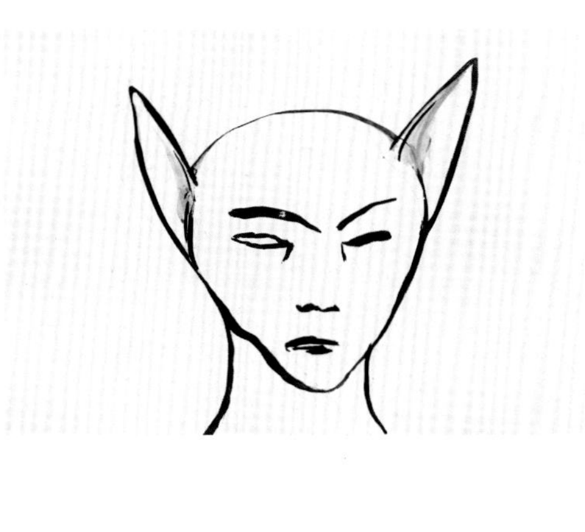

Format der Zeichnungen: ca 30 x 21 cm

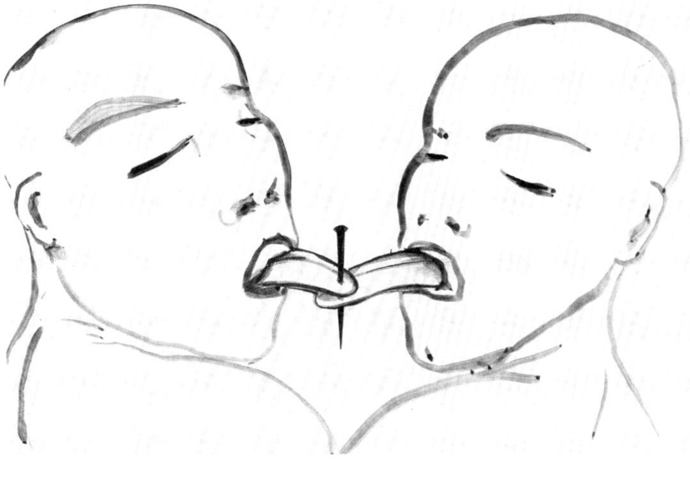

Format der Zeichnungen:
ca 30 x 21 cm

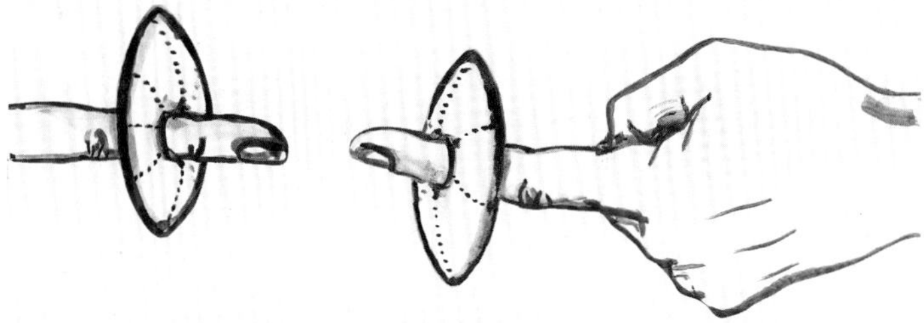

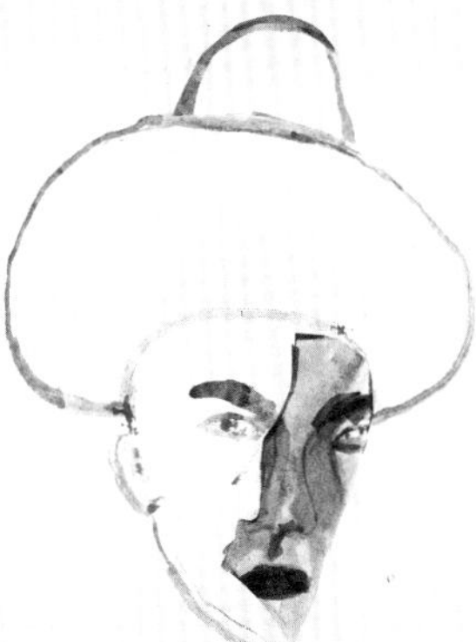

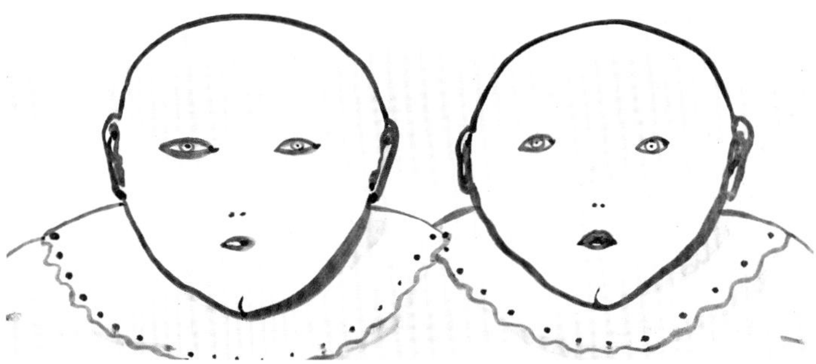

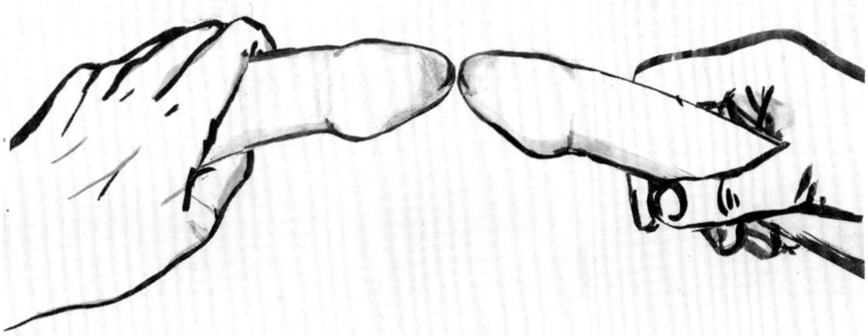

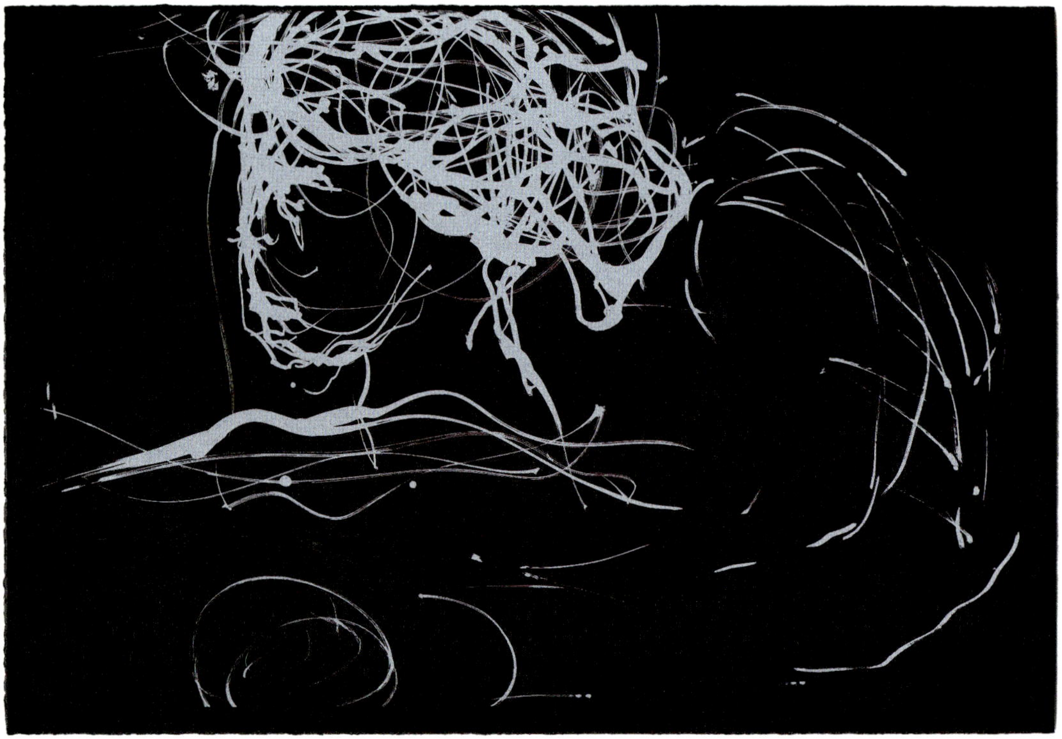

Seite 26: DIE FREMDE

Ausstellung des Offsethanddruckbuches *ZEICHNUNGEN ZU MEDEA*

Ines Geipel

Medea – ein Bild?

Gerda Lepkes Offsethanddruckbuch *ZEICHNUNGEN ZU MEDEA*

ZEICHNUNGEN ZU MEDEA
36 Seiten, auf Papier, Bütten, Japanpapier
27 x 40 cm

Die Wolfsche *Medea* scheint bei Gerda Lepke zu nochmaliger großer Bewegung bereit.

Die Dynamik findet sich in konkreten Szenerien; den für sie typischen Verschleifungen, den sensiblen, vorsichtigen Bildfindungen ihrer Figuren, stehen stark akzentuierte Momente entgegen.

Wir beobachten, und ganz plötzlich stehen wir schon wieder im Leeren. Es meint die enorme Kluft der einzelnen vielen Geschichten in der großen Medea-Figur, die Anzahl der offengebliebenen oder nie befragten Momente, die kaum aushaltbare Dramatik ihrer Disposition.

Deshalb scheint eine moderne Version des Mythos nicht mehr als Bild möglich – wie es bei Anselm Feuerbach oder Delacroix möglich war – und als Gegenmodell der Maria oder als Allegorie der zerbrochenen Familie des 19. Jahrhunderts bestand.

Bei Gerda Lepke geht es um das Deuten der Bewegung als Bild, die nicht jede darin gründende Geschichte aufnehmen und ausformen muß, aber in der ästhetischen Anlage die Möglichkeit zeigt, sie in sich zu bergen.

Seite 14:
ICH BIN MEDEA

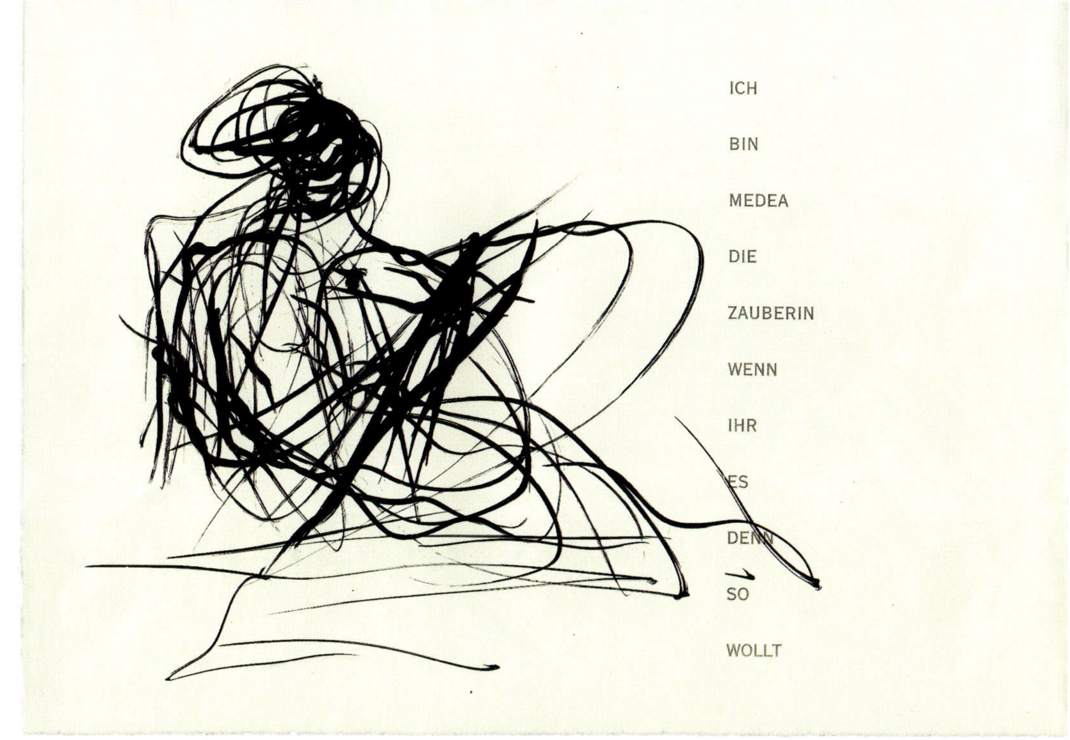

Doppelseite 10/27:
links: LIEGENDE FRAU rechts: LYSSA, DIE ICH MANCHMAL NEBEN MICH AUF MEIN LAGER ZIEHE ...

Ihre Erzählung beginnt mit einer schreitenden weiblichen Figur. Medea wirft sich, hastet gleichsam in ihre eigene Geschichte. Hier bereits diese Spannung: die Themen von Verfolgung, Flucht und Gewalt sind bereits aufgerufen, zugleich schreitet diese Frau ihrer Geschichte zu, beinah majestätisch, zumindest erhaben, zugleich grazil.

STEINIGUNG als sich anschließende Bildsequenz spricht von öffentlicher Demütigung, Verletzung und Tötung.

Die Hereinnahme der Sprache ins Bild – des Wolf-Textes und der Stimme Medeas: „TOT, SIE HABEN SIE ERMORDET, GESTEINIGT, SAGT ARINNA, UND ICH HABE GEDACHT, IHRE RACHSUCHT VERGEHT, WENN ICH GEHE“, in der folgenden Sequenz betont die Situation, bleibt bei ihr in ihrer fürchterlichen Grausamkeit, dem Erkennen, daß ihre beiden Söhne ermordet wurden.

Gerda Lepkes bildnerischer Kommentar geht nicht von Grausamkeit zu Grausamkeit, wie kanonisierte Historik. Sie bleibt bei dieser Grausamkeit, sie gilt es auszuhalten, sozusagen auszufühlen. Sie wird in der Folgesequenz noch einmal bildnerisch wiederholt, um ihr folgend die Zäsur, eine Leerseite, den Riß im Mythos nachzustellen.

Die Geschichte, so scheint es, ist bei der unsagbaren Mordung zu Ende, zerrissen, zerstört.

Gerda Lepkes *ZEICHNUNGEN ZU MEDEA* sind von diesem Steinigungsmotiv geklammert. Ihre Medea-Geschichte ist demnach zu lesen von diesem irrsinnigen Verlust der Kinder aus. Der heterogene mittlere Teil des Offset-Buches wird dabei eine Abfolge loser, für sich stehender Szenen.

Hier löst sich der Streit der tradierten Medea-Version und der Wolfschen-Konversion auf: die Kindsmorde sind geschehen, sie verändern die Wahrnehmung der Welt.

Siehe auch Abbildung auf Seite 171

Und dann setzt doch noch einmal die Geschichte ein: es gibt kein Schreiten mehr, eine FRAU IN BEWEGUNG setzt sich in Bewegung, bewegt sich, um von sich zu erfahren, unter dem Druck der Klammerung.

Der Druck zwingt ihr eigene Subjektivität auf, „zwingt“ sie zu subjektiven Geschichten, vielleicht zu einer eigenen Erinnerung.

Der zentrale Teil, der mit der achten Bildsequenz beginnt, könnte so als ein Erinnerungstext verschiedener Momente gelesen werden: SPIELENDE KINDER MIT WIDDER, JAGDSZENEN, MEDEA UND LYSSA, wieder Kinder, wieder zu Lyssa, rückholend das Thema der STEINIGUNG.

Medeas Geschichte ist die Geschichte einer grundsätzlichen Einsamkeit und grundsätzlicher Gewalt, ist die Geschichte einer Verfolgung – der Materialisierung von Licht und damit einer nicht rückgängig zu machenden Expansion. Denn was suchten die Korinther in Kolchis, nahe des Kaukasus? Das Goldene Vlies ist als Symbol für das flüssige Gold, das Jason nach Jolkos bringen und das die Welt grundlegend verändern sollte. Und ging nicht Medea, die große Wissende um das Feuer ihrer Erde mit Sorge zu Jason, mit Sorge um diese Kraft?

Gerda Lepkes Arbeit verbindet die näher dem Affektiven stehende bildnerische Umsetzung mit den reflektierenden Worten der *Medea*.

Was das Medium Text in seiner Eindimensionalität an Geschichte baut, bricht ihr dynamisches Bild wieder auf: die ungeheure Bewegtheit ihrer Medea – Schönheit, Macht, Weiblichkeit, Harmonie, Wissen, Stolz, Entrücktheit, Verletztheit, Irritationen – holt die Ungeheuerlichkeit des antiken Mythos zurück.

Seite 20:
GRABBEIGABE

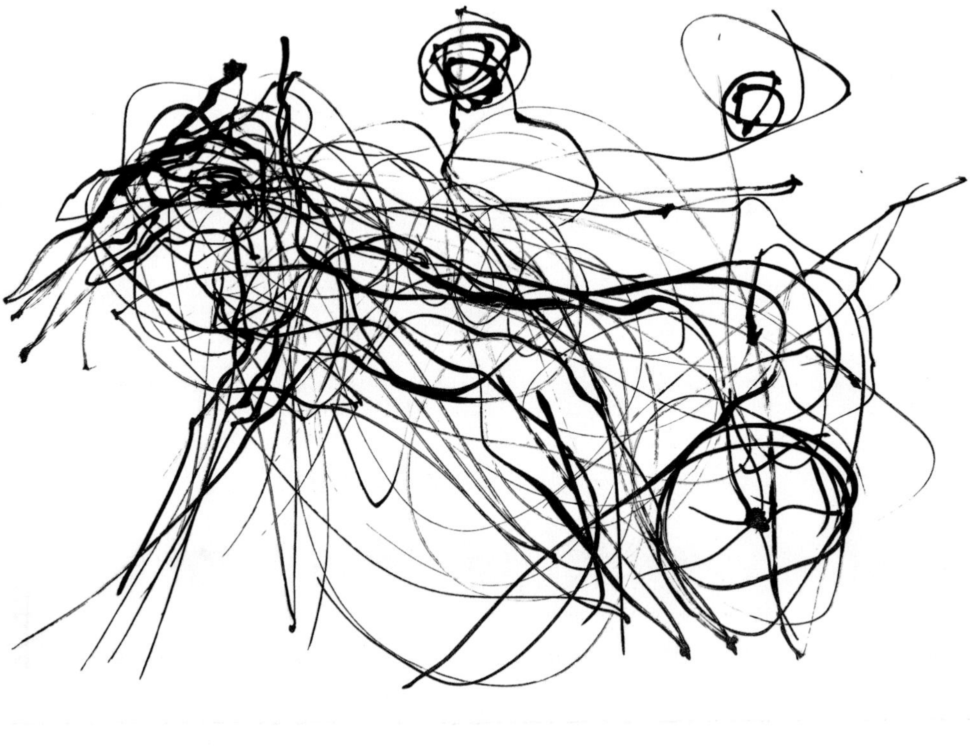

Gerda Lepke

Aquarelle zu *Medea*

Medea und Lyssa
1996/97, 63 x 95 cm

Blaue Figur
1995, 97 x 65 cm

Rückenfigur
1996, 96 x 66 cm

Frau in Bewegung (nach Pergamonfigur)
1995, 97 x 66 cm

Andrea Simon
Lithographien
Unikate
75 x 54 cm

Was wir tun oder lassen, ändert nichts daran. Sie stemmt sich dagegen. Das wird sie vernichten. Du kannst machen, was du willst, Medea, sage ich ihr, es wird dir nichts nützen, bis ans Ende der Zeiten nicht. Was die Menschen treibt, ist stärker als jede Vernunft. Sie schweigt.

Sie, die alles mit angesehen, wahrscheinlich alles verstanden hat, oder war auch das eine Täuschung, wenn ich es für naturgegeben hielt, daß sie sich in jede meiner Regungen einfühlte, daß sie sie wahrnahm, oft vor mir selbst und auch dann, wenn ich sie vor mir verleugnen wollte.

Andrea Simon

Wo sie mich auch abtasten mit ihren grausamen Organen, sie finden keine Spur von Hoffnung, keine Spur von Furcht an mir. Nichts nichts. Die Liebe ist zerschlagen, auch der Schmerz hört auf. Ich bin frei. Wunschlos horch ich auf die Leere, die mich ganz erfüllt.

Christine Dewerny Die Maske der Medea
1996, Sandstein, 82 x 46 x 53 cm

Helge Leiberg Tusche auf handgeschöpften Papieren, jeweils 75 x 50 cm

Helga Schröder

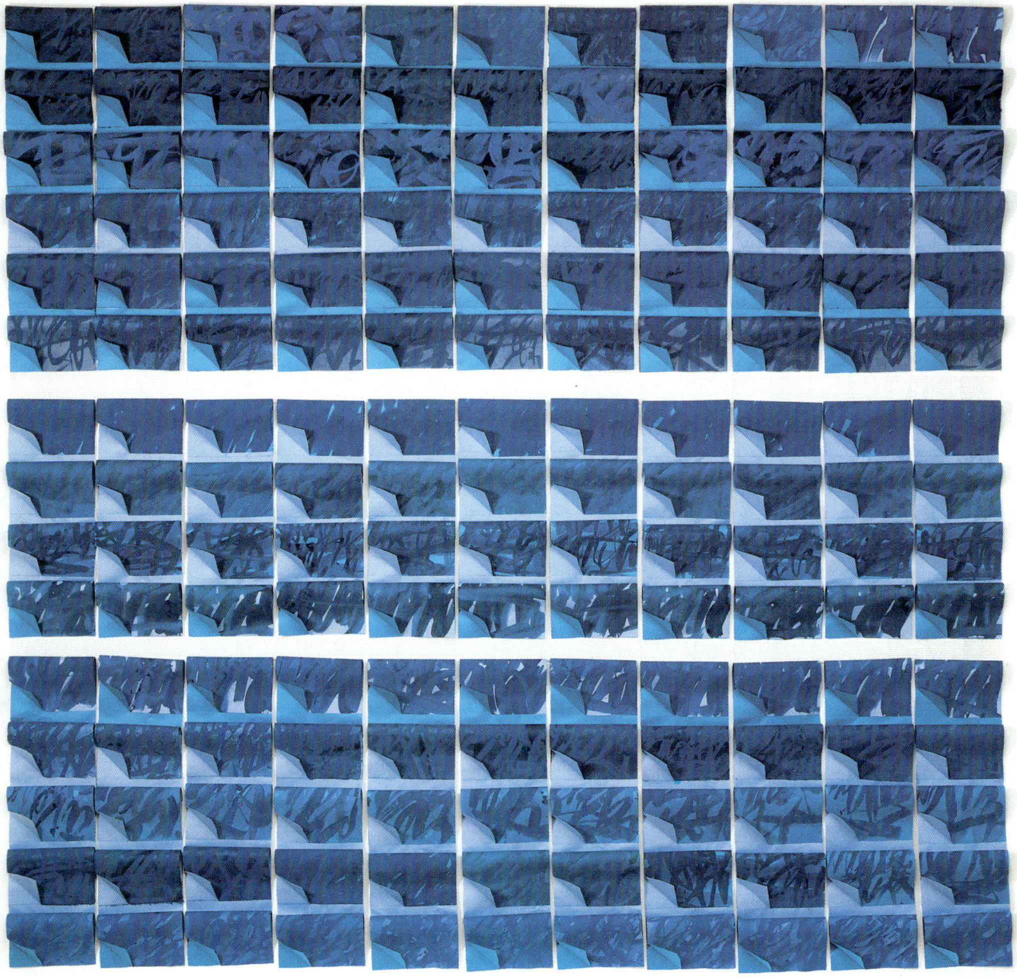

Medea – Das Meer

1996/97
230 x 240 cm, 165 Teile, 2 Schriftblöcke
Öl / Acryl auf verschiedenen Papieren

Ich bin mit Jason gegangen, weil ich in diesem verlorenen, verdorbenen Kolchis nicht bleiben konnte. Es war eine Flucht ...
Aber jetzt holt Kolchis mich ein. Deine Knochen, Bruder, habe ich ins Meer geworfen. In unser Schwarzes Meer, das wir liebten und das du, da bin ich sicher, als dein Grab hättest haben wollen.

Medea –
Jetzt hören
wir Stimmen

1996/97
Schriftrollenobjekt,
150 x 80 cm
Farbpigmente / Acryl
auf handgeschöpf-
ten Pflanzenpapie-
ren, Japan- und
Reispapier

Wir müssen sie warnen. Unsere Verkennung bildet ein geschlossenes System, nichts kann sie widerlegen. Oder müssen wir uns in das Innerste unserer Verkennung und Selbstverkennung hineinwagen, einfach gehen, miteinander, hintereinander, das Geräusch der einstürzenden Wände im Ohr. Neben uns, so hoffen wir, die Gestalt mit dem magischen Namen, in der die Zeiten sich treffen, schmerzhafter Vorgang.
In der uns die Zeit trifft.
Die wilde Frau. Jetzt hören wir Stimmen.

Medea – Unser Kolchis

1996/97
Landschaftsband aus 8 Bildtafeln
21,5 x 245 cm; (ein Teil 21,5 x 28,3 cm)
Acryl / Pastell auf Japanpapier / Holz

Aber der Rand der Welt ist Kolchis. Unser Kolchis an den Südhängen des wilden Kaukasus, dessen schroffe Berglinie in jede von uns eingeschrieben ist ...
... aber das wußte ich doch, daß ich niemals aufhören würde, mich nach Kolchis zu sehnen ...

Medea

1997
Buchobjekt als Leporello, Buch LXVII nach Christa Wolf
Malerei / Collage / Zeichnung auf handgeschöpftem Pflanzenpapier
je 42 x 30 cm in einer Kassette 44,5 x 31,5 x 4 cm

Wohin mit mir, ist eine Welt zu denken, eine Zeit, in die ich passen würde.
Niemand da, den ich fragen könnte.
Das ist die Antwort.

Frank Reinecke

Zeichnungen zur Inszenierung *Medea* am Schauspielhaus Leipzig

Format: jeweils 297 x 210 mm

Für meine Arbeit ist der Medea-Stoff seit einiger Zeit wichtig. Er steht in Verbindung mit dem Phänomen der Kulturvermischung, wie sie sich durch Wanderung, Verschleppung und Vernetzung immer wieder in der Geschichte vollzogen hat.

Durch Christa Wolfs Buch wurde die Beschäftigung mit diesem Thema um den vor-euripideischen Blickwinkel bereichert. Dadurch und durch die Dramatisierung von *Medea Stimmen* und die Inszenierung Wolfgang Engels wurde ich erneut provoziert, das Thema wieder aufzunehmen. Dabei sind für mich als Zeichner Probenprozesse wichtiger als das fertige Ergebnis, wie auch die Zeichnungen ein Zwischenschritt sind, dem sich weitere Projekte zu diesem Stoff anschließen werden.

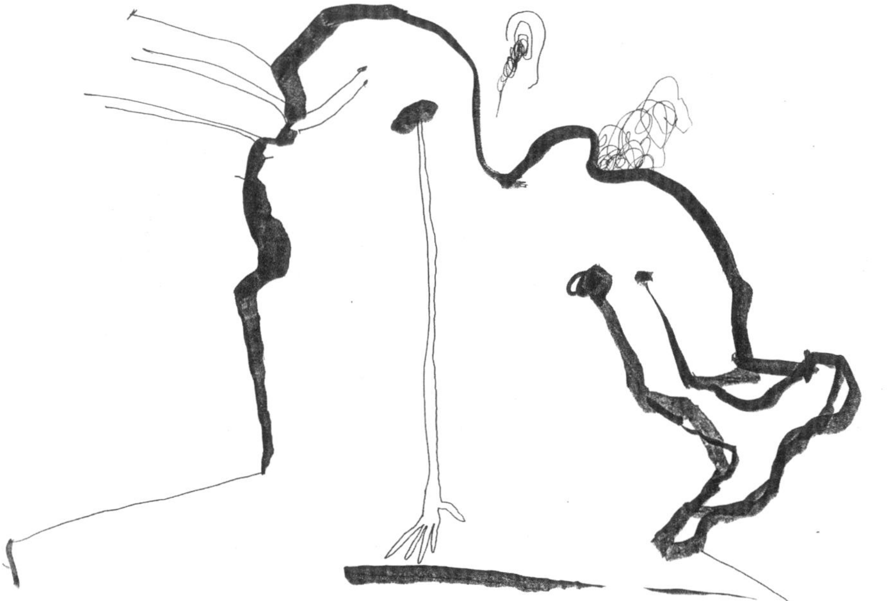

Medea · Stimmen 13
18.6.97 Ry

Medea · Stimmen 14
19.6.97 Ry

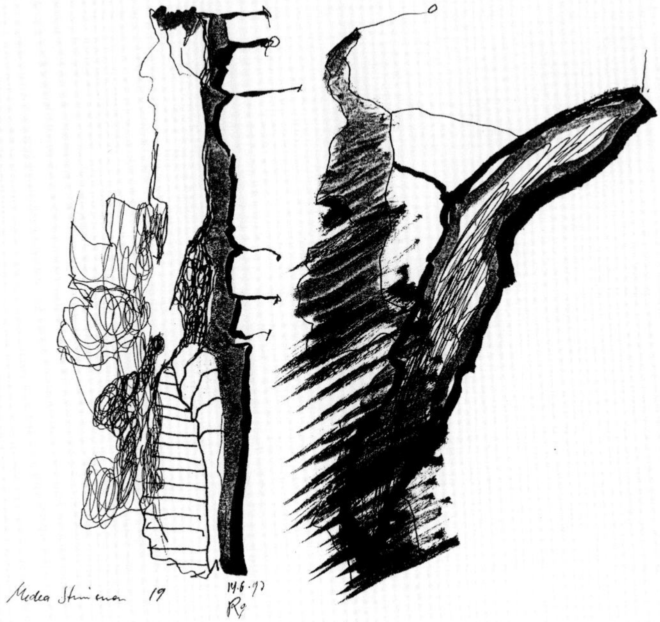
19.6.97

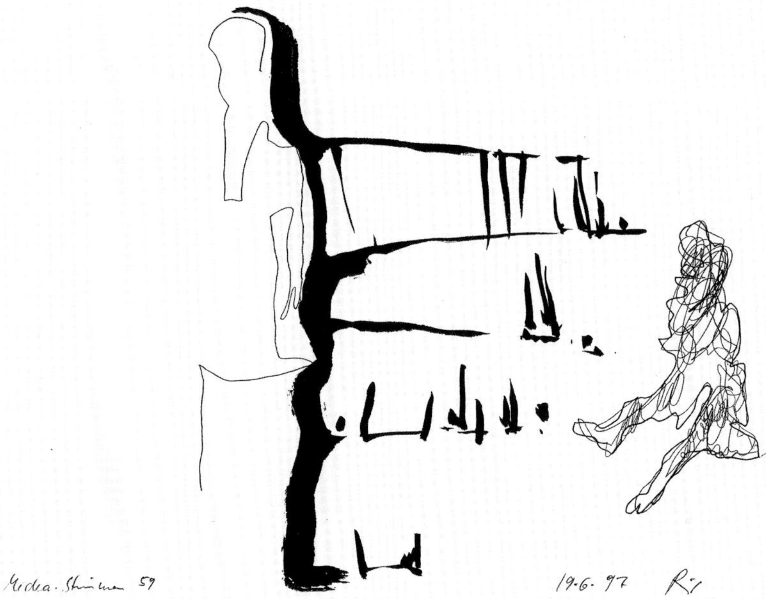
19.6. 97

Die Autorinnen und Autoren
Textnachweise

Christa Wolf
Ihre Tagebuchnotizen, Briefe und Notate werden hier nach den Manuskripten erstmals veröffentlicht.

Der Beitrag *Von Kassandra zu Medea* wurde als Rede zur Verleihung der Ehrendoktorwürde der Universität Turin am 27. Mai 1997 geschrieben.

Das Gespräch mit Petra Kammann erschien im »Buchjournal«, Nr. 1, Frankfurt/ M. Frühjahr 1996

Margaret Atwood
geboren 1939 in Ottawa/Kanada, gilt als bedeutendste lebende Autorin ihres Landes; sie schreibt Gedichte, Romane, Essays und Kritiken.
Ihr Essay zu Christa Wolfs *Medea* erschien als Vorwort zur Ausgabe des Romans in englischer Sprache im Verlag Doubleday, New York.

Anke Brunn
geboren 1942, Studium in Hamburg, Paris, Köln, Dipl.-Volkswirtin, 1981 Senatorin für Jugend, Familie und Sport in Berlin, seit 1985 Ministerin für Wissenschaft und Forschung des Landes Nordrhein-Westfalen.
Sie stellte uns freundlicherweise eine Abschrift von ihrem Gespräch über C. Wolfs *Medea* mit der WDR-Redakteurin Helga Kirchner und ihrem Kollegen Lothar Vent zur Verfügung.

Rita Calabrese
geboren 1950 in Palermo. Dr. phil., hat an der Universität Palermo einen Lehrauftrag für Neuere Deutsche Literatur, schrieb Arbeiten u.a. über Rilke, Frauenliteratur und deutsch-jüdische Literatur, zuletzt: *Acher L'Altro.* Figure ebraiche nella letteratura tedesca dal Settecento al Novecento, Udine 1996.
Ihr Beitrag folgt dem Manuskript eines Vortrags, den sie am 27. Mai 1997 aus Anlaß eines wissenschaftlichen Colloquiums der Universität Vercelli zu Christa Wolfs Roman *Medea* hielt.

Anna Chiarloni
geboren 1938 in Viareggio, Studium ausländischer Literatur an der Universität Turin, Professorin für Deutsche Literatur an der Universität Turin; hat zahlreiche Arbeiten über Goethe, Kleist und die gegenwärtige deutsche Literatur, speziell zu Christa Wolf, veröffentlicht.
Mitherausgeberin des Bandes *Grenzfallgedichte* - Eine Deutsche Anthologie. Berlin 1991.
Sie hielt die Laudatio zur Verleihung der Ehrendoktorwürde an der Universität Turin an Christa Wolf am 27. Mai 1997 und einen Beitrag zum Colloquium in Vercelli. Der hier wiedergegebene Aufsatz folgt, mit leichten Kürzungen, ihrem Manuskript.

Paul Dräger
geboren 1942, Studium der Klassischen Philologie, Indogermanistik und Slawistik in Mainz 1963-68, Promotion 1990 in Trier; Tätigkeit als Gymnasiallehrer und Lehrbeauftragter für Klassische Philologie an der Universität Trier.

Heide Göttner-Abendroth
geboren 1941, Dr. phil.; seit 1986 Gründerin und Leiterin der »Akademie für kritische matriarchale Forschung und Erfahrung«, ist die Autorin zahlreicher Fachbücher wie *Das Matriarchat* - Bände I-IV, Stuttgart Berlin Köln, 1988 ff.
Der Abdruck ihres Briefes an C. Wolf erfolgt mit Zustimmung der Autorin.

Ines Geipel
geboren 1960 in Dresden, Studium der Germanistik in Jena und Darmstadt, lebt als freischaffende Autorin in Berlin. Herausgeberin von Inge Müllers Lyrik, Prosa, Tagebüchern: *Irgendwo noch einmal möcht ich sehn,*
Ihr Beitrag folgt einer gekürzten Fassung ihrer Rede aus Anlaß einer Ausstellung von Gerda Lepke in der »Galerie in der Scheune« Offenbach am 27. September 1997.

Sigrun Hellmich
geboren 1956, Kunsthistorikerin, Mitbegründerin der »Dresdner Sezession 1989«; zahlreiche kunstwissenschaftliche Arbeiten zur zeitgenössischen bildenden Kunst; der Beitrag folgt ihrer Rede zur Eröffnung der Ausstellung »Medea altera« im FrauenMuseum in Bonn am 23. Februar 1997.

Die bildenden Künstlerinnen und Künstler

Marianne Hochgeschurz
geboren 1942, Lehrerin, Redakteurin und freie Autorin. Zahlreiche Veröffentlichungen zur Frauenpolitik und Frauengeschichte; derzeit Historikerin im FrauenMuseum und Sprecherin der AG Frauenforschung an der Universität Bonn.

Annette Kuhn
geboren 1934, Dr. phil., lehrt als Professorin für Neue Geschichte an der Universität Bonn, seit 1986 mit dem Schwerpunkt Frauengeschichte.
Veröffentlichungen zur Friedensforschung, Geschichtsdidaktik und Frauengeschichtsforschung.
Ihr Beitrag erscheint hier als Erstveröffentlichung.

Anita Raja
geboren 1953 in Neapel, Studium der italienischen Literatur in Rom; Tätigkeit als Leiterin einer Bibliothek der Gemeinde Rom, Übersetzerin von Christa Wolfs Werk ins Italienische.
Das Manuskript folgt dem Beitrag, den sie aus Anlaß des Colloquiums der Universität Vercelli zum Werk Christa Wolfs hielt.

Margot Schmidt
Dr. habil. der klassischen Archäologie, Professorin der Universität Basel, war bis zu ihrer Emeritierung 1997 Vizedirektorin des Antikenmuseums Basel.
Sie schrieb den grundlegenden Artikel zu Medea im *Lexicon Iconographicum Mythologiae Classicae* (LIMC), den wir hier im Auszug bringen.
Christa Wolf stand mit ihr im Briefwechsel über die Quellen zur Medea-Gestalt vor den Interpretationen durch die antike Klassik.
Der Abdruck ihrer Briefe erfolgt mit ihrer Zustimmung.

Gérard Seiterle
geboren 1938 in Schaffhausen, Studium der Klassischen Archäologie an der Universität Zürich, Doktorat; 1963 Teilnahme an den Ausgrabungen in Ephesos, 1970-1986 Mitarbeiter am Antikenmuseum Basel, seit 1986 Direktor am »Museum zu Allerheiligen« in Schaffhausen.
Von seinen zahlreichen Publikationen waren Christa Wolf besonders wichtig: *Artemis – Die große Göttin von Ephesos* in »Antike Welt«, Zeitschrift für Archäologie und Kulturgeschichte 10. Jhg. Heft 3 1979, S. 3-16 sowie *Die Urform der phrygischen Mütze* in »Antike Welt«, 1988/1, S. 3-14.

Christine Dewerny
geboren 1947 in Leipzig, Studium an der Hochschule für Bildende Künste Dresden, Fachbereich Theaterplastik; seit 1986 freiberuflich als Bildhauerin in Berlin. Ihre Skulptur *Maske der Medea* (82 x 46 x 53 cm, Sandstein) wurde zuerst in der Ausstellung »Medea altera« im Forum Amalienpark Berlin Oktober/November 1997 gezeigt.

Angela Hampel
geboren 1956 in Räckelwitz/Sachsen, studierte an der Hochschule für Bildende Künste in Dresden. Lebt und arbeitet in Dresden. Zahlreiche Ausstellungen im In- und Ausland.
Bei Janus press erschien die Monographie *Angela Hampel - 1982 - 1992 Eine Künstlerin in Dresden*, Berlin 1993.
Neben der Offsetlithographie für die Mappe *Medea altera*, gestaltete Angela Hampel einen Raum *Medea-Collage* mit 63 Zeichnungen (29,5 x 21 cm, schwarze Tusche auf Papier), der im Juni 1996 in der Galerie Mitte Dresden, im Februar 1997 im FrauenMuseum in Bonn und später anderenorts gezeigt wurde.

Martin Hoffmann
geboren 1948 in Halle/Saale, besuchte neben seinem Mathematikstudium (1975 Diplom) eine Abendklasse an der Kunsthochschule Berlin-Weißensee. Seit 1975 Maler und Grafiker in Berlin, seit 1991 Buchgestaltung für Janus press, Gebrauchsgraphik für die Kurt Tucholsky Gedenkstätte im Schloß Rheinsberg und für die Kammeroper Schloß Rheinsberg.
Seit 1976 Ausstellungen im In- und Ausland.
Bei Janus press erschien der Band *Martin Hoffmann. Reflexe aus Papier und Schatten* - Graphische Arbeiten, herausgegeben von Peter Böthig, Berlin 1996.
Die Offsetlithographie *Draußen, hinter dem Riß* entstand nach einer Collage.

Joachim John
geboren 1933, Studium an der Kunsthochschule Berlin- Weißensee, lebt als Maler und Grafiker in Neu-Frauenmark/Mecklenburg. Ausstellungen im In- und Ausland. Radierung für die Mappe *Medea altera.*

Die bildenden Künstlerinnen und Künstler

Helge Leiberg
geboren 1954 in Dresden-Loschwitz, Studium an der Hochschule für Bildende Künste Dresden, lebt in Berlin. Zahlreiche Ausstellungen und Performances im In- und Ausland.
Neben der Lithographie *Füße* zur Mappe *Medea altera* schuf Leiberg zahlreiche Blätter zu *Medea* auf Pflanzenpapier.
Sie stehen in Korrespondenz zu den Malereien am Overhead-Projektor, mit denen Leiberg an der Performance zu *Medea* mitwirkt -gemeinsam mit Christa Wolf und den Musikern Lothar Fiedler und Tina Wrase: Aufführungen 1997 im Schauspielhaus Leipzig, im Theater in Koblenz und zum Internationalen Musikfestival in Verbier/Schweiz.

Gerda Lepke
geboren 1939 in Jena/Thüringen, studierte an der Hochschule für Bildende Künste Dresden. Lebt und arbeitet in Dresden und Gera; 1993 1. Kunstpreis der Stadt Dresden, 1996 Gründungsmitglied der Sächsischen Akademie der Künste.
Zahlreiche Ausstellungen im In- und Ausland.
Gerda Lepke schuf neben ihrer farbigen Algraphie für die Mappe *Medea altera* ein Offsethanddruckbuch *ZEICHNUNGEN ZU MEDEA* (27 x 40 cm, 36 Seiten, z.T. farbig) und 5 Aquarelle (je 89 x 64 cm, auf Japanpapier), die in der Ausstellung »Medea altera« im FrauenMuseum in Bonn zu sehen waren.

Annette Peuker-Krisper
geboren 1949 in Leipzig, studierte an der Hochschule für Grafik und Buchkunst Leipzig, lebt dort als freischaffende Künstlerin. Professur an der Hochschule Burg Giebichenstein in Halle/Saale.
Zahlreiche Ausstellungen im In- und Ausland.
Radierung zur Mappe *Medea altera.*

Nuria Quevedo
geboren 1938 in Barcelona, Studium an der Hochschule für bildende und angewandte Kunst in Berlin-Weißensee, lebt als Malerin und Grafikerin in Berlin und Spanien; zahlreiche Ausstellungen im In- und Ausland.
Radierung zur Mappe *Medea altera.*

Frank Reinecke
geboren 1954 in Brandenburg/Havel, Studium der Kunsterziehung in Erfurt und Abendstudium an der Hochschule für Bildende Künste Dresden, freischaffender Künstler seit 1980, seit 1986 am Theater der Stadt Heidelberg; Bühnenbilder und Rauminstallationen.
Mehr als 60 Zeichnungen entstanden während der Probenarbeit zur Inszenierung von Christa Wolfs *Medea* durch Wolfgang Engel am Schauspielhaus Leipzig 1997.

Helga Schröder
geboren 1933 in Berlin, Studium an der Staatlichen Akademie der Künste in Berlin, lebt als Malerin und Objektgestalterin in Bremen.
Neben ihrer Farbradierung für die Mappe *Medea altera*, waren von ihr verschiedene Objekte zu *Medea* in der Ausstellung im FrauenMuseum in Bonn im Februar 1997 zu sehen.

Andrea Simon
geboren 1971 in Meißen/Sachsen, Studium in Dresden und Hamburg, studiert und arbeitet derzeit an der Städelschule Frankfurt/M.;
Malerei und Grafik oft im Dialog mit literarischen Texten; Ausstellungsbeteiligungen in verschiedenen Städten.
Ihre sechs Farblithographien (je 75 x 54 cm) sind jeweils Einzeldrucke, zugeordnet ausgewählten Zitaten aus Christa Wolfs *Medea*, gezeigt in den Ausstellungen »Medea altera«.

Günther Uecker
geboren 1930 in Wendorf/Mecklenburg, Studium an der Hochschule für bildende Kunst Berlin-Weißensee und an der Kunstakademie Düsseldorf, Mitglied der Gruppe ZERO; 1976 - 1994 Professor an der Kunstakademie Düsseldorf; Teilnahme an der Documenta 1964 und 1968, an der Paris-Biennale 1965 und 1977; 1988 große Retrospektive in Moskau, seitdem zahlreiche Ausstellungen und Projekte in vielen Ländern der Erde.

Grafik-Editionen bei Janus press

Günther Uecker

MEDEA

12 Radierungen in einer Mappe

Format 54 x 40 cm,
Auflage: 25 Exemplare
6 500,- DM 47 450 öS 5 785,- sFr

Medea altera

Grafiken von
Angela Hampel · Martin Hoffmann
Joachim John · Helge Leiberg
Gerda Lepke · Anette Peuker-Krisper
Nuria Quevedo · Helga Schröder
Günther Uecker

Mappenformat: 56 x 42 cm,
Auflage: 60 Exemplare
2 000,- DM 14 800 öS 1 860,- sFr

Helga Schröder · Christa Wolf

Was nicht in den Tagebüchern steht

Ein Grafik-Buch zu bisher unveröffentlichten Vers-Notaten

12 Seiten, Offsetdruck auf Karton
34,5 x 25 cm, Festeinband
Einmalige limitierte Auflage: 360 Exemplare, von beiden Künstlerinnen signiert
120,- DM 876 öS 106,- sFr
ISBN 3-928942-23-9

Peter Böthig (Hg.)

Christa Wolf · Gerhard Wolf Unsere Freunde, die Maler

Bilder Essays Dokumente

zahlreiche, z.T. farbige Abbildungen
236 Seiten; 28 x 21 cm; Broschur
59,- DM 431 öS 53,- sFr
ISBN 3-928942-24-7
2. Auflage

Ein Blatt für C. W.

Zum 65. Geburtstag von Christa Wolf

19 Grafiken in einer Kassette
Format: 60 x 54 cm
50 Exemplare, signiert und numeriert
3 000,- DM 21 900 öS 2 790 sFr

Grafiken von
Manfred Butzmann · Carlfriedrich Claus · Wieland Förster · Dieter Goltzsche · Günter Grass · Hartwig Hamer · Angela Hampel · Hil de Gard · Martin Hoffmann · Alfred Hrdlicka · Horst Hussel · Joachim John · Helge Leiberg · Franz Mon · Nuria Quevedo · Anneliese Schöfbeck · Helga Schröder · Klaus Sobolewski · Karla Woisnitza

Nuria Quevedo, Estrellita del Mar para Christa

Ein Text für C. W.

Christa Wolf zum 65. Geburtstag

Abbildungen aus der Grafik-Edition
Ein Blatt für C. W.
232 S.; 24,5 x 17 cm; Broschur
15,- DM 110 öS 14,- sFr
ISBN 3-928942-19-0